Gefährdete Jugendliche?

Frank Bettinger · Cornelia Mansfeld ·
Mechtild M. Jansen (Hrsg.)

Gefährdete Jugendliche?

Jugend, Kriminalität und der Ruf
nach Strafe

Leske + Budrich, Opladen 2002

Gedruckt auf säurefreiem und altersbeständigem Papier.

Die Deutsche Bibliothek – CIP-Einheitsaufnahme
Ein Titeldatensatz für die Publikation ist bei
Der Deutschen Bibliothek erhältlich

ISBN 978-3-8100-3177-8   ISBN 978-3-322-94945-5 (eBook)
DOI 10.1007/978-3-322-94945-5

© 2002 Leske + Budrich, Opladen

Satz: Verlag Leske + Budrich, Opladen

Inhalt

Cornelia Mansfeld, Mechtild M. Jansen

Einleitung

Sich mit Jugendkriminalität analysierend und verstehend zu beschäftigen, setzt voraus, ein Knäuel unterschiedlichster Einflüsse, Bedingungen und Interessen zu entwirren.

Jugendkriminalität ist auffällig häufig Gegenstand der öffentlichen Diskussion. Von Medien wie auch Politikern wird dieses Thema eingebracht. Eine Überprüfung der veröffentlichten Daten zeigt fast regelmäßig, dass die Hypothese einer immer stärker und immer jünger kriminell werdenden Jugend, wie sie in bestimmten Medien propagiert wird, nicht haltbar ist. Dennoch kann man damit rechnen, dass sie einige Monate später wieder in die Debatte eingebracht werden wird.

Aus dieser Beobachtung entsteht die Frage, warum Jugendkriminalität politisch in einer Form thematisiert wird, die dem tatsächlichen Vorkommen nicht gerecht wird und außerdem Lebenslagen von Jugendlichen nicht in den Blick nimmt. Denn dies ist ein weiteres Merkmal der öffentlichen Diskurse: Die Lebenssituation von Jugendlichen wird kaum berücksichtigt und Interessen und Wünsche der jungen Generation werden nicht zur Kenntnis genommen.

Auch stellt sich die Frage, warum eine sachlich nicht nachvollziehbare Debatte so oft in eine Forderung nach härterer Bestrafung mündet, also praktische Konsequenzen in Bezug auf einen nicht nachweisbaren Tatbestand verlangt werden. Aus den unterschiedlichsten wissenschaftlichen Perspektiven ist ein härteres Strafen fragwürdig: Aus juristischer Sicht muß es rechtsstaatlich legitimierbar sein, die Strafforderungen in der politischen Diskussion sind es aber häufig nicht. Aus kriminologischer wie auch aus pädagogischer Sicht verfehlen gerade die geforderten harten Strafen die beabsichtigte Wirkung. Weshalb also wird die Forderung nach Verwahrung von kriminellen Jugendlichen und Vergeltung ihres Handelns immer wieder gestellt? Was soll mit der Initiierung eines öffentlichen Diskurses über Jugendkriminalität erreicht werden? Was wird damit erreicht?

Ein weiteres Element des zu entwirrenden Komplexes ist, dass die Lebensphase der Adoleszenz von spezifischen Merkmalen gekennzeichnet ist, die häufig eine Herausforderung für Eltern und ErzieherInnen darstellt. Ein

Überschreiten gesetzter Grenzen gehört zwangsläufig zur Jugendphase dazu, denn die darin enthaltene Abgrenzung gegenüber der elterlichen Generation ist notwendige Bedingung für die Ausbildung einer erwachsenen Identität. Daraus ergibt sich für Mütter, Väter und ErzieherInnen die Frage, welche Grenzen dürfen und sollten auf welche Weise überschritten werden. Dies macht pädagogisches Handeln mit Adoleszenten häufig so schwer und elterliches Handeln gegenüber pubertierenden und adoleszenten Kindern und Jugendlichen ist oft von Zerrissenheit geprägt, die die Zerrissenheit der Kinder zwischen Kindheit und Erwachsensein spiegelt. Immer neu muss in einem solchen Prozess überlegt werden, in welchem Verhältnis ein Grenzen setzen und ein Zulassen, vielleicht sogar Fördern der Grenzüberschreitung stehen sollten.

Eine Auseinandersetzung über diese Fragen, die sich Förderung und Unterstützung von Jugendlichen zum Ziel setzt und pädagogische Verantwortung übernimmt, sieht sich jedoch in einem Rechtfertigungsdruck gegenüber dem eher plakativen öffentlichen Diskurs zu Jugendkriminalität, mit dem umfassend jegliche Abweichung gemeint ist. Besonders deutlich wird dieser Druck an den Konflikten, die Einrichtungen der Jugendhilfe mit ihren öffentlichen Geldgebern und in besonderen Fällen mit den Medien auszufechten haben. Pädagogisch begründete Aktivitäten, die soziale Fähigkeiten von Jugendlichen ausbilden und unterstützen sollen, werden beispielsweise als Geld verschwendende Freizeitbeschäftigung kritisiert und als Belohnung für unbotmäßiges Verhalten angesehen. Diese Situation erschwert für Eltern wie auch für ErzieherInnen adäquates pädagogisches Handeln und gleichzeitig sind sie immer gefragt, wie sie sich zu einem solchen Diskurs stellen. Eltern und ErzieherInnen werden für Jugendliche unglaubwürdig, wenn sie diesen Diskurs, der Trennungen zwischen den Generationen vertieft, übernehmen.

Besonders in Einrichtungen der Jugendhilfe stellen sich jedoch noch andere praktische Probleme: Die Jugendlichen, die tatsächlich auf kriminelle Weise Grenzen überschreiten, benötigen gleichermaßen Halt und positive Unterstützung wie auch eindeutige Beschränkungen ihres Handelns. Wie ist dies in einer pädagogischen Praxis umzusetzen? Gesellschaftliche Unterstützung sozialpädagogischen Handelns ist hier von großer Bedeutung, wird jedoch nicht nur durch den sachfremden Kriminalitätsdiskurs konterkariert, sondern auch häufig durch staatliche Sparmaßnahmen im sozialen Bereich eingeschränkt. Damit stellt sich die Frage nach den möglichen Formen politischen Agierens Sozialer Arbeit.

Diese vielschichtigen Aspekte von Jugendkriminalität wurden während einer Kooperationstagung der Hessischen Landeszentrale für Politische Bildung und der Evangelischen Fachhochschule Darmstadt in Vorträgen diskutiert.[1] Mit der Tagung wurde ebenso wie mit der hier vorliegenden, die Bei-

---

1 Die Tagung fand im November 2000 am Studienstandort Hephata in Schwalmstadt/ Nordhessen statt.

träge zusammenfassenden Veröffentlichung die Absicht verfolgt, einerseits die Komplexität des Themas aufzuzeigen und andererseits die Notwendigkeit eines sachlichen Umgangs mit Jugendkriminalität zu verdeutlichen. Durch eine solche Versachlichung kann erreicht werden, dass die pädagogische Arbeit ein Stück aus der Defensive im öffentlichen Diskurs herauskommt und mehr Unterstützung verlangen kann. Die Beiträge zu diesem Band entstanden mit dem Ziel zu verdeutlichen, daß die ältere Generation eine Verantwortung gegenüber der jüngeren hat, vor der sie sich nicht drücken darf, um dann, wenn es gelegen kommt, Strafe zu verlangen. Respekt kann von respektlos Behandelten nicht verlangt werden.

Frank Bettinger

Einführung

„Die offensichtlich unerschöpflichen Kombinationsmöglichkeiten von *Jugend*
mit negativ bewerteten Problemkonstellationen ermöglichen einer unermüdlichen Kongress- und Tagungsindustrie, das nahezu Immergleiche in immer
neuen Variationen mit meist den immer gleichen Referenten und Referentinnen zu präsentieren", schreibt *Roland Anhorn* in seinem Beitrag in diesem
Band, und bezieht sich dabei zu Recht auf die zahlreichen Veranstaltungen,
die *Jugend* und *kriminalisierbare Verhaltensweisen* Jugendlicher thematisieren als ein *soziales Problem*, das vermehrter justizieller und zunehmend auch
wieder pädagogischer Intervention bedarf. Die Fokussierung auf den *abweichenden* jungen Menschen, dessen Stigmatisierung als defizitär, verwahrlost,
zunehmend gewaltbereit und brutal, reproduziert m.E. damit nicht nur das
vom medialen und politischen Diskurs konstruierte alltagstheoretische Bild
der *heutigen Jugend*, sondern suggeriert auch eine Bearbeitungskompetenz
der mit diesem *sozialen Problem* befaßten Professionen, deren – sowohl bezogen auf die Justiz, als auch bezogen auf die Pädagogik/Sozialpädagogik –
Verifikation nicht nur nach wie vor aussteht, sondern auch nicht zu erwarten
ist. Darüber hinaus ist eine solche ätiologische, auf das Subjekt reduzierte, individualisierende, kriminalisierende und pathologisierende Perspektive durch
und durch ent-politisierend, und somit herrschaftsstabilisierend (vgl. Griese
1994: 313).
   Auch die in diesem Band vorzufindenden Beiträge beschäftigen sich im
weitesten Sinne mit *Jugend* und *Kriminalität*, analysieren diese Gegenstände
jedoch nicht aus einer ätiologischen Perspektive, sondern versuchen vielmehr,
erstens deren gesellschaftlichen und disziplinären Bedeutungen und Funktionen aus definitions- und diskurstheoretischer Sicht zu rekonstruieren, und
zweitens die gesellschaftlich etablierten, anscheinend so plausiblen Reak-
tions- und Umgangsweisen mit ihnen zu analysieren.
   Thematisierung und Problematisierung von Jugendkulturen und jugendlicher Verhaltensweisen sowie justizielle, insbesondere auch pädagogische
Bemühungen, mit denen – unter dem Mantel der *Integration* – versucht wurde, Jugendliche zu kontrollieren, zu disziplinieren und zu erziehen, sind kei-

neswegs ausschließlich Phänomene unserer heutigen Zeit, sondern können als
historisches Kontinuum seit der *Konstruktion der Lebensphase Jugend*, also
zumindest seit Ende des 19. Jahrhunderts, identifiziert werden (vgl. die Beiträge von *Anhorn* und *Althoff* in diesem Band; ferner: Hafeneger 1994; Sander 2000; Simon 1996).

Dies gilt insbesondere auch für die Zeit des Faschismus in Deutschland,
in der *Jugend* für das NS-Regime die Zukunft bedeutete; der Jugend wurde
große Bedeutung zugeschrieben. Entsprechend wurde die Erfassung Jugendlicher konsequent vorangetrieben. Mit dem *Gesetz über die Hitlerjugend* wurde die Mitgliedschaft in der Hitlerjugend Pflicht. Freizeitgestaltung junger
Menschen außerhalb der HJ wurden mißtrauisch verfolgt, insbesondere wenn
sich diese nicht an den Werten und Traditionen der nationalsozialistischen
Ideologie, sondern an anglo-amerikanischer Kultur, insbesondere Musik orientierten. Folglich hatten gerade Gruppen wie die *Swing-Jugendlichen*, deren
Interessen für Jazz-Musik und amerikanisch-englischen Lebensstil von den
Nationalsozialisten als *abweichend* etikettiert wurden, mit unnachgiebiger
Verfolgung durch die NS-Machthaber zu rechnen. *Kerstin Rathgeb*, die sich
im Rahmen ihres Beitrages mit der *Swing-Jugend* als jugend-kulturelles Phänomen auseinandersetzt, verweist darauf, daß die in der Swing-Kultur angebotene alternative Lebensweise als eine massive Gefährdung für den Staat
bewertet, und deshalb so vehement verfolgt wurde. Allerdings zeigen die
Überlebens- und Gegenstrategien der damaligen Swing-Jugendlichen auch, so
Rathgeb, daß staatliche Herrschaft nie so absolut ist, zu verhindern, daß Ausgegrenzte nicht nach Möglichkeiten suchten, ihre eigenen Interessen und Lebensstile zu verfolgen.

Im Fokus des Beitrages von *Achim Schröder* stehen die (zunehmenden)
Anforderungen, die Mädchen und Jungen in der Adoleszenz zu bewältigen
haben, und die einhergehen, so *Schröder*, mit Konflikten gegenüber gesellschaftlichen Vorgaben, einhergehen – resultierend aus der neoliberalen Ausrichtung der Gesellschaft – mit Konflikten innerhalb der eigenen Generation,
und zwar beim Versuch, einen ökonomisch abgesicherten Platz in einer Gesellschaft mit steigernder Arbeitslosigkeit zu ergattern sowie letztlich gerade
auch einhergehen mit Konflikten mit den eigenen Eltern und deren Generation, für die Jugendliche eine Herausforderung darstellen, weil diese den Konflikt und die Auseinandersetzung suchen und brauchen, um herauszufinden,
wie sie sind, was sie wollen und wie sie ihr Leben bewältigen können. Eine
allgemeingültige richtige Haltung, die gegenüber Jugendlichen eingenommen
werden müßte, gebe es nicht; vielmehr müsse jeder/jede eine solche für sich
selbst entwickeln und dabei auf die jeweiligen Bilder von Jugend und deren
Implikationen achten sowie in Rechnung stellen, daß die Zukunftschancen
und die Zukunftsfähigkeit der heute Heranwachsenden abgenommen habe.

Roland Anhorn versteht *Jugend* zunächst nicht als Lebensphase, in der es
gilt, verschiedensten Anforderungen und Zumutungen gerecht zu werden,
sondern als *Konzept*, als *normatives Konstrukt*, als *soziokulturelle Konstruk-*

tion, die nicht nur unter bestimmten gesellschaftlichen Bedingungen entstanden ist, sondern grundsätzlich einem historischen Wandel unterliegt. Dieses *Konzept Jugend* gehe einher, erstens mit der Konstruktion *der Jugend* als *anders, defizitär, gefährdet* und *gefährlich*, diene zweitens der Entmachtung und Ausgrenzung Jugendlicher und schaffe damit drittens die Voraussetzungen und Legitimationen für eine (sozial- und kriminal-)politische, aber auch sozialpädagogische Intensivierung und Erweiterung der Kontrolle und Disziplinierung von Jugendlichen. So gesehen gilt es – *Anhorn* weiter – die unterschiedlichen Lebensphasen als relationale Konzepte zu begreifen, mit denen die Beziehungen zwischen den Generationen in Begriffen von Macht, Kontrolle und Abhängigkeit gefaßt werden.

Die normativen, ausgrenzenden und disziplinierenden Implikationen *des Konzeptes Jugend* veranschaulicht *Anhorn* des weiteren am Beispiel des Diskurses über *Jugend und Drogen*, denn das Thema *Drogen* eröffne wie kein anderes die Möglichkeit einer Dauerproblematisierung und sozialen Distanzierung junger Menschen. In Anlehnung an Christie/Bruun konstatiert *Anhorn*, stelle die Verknüpfung des *Andersseins* der Jugend mit der *Fremdheit* der Drogen einen flexibel handhabbaren Mechanismus der sozialen Kontrolle dar.

Gegenstand der Überlegungen von *Martina Althoff* ist die mediale und politische Thematisierung von Jugend im Kontext zu Kriminalität und Gewalt. Auch *Althoff* weist darauf hin, daß Reden über die Jugend schon immer korrespondierte mit Bedrohungsszenarien, daß Jugend insofern schon immer ein willkommenes Thema für Medien und Politik war. Hierbei gelte es allerdings zu berücksichtigen, daß bestimmte soziale Phänomene, wie beispielsweise *Jugendkriminalität*, in einer Gesellschaft zu unterschiedlichen Zeiten durchaus unterschiedlich definiert werden und mit ganz bestimmten kollektiven Deutungen verbunden seien. Entscheidenden Anteil an der Herstellung dieser Deutungen haben diejenigen, so *Althoff*, die innerhalb der Gesellschaft als Experten etabliert sind: Medien, Wissenschaft und Politik. Sie alle verfügen über Definitionsmacht und tragen zur Konstituierung des Phänomens, zur Konstruktion sozialer Wirklichkeit bei. Bezogen auf die Berichterstattung in den Medien müsse ferner Selektivität als wichtige Komponente der Entstehung von Kommunikationsangeboten verstanden werden. Die (selektive) Konzentration der Medien auf Normverstöße und Rechtsbrüche ermögliche in der Folge die Erzeugung von Betroffenheit und Entrüstung, da diese wiederum an moralische Bewertungen der Gesellschaft anschließen. Allerdings muß, so *Althoff*, die Medienberichterstattung immer im Wechselspiel mit anderen gesellschaftlichen Diskursen begriffen werden, denn Medienberichterstattung finde nicht in einem isolierten Raum statt, sondern stehe in Beziehung zu anderen gesellschaftlichen Bereichen: Massenmedien schließen an vorherrschende gesellschaftspolitische Debatten an, umgekehrt bedienen diese sich der Berichterstattung in den Medien (*politisch-publizistischer Verstärkerkreislauf*).

Mit den Wirkungen symbolischer Diskurse auf die gesellschaftlichen Akteure setzt sich *Cornelia Mansfeld* auseinander, wobei sie auf die Bedeutung polarisierter Wahrnehmungen und polarisierender Deutungen fokussiert, denn die Arbeit mit Gegensätzen und Polarisierungen gehöre gerade in der politischen Diskussion zum Alltagsgeschäft. Beispielhaft sei der Umgang mit dem Begriff der *Jugendkriminalität*, der bezogen auf die Wortbildung zwei Gegensatzpaare enthalte: das Wort *Kriminalität* löse die Assoziation *legal – illegal* aus; Jugend hingegen enthalte *alt – jung* und damit die Frage nach dem Generationenverhältnis. Die Bedeutungen polarisierender Perspektiven für das Individuum sowie polarisierter Haltungen in einer Gruppe arbeitet *Mansfeld* anhand zweier empirischer Untersuchungen heraus. So könne konstatiert werden, daß Polarisierungen bzw. Gegensatzpaare wesentliches Merkmal symbolischer Diskurse seien; für das Individuum habe ein Diskurs die Funktion, nicht bewußtseinsfähige Erfahrungen zum Ausdruck zu bringen und so zu einem inneren Gleichgewicht beizutragen. In einer Gruppe könne er benutzt werden, um Spaltungsmechanismen entgegenzuwirken. In diesem Fall würden Substantive verbunden mit Eigenschaften der Bedrohung und des Gefährlichen, gegen das man sich zusammenschließen müsse.

Mit einer anderen Form der Reaktion auf Bedrohung und Kriminalität beschäftigt sich der Beitrag von *Johannes Stehr*. Ihm geht es um die Funktionen des Strafens, genauer: die Funktionen des staatlichen Strafens. *Stehr* faßt den Stand der Forschung zu den Wirkungen staatlicher Strafe zusammen und versucht die Frage zu beantworten, ob staatliches Strafen überhaupt soziale Funktionen erfüllt. Die Antworten können natürlich nicht überraschen: Es kann gar kein Zweifel daran bestehen, so *Stehr*, daß das Strafrecht im Hinblick auf seine spezialpräventive (*Resozialisierung*) Aufgabe nicht nur systematisch scheitert, sondern regelmäßig entgegengesetzte Effekte zeitigt. Ebenfalls seien die integrationspräventiven Wirkungen (Strafrecht als *sittenbildende* Kraft), als auch die generalpräventiven, also abschreckenden Wirkungen, die von der Strafandrohung und Strafvollziehung auf die Allgemeinheit ausgingen, äußerst gering. Auch der Versuch der Erhöhung der Abschreckungseffekte versprächen eher gegenteilige Wirkungen, zumal dann riskiert würde, das zu verstärken, was Strafe eigentlich verhindern soll: die Auflösung der Normakzeptanz. Folglich lasse sich zusammenfassen, daß die staatliche Strafe kein geeignetes Instrument der sozialen Kontrolle darstelle, vielmehr in ihrem Kern eine autoritäre Technik sei, die der Einschüchterung, der Machtdemonstration und der Degradierung diene.

Bevor *Christian Büttner* den Sinn von Grenzen und Strafen im Erziehungsprozeß hinterfragt, skizziert er einige zentrale Probleme des Jugendalters. Frühe Vernachlässigung, fehlende Hilfestellung oder ausreichende Versorgung können, so *Büttner*, zu großen Enttäuschungen führen, wenn Entwicklungsaufgaben nicht gemeistert werden. Insbesondere bei Kindern und Jugendlichen aus materiell und sozial problematischem Milieu, seien in der Folge destruktive Reaktionen auf frustrierende Ereignisse bekannt. Überfordernde Orientierungslosigkeit entstünde auch dadurch, daß keine einheitlich verbindliche Form von Erwachsensein existiere, in die ein junger Mensch hinein wachsen könnte, müßte oder sollte. So lassen sich durchaus aus individuellen Lebensgeschichten gewalttätiger Jugendlicher ablesen, so *Büttner* weiter, welche Faktoren zu Grenzenlosigkeit und Gewalt geführt haben mögen, aber auch, was zur Gewaltminderung getan werden müßte: nämlich die Bereitstellung einer haltenden Beziehung, einer intensiven nachsozialisierenden Beziehung, die viele traditionelle Erziehungseinrichtungen überfordern würde. Grundsätzlich geht *Büttner* davon aus, daß ein Signal des Wertschätzens und des Sich-Kümmerns in der Lage ist, Gewaltbereitschaft zu reduzieren und positive Kräfte bei Jugendlichen frei zu setzen. Ohne diesen Respekt in der pädagogischen Beziehung zu Jugendlichen, werde man deshalb vergebens auf Wirkungen von Grenzziehungen und Strafen rechnen.

Olaf Emig stellt in seinem Beitrag eine kleinere empirische Studie des Amtes für Soziale Dienste Bremen vor, in der zum einen die Lebenslagen jugendlicher Untersuchungshaftgefangener rekonstruiert wurden, zum anderen der Frage nachgegangen wurde, wie öffentliche Jugendhilfe mit problematischen und komplizierten Lebenslagen von Jugendlichen umgeht. So kann *Emig* anhand ihm vorliegender Daten aufzeigen, daß in einigen Fällen Untersuchungshaft aus pädagogischen Gründen seitens der Jugendhilfe unterstützt oder sogar gefordert wurde; dies, obwohl bekannt sei, daß gerade im Gefängnis Risikofaktoren wie Gewalt, Abruch sozialer Beziehungen und Isolation aus pädagogischer Sicht kontraproduktiv wirkten. Aufgabe der Jugendhilfe müsse vielmehr sein, mit präventiven Programmen auf Prozesse der Exklusion Einfluß zu nehmen, um weitere Ausgrenzungen von ohnehin schon benachteiligten Jugendlichen zu vermeiden.

In meinem eigenen abschließenden Beitrag zeichne ich nach, wie im Kontext von Kriminalpolitik ohne großen Aufwand bestimmte Wirklichkeiten konstruiert werden (Zunahme von Jugendkriminalität, Brutalisierung jugendlicher Verhaltensweisen, Werteverfall), und welche Konsequenzen diese Wirklichkeitskonstruktionen für die Soziale Arbeit haben (Intensivierung sozialpädagogischer Bemühungen zur Verhinderung von Kriminalität; Ausweitung der Kontrolle und Disziplinierung sowie (kriminal-)präventive Beglückung junger Menschen). Allerdings sind diese Konsequenzen nicht als Naturgewalt zu verstehen, gegen die die Soziale Arbeit grundsätzlich machtlos wäre; vielmehr ergibt sie sich – in Anbetracht einerseits fehlender eigener theoretischer Begründungen und andererseits ihrer finanziellen Abhängigkeiten von politischen Entscheidungsträgern und Geldgebern – in ihr Schicksal, und wird somit, oder besser: bleibt somit Sklavin der politischen Wirklichkeitskonstrukteure, die ihr regelmäßig ausgewählte *Soziale Probleme* als zu bearbeitenden Gegenstand liefern. – Daß Pädagogen und Pädagoginnen durchaus eine andere Wahrnehmung, ein anderes Wissen von *Jugend* bzw. *jugendlichen Verhaltensweisen* haben, als die definitionsmächtigen Dramatisierer im Bereich der Politik und der Medien, vermag die Einschätzung über die Profession nicht zu revidieren, insbesondere dann nicht, wenn dieselben Pädagogen sich *trotz* ihrer eigenen Wahrnehmungen und ihres eigenen Wissens, die

Art und Weise ihres *pädagogischen* Handelns von außen aufoktroyieren lassen (vgl. Bettinger 1999; 2000).

Literatur

Bettinger, F.: Jugend und abweichendes Verhalten aus der Sicht der Jugendhilfe, in: DVJJ-Journal, Heft 4, 1999, S. 360-366

Bettinger, F.: Konzeptentwicklung in der Jugendarbeit, in: Theorie und Praxis der Sozialen Arbeit, Heft 4, 2000, S. 144-148

Griese, H.M.: Wider die Re-Pädagogisierung in der Jugendarbeit. Eine soziologisch-provokative Außenperspektive und Kritik, in: Deutsche Jugend, Jg. 42, Heft 7-8, 1994, S. 310-317

Hafeneger, B.: Jugend-Gewalt. Zwischen Erziehung, Kontrolle und Repression. Ein historischer Abriss. Opladen: Westdeutscher Verlag, 1994

Sander, U.: 100 Jahre Jugend in Deutschland, in: DVJJ-Journal, Heft 2, 2000, S. 167-173

Simon, T.: Raufhändel und Randale. Sozialgeschichte aggressiver Jugendkulturen und pädagogischer Bemühungen im 19. Jahrhundert bis zur Gegenwart. Weinheim und München: Juventa, 1996

Kerstin Rathgeb

Kriminalisierungstechniken – die Swing-Jugend als Ziel nationalsozialistischer Verfolgung

Kupfer: „Nein, das wußten wir überhaupt nicht. Es gab keinen Kontakt anderswo hin. Das habe ich nach dem Krieg erfahren, daß es solche Swingbesessene auch anderswo gab… . Aber man wußte überhaupt nichts davon, wir waren ja eine richtige Jugendbewegung. Ich wußte auch nicht, daß sie meinen Namen bis an die Reichsregierung (weitergeleitet hatten). Da hätte ich mir ja was darauf eingebildet, wenn ich gewußt hätte, daß ich da gehandelt werde bei der Reichsregierung,… Nein, das hat man nicht geahnt, die Wichtigkeit haben wir überhaupt nicht geahnt. Die haben auf mich eingeschlagen, gut das habe ich gemerkt, sie wollen etwas aus mir herauspressen, gut, aber daß es solche Bedeutung hat."

Worüber Ferdinand Kupfer[1] hier spricht, ist zeitlich Ende der 30er bis Mitte der 40er Jahre angesiedelt. Während Swing noch in den 20er Jahren, trotz der Anfeindungen aus der konservativen Musikhörerschaft, einer entstehenden Freizeit- und Unterhaltungskultur zuzurechnen ist und zur *Normalität* gehörte, wurde der Swing vom nationalsozialistischen Staat als Symbol einer Protestbewegung gedeutet. Durch neue Medien – Techniken wie das Radio und das Koffergrammophon – waren die Verbreitungsmöglichkeiten von Musik enorm gestiegen. Mit dem Beginn des Nationalsozialismus setzten sich Kräfte durch, die den Jazz als *Nigger- und Juden-Musik* beschimpften. Er galt als *rassefremd* und wurde deshalb aus der Öffentlichkeit verbannt und seine Anhängerschaft diffamiert. In diesem Klima, in dem der Jazz einerseits populär und andererseits durch den Staat und konservative Kräfte völlig abgelehnt wurde, trafen sich hauptsächlich in den Städten Berlin, Dresden, Frankfurt, Halle, Hamburg, Karlsruhe, Kiel, Leipzig und Stuttgart Jugendliche in Cliquen, um Jazz zu hören. Einige unter ihnen fielen durch ein auffallendes Äußeres auf. Sie kleideten sich im englischen Stil, d.h. breite Hosen, langes Jakkett, Hut mit breitem Rand. Die männlichen Jugendlichen trugen ihr Haar (für damalige Verhältnisse) vorzugsweise lang und die weiblichen Jugendlichen schminkten sich entgegen der nationalsozialistischen Vorstellung von einem *deutschen Mädel*.

Das Phänomen Swing-Jugend war sehr stark regional geprägt, sowohl innerhalb der Jugend-Cliquen als auch in den Reaktionen des Staates; das die-

---

1 Ehemaliger Frankfurter Swing-Jugendlicher (Name anonymisiert).

ser Untersuchung (Rathgeb 2001) zugrunde liegende empirische Material bezieht sich auf Frankfurt am Main.[2] In den Akten der Staatsanwaltschaft sind
einige dieser Frankfurter Cliquen und Klubs genannt, u.a. der *O.k.-Gang-
Club*, der *Tarantella-Club*, der *Club der Kameruner* und der *Harlem-Club*.

Unter dem Namen *Swing-Jugend* sind sie vor allem durch die wissenschaftliche Bearbeitung dieses Phänomens bekannt geworden.[3] Die damals
geläufigen Bezeichnungen als *Swing-Jugend*, *Swing-Heini*, *Tangojüngling*
etc. kamen zunächst von außen (vgl. Interview mit F. Kupfer, S. 4). Unter den
Jugendlichen waren diese weniger gebräuchlich, sie sahen sich i.d.R. einer
Clique oder einem Klub zugehörig.[4] Die Cliquenmitglieder kamen überwiegend aus dem selben Stadtteil und waren zusammen aufgewachsen. Ihr Zu-
sammensein hatte somit eher etwas Selbstverständliches. So waren in den
Cliquen auch Kinder jüdischer oder nicht deutscher Herkunft.

Während des Nationalsozialismus wurden diese Jugendlichen in Dossiers
als *staatsfeindlich* bewertet und unter die Kontrolle der Gestapo und anderer
Kontrollorgane gestellt. Es kam zu Hunderten von Verhaftungen, die für einige mit der Einweisung in ein Erziehungslager und andere Haftanstalten oder
in Zuteilungen in Strafbataillone der männlichen Jugendlichen endete.

Dennoch gab es Musiker und vor allem jugendliche Fans, die sich auch
durch Verbote nicht abhalten ließen, diese Musik zu spielen und zu hören.
Vielmehr entwickelten sie Strategien, ungestraft ihrer Musikleidenschaft
nachzugehen. Manche unter ihnen sahen darin einen Akt, sich gegen den
Staat aufzulehnen oder sich zumindest nicht unterjochen zu lassen.

Einige der Betroffenen, aber auch Wissenschaftler, suchen den Grund für
die damalige Verfolgung in der Musik selbst und schreiben dem Jazz einen
inhärent freiheitlichen und demokratischen Charakter zu. So sahen die einen
durch den Jazz die staatliche Herrschaft bedroht und kohärent deuteten andere das *Hotten* als eine widerständige Handlung. – So soll im folgenden der
Frage nachgegangen werden, wie es einem Staat möglich ist, bis dato inte-
grierte Bürger und Bürgerinnen als Kriminelle und Staatsfeinde zu etikettie-
ren? Es geht also um den Prozeß der Etikettierung dieser Jugendlichen sowie
um die Interaktionen, die diesen Prozeß tragen.

---

2   Um die Handlungsstrategien des Staates im Umgang mit den Frankfurter Swing-Ju-
     gendlichen zu erforschen, waren die Möglichkeiten, mit empirischem Material zu ar-
     beiten, begrenzt. Da die Gestapo in Frankfurt sämtliche Akten vor der Ankunft der
     Alliierten vernichtete, können deren Tätigkeiten nur auf indirektem Wege, nämlich
     über Briefwechsel und Protokolle der Staatsanwaltschaft, die auf der Grundlage der
     Gestapo-Arbeit beruhten erarbeitet werden. Zu diesem Zweck sichtete ich Dokumente
     aus dem Hessischen Hauptstaatsarchiv in Wiesbaden und dem Berliner und Koblenzer
     Bundesarchiv.

3   Das Thema *Swing-Jugend* wurde erst Ende der 80er Jahre als eigenständiges For-
     schungsfeld entdeckt.

4   Die Beschimpfung als *Swing-Heini* wurde von jenen Jugendlichen, die gegen die be-
     stehenden gesellschaftlichen und staatlichen Strukturen rebellierten oder sie ablehnten,
     als Ehrung anzusehen.

„Der Protestcharakter kann nicht allein am nationalsozialistischen Gegenüber abgeklärt werden, auch die *Swingjugend* ist in einer Linie mit dem im 20. Jahrhundert in allen westlichen Kulturen auffällig werdenden Phänomen antiautoritärer jugendlicher Protestbewegungen zu sehen. Trotz des *bürgerlichen* Kerns hatte sie den für moderne jugendliche Protestbewegungen typischen, gesellschaftlich unspezifischen Zuschnitt. Symptomatisch sind kleinbürgerliche Ängste, die sich in der Bezeichnung *Stenz* (Zuhälter) widerspiegeln. Verbürgt ist ebenfalls, daß der Swing Lehrlinge und Jugendliche aus Arbeiterfamilien faszinierte" (Historisches Museum Frankfurt am Main 1987: 186).

Der Swing-Musik wurde überwiegend in kleinbürgerlichen Kreisen Argwohn und Verachtung entgegengebracht; eine Haltung, die vor allem gegen den großbürgerlichen Habitus einiger Jugendlicher gerichtet war. Es wurde eine Verrohung der Sitten, sexuelle Verwahrlosung und generell ein lotterhaftes Leben befürchtet, das den Idealen des nationalsozialistischen Denkens widersprach (vgl. Maase 1997: 232). Frank Grube und Gerhard Richter sprechen von einem Puritanismus in der Bevölkerung, der soweit ging, geschminkte Frauen von Parteiveranstaltungen auszuschließen (Grube/Richter 1982: 110). Hingegen trugen die Swing-Jugendlichen bereits durch ihre modische Kleidung eine ungezwungene Haltung zur Schau. Diese Ungezwungenheit, die sich auch in der Tatsache offenbarte, daß viele der Swings nicht in die HJ gingen, weckte die Angst auf staatlicher Seite, diese Jugendlichen nicht kontrollieren zu können. Die Furcht, daß andere Jugendliche sich von dieser Lebensweise beeinflussen ließen war groß, zumal die Hoffnung der Nationalsozialisten gerade darin lag, Kinder und Jugendliche in nationalsozialistischem Sinne zu erziehen. Erst die Vorstellung, Jugendliche könnten eine andere Lebensart kennenlernen und diese vorziehen, erklärt die offizielle Einschätzung der Swing-Jugend als staatsfeindlich und ihre Verfolgung. Die staatlichen Akteure dieser Verfolgungsgeschichte waren vor allem Gestapobeamte, aber auch Mitglieder anderer Kontrollorgane, wie der Fürsorge oder der Hitlerjugend.

Die Akten der staatlichen Institutionen zeugen zunächst von einem sukzessiv immer engmaschiger werdenden Netz der Verfolgungseinrichtungen. Allerdings war es dem Staat allein durch Kontrolle nicht möglich, seine Macht zu erhalten. Er sah sich gleichzeitig dazu gezwungen, der Bevölkerung Unterhaltung zu bieten, die den Vorstellungen der Parteiideologie widersprach. So gab es im deutschen Rundfunk für das Ausland, hauptsächlich in den besetzten Gebieten, häufig Swing zu hören, u.a. *Charlie and his Orchestra* oder das *DTU* sowie *Zigeunerbands*. – Hier offenbart sich ein Herrschaftsstaat, der seine Herrschaft immer wieder absichern und sich neu erarbeiten muß, und zwar mit scheinbar widersprüchlichen Handlungsweisen: dem Nachgeben sowie dem Strafen und Verfolgen bestimmter Handlungen.

Die staatlichen Ausgrenzungstechniken werden nun an drei Eckpunkten dargestellt, nämlich erstens der Konstruktion eines affirmativen, aber auch eines negativen Jugendbildes durch den Staat, zweitens der effizienteren Verflechtung und Zusammenarbeit staatlicher Einrichtungen, insbesondere der

Gestapo und der HJ (Politisierung) sowie der Fürsorge und des Gerichts (Entpolitisierung) und drittens der Verschärfung der staatlichen Strafverhängung.

Zur Konstruktion von Jugendbildern

Der Jugend wurde im Nationalsozialismus große Bedeutung zugeschrieben. Sie wurde geradezu als Synonym für Zukunft betrachtet. Hitler inszenierte einen Jugendkult, um die Jugendlichen an seine Ideale heranzuführen. Das Ziel war ihre absolute Unterordnung. Mit den im Sinne der Parteiideologie erzogenen Jugendlichen und Kindern, sollte der gesellschaftliche Wandel durchgesetzt werden. Hitler selbst brachte dies bei einer Rede über die faschistische Erziehung der deutschen Jugend am 2. Dezember 1938 in Reichenberg klar zum Ausdruck:

> „... Diese Jugend, die lernt ja nichts anderes als deutsch denken, deutsch handeln, und wenn diese Knaben mit zehn Jahren in unsere Organisation hineinkommen und dort zum ersten Male überhaupt eine frische Luft bekommen und fühlen, dann kommen sie vier Jahre später vom Jungvolk in die Hitlerjugend, und dort behalten wir sie wieder vier Jahre, und dann geben wir sie erst recht nicht zurück in die Hände unserer alten Klassen- und Standeserzeuger, sondern dann nehmen wir sie sofort in die Partei, in die Arbeitsfront, in die SA oder in die SS, in das NSKK und so weiter...“[5]

Spätestens durch den Vierjahresplan von 1936 wird sichtbar, daß Hitler plante, Deutschland in den Krieg zu führen. Dafür wurden Industrie, Landwirtschaft und Militär ausgebaut. Das vorgegebene Ziel war wirtschaftliche Autarkie und militärische Aufrüstung. Die Jugend sollte entsprechend diszipliniert werden, damit sie sich den Vorstellungen der Partei unterordnete.[6] Dabei war es jedoch wichtig, daß diese Ziele zu individuellen Zielen der Menschen wurden. Dies gelang durch die Idealisierung der *Volksgemeinschaft* und die Konstruktion einer *Herrenrasse*, in der das Individuum nur noch ein Glied eines Ganzen darstellte. Dadurch konnten alle diejenigen, die dem Ziel der Ausdehnung und Manifestierung des *Dritten Reiches* im Wege standen, ausgeschlossen werden. Grundsätzlich ausgegrenzt wurden dadurch alle, die der *Herrenrasse* nicht angehörten und alle jene, die das vorgegebene Ziel in irgendeiner Weise gefährdeten.[7] Die Jugendlichen sollten tüchtig, aufopferungsvoll, kämpferisch und mutig sein (vgl. Rathgeb 2000: 47). Die Tugenden waren außerdem vom Geschlecht abhängig. Die weiblichen Jugendlichen wurden eher als tüchtig denn als kämpferisch gesehen und umgekehrt. Mit

---

5   Staatliches Rundfunkkomitee der DDR, Berlin, Abt. Tonband/Wort, Wortbandarchiv NM 28, zitiert nach: Jahnke/Buddrus 1989, Dok. 102.

6   Das Hitler-Jugend-Gesetz war von Beginn so angelegt, daß es möglich war, die Jugend konzeptionell in den Kriegseinsatz mit einzubeziehen.

7   Den Jugendlichen wurde vor allem gegen Ende des Krieges die Rolle der Reservearbeiter und -soldaten zugeteilt.

diesem affirmativen Bild von Jugend wurden gleichzeitig andere Bilder, Ideen und Symbole diffamiert. Um jedoch konsequent diejenigen verfolgen zu können, die dem affirmativen Ideal nicht entsprachen, wurde zusätzlich ein negatives Bild entworfen. Dieses war gekennzeichnet durch Attribute wie primitiv, jüdisch bzw. bolschewistisch und fremd.

Eine wichtige Rolle für die Erfassung jugendlicher Abweichler spielte dabei der Bericht über die Cliquen- und Bandenbildung aus dem Reichsministerium des Innern. Die Merkmale, die jugendlichen Außenseitern darin zugesprochen, und die Kategorien in die sie eingestuft wurden, waren so ungenau, daß es den ausführenden Beamten letztendlich die Entscheidung überließ zu kategorisieren, wer *kriminell-asozial, politisch-oppositionell* oder *liberalistisch-individualistisch* unter den Jugendlichen war. Dieser Bericht war als Handlungsanleitung für die Beamten konzipiert, erfüllte dies jedoch nicht. Letztendlich diente er den Beamten als Rechtfertigung jeglicher Handlungen, Jugendliche zu gängeln, gesellschaftlich auszuschließen und in Gefängnisse einzuschließen. Die Jugend wurde zwar durch den Staat hofiert, gleichzeitig waren die Erwartungen an sie besonders hoch.

Bündelung staatlicher Kräfte

Im Verlauf des Krieges wurde die Kontrolle der Jugend für den Staat immer wesentlicher, schließlich wurden aus ihnen Soldaten und Fronthelferinnen bzw. der Ersatz der männlichen Arbeitskräfte rekrutiert. Zu diesem Zweck wurden Jugendliche bürokratisch erfaßt. Gleichzeitig wurde dadurch das Unvermögen ersichtlich, Menschen total zu normieren und kalkulierbar zu machen.

Um die Jugendlichen staatlich leichter und umfassender beobachten zu können, wurde die Zusammenarbeit der staatlichen Institutionen angeordnet. So wurden sämtliche Institutionen gleichgeschaltet und in parteiideologische Stellung gebracht. Die betroffenen Jugendlichen hatten einen großen Teil ihrer Schulzeit unter der NS-Herrschaft verbracht. Das Gesetz zur Wiederherstellung des Berufsbeamtentums vom 7. April 1933 führte zum Ausschluß der Lehrkräfte, die als politische Gegner angesehen wurden. So daß frühzeitig der Einfluß Andersdenkender auf die Schüler und Schülerinnen möglichst gering gehalten wurde.

Im Hitler-Jugend-Gesetz § 2 wurden die Schule und die Eltern als Erziehungsträger gleichrangig nebeneinander gestellt (vgl. Ramm 1996: 187). Der NS-Staat hatte somit durch Schule, HJ und BDM umfassender auf die Kinder und Jugendlichen eingewirkt, als dies bei ihrer Elterngeneration der Fall gewesen war.

Es ist bekannt, daß große Teile der Jugend sich hatten begeistern lassen. Diejenigen, die aus der Reihe tanzten, waren eine Minderheit. Um so mehr mußten diese oppositionellen Oasen aufschrecken, zumal ihre Zahl anstieg.

Mit den ersten Niederlagen im Zweiten Weltkrieg und den damit verbundenen großen Verlusten wurde zumindest die Begeisterung geringer, für Volk
und Vaterland zu sterben.

Die Vorstellung von Opposition im allgemeinen war von Staatsseite aus
weit gefaßt. Es wurde angenommen, daß ein Teil der oppositionellen Jugendlichen der bündischen Jugend entstamme und von KPlern unterwandert würde. Der Staat sah darin die begründete Gefahr für die gesamte Jugendarbeit.
Sie befürchteten, daß das HJ-Schwänzen Nachahmer fände und sich insgesamt schlecht auf die Moral innerhalb der HJ auswirke. Die Subversivität dieser Jugendlichen war in den Augen des Staates das eigentlich Gefährliche.

„In den meisten Fällen handelt es sich um Jugendliche, die früher in der H.J. waren und
ausgeschlossen oder, weil ihnen die strenge Zucht dort nicht gefiel, ausgetreten sind. Der
Ausschluß erfolgte fast immer wegen Verstößen gegen die Disziplin oder wegen mangeln-
der Dienstfreudigkeit. Das letztere kann nach den bisher gemachten Erfahrungen darauf
zurückgeführt werden, daß verschiedene Angehörige der H.J., die vielleicht auf Grund ihrer bisherigen Erziehung oder die sich von Natur aus schlecht unterordnen können, sehen,
wie ihre gleichalterigen Kameraden, die der H.J. nicht angehören, ein freies ungezwunge-
nes Leben führen. Es kann vielfach dann auch festgestellt werden, daß diese betreffenden
sich auf den verschiedenen Sammelplätzen der Jugend mit den Nichtangehörigen der H.J.
zusammenfinden oder mit diesen auf Fahrt gehen. Hier lernen sie selbstverständlich ein
anderes Leben kennen, das mit Zucht und Ordnung, die in der H.J. herrschen müssen,
nichts gemein hat. Hinzu kommt, daß in vereinzelten Fällen die Führer der H.J. die Jugendlichen nicht richtig anzufassen wissen. Die daraus entstehende Unlust zum Dienst
wird dann weiter geschürt durch diejenigen, die noch niemals ein Interesse für den heutigen
Staat aufgebracht haben."[8]

Die Jugendlichen, die trotz ihrer HJ Zugehörigkeit als oppositionell eingestuft
wurden, wurden in einem gewissen Maße in Schutz genommen. Solange die
Jugendlichen noch nicht ausgetreten waren, galten sie als Jugendliche, die
unter schlechten Einfluß geraten waren. Es wurde auf staatlicher Seite sogar
etwas Selbstkritik laut.

Der Umgang mancher HJ-Führer mit den Jugendlichen sei nicht angemessen. Aber dieses Verständnis stieß bald an seine Grenzen (vgl. Rathgeb
2000: 47). Mit zunehmender Bürokratisierung der Jugendorganisation, trat
der Anteil jener Jugendlichen, die sich nicht organisieren ließen, immer offener zutage. Die inhaltlichen Veränderungen der HJ-Treffen und der Verlust
der spielerischen Art, die durch straffes Durchorganisieren und einen immer
harscheren Befehlston ersetzt wurde, ließ den Unmut unter den Jugendlichen
wachsen. Die Anforderungen an die Bevölkerung insgesamt, insbesondere der
Jugend, wurden erhöht; ihnen wurden nach und nach immer mehr Aufgaben
zugewiesen. So wurden Jugendliche mit Nachtwachen oder anderen Arbeits-
einsätzen betraut und schließlich immer jüngere Soldaten rekrutiert.

---

8   Aus dem Bericht der Gestapo Düsseldorf vom 10. Dezember 1937, zitiert nach Peu-
     kert 1980: 28.

Die Disziplinierung und die paramilitärischen Übungen, die unter dem Dachverband (vgl. Jahnke/Buddrus 1989, Dok. 195) der staatlichen Jugendorganisationen stattfanden, können als kriegsvorbereitende Maßnahmen bewertet werden. Mit diesen Übungen sollte ein fließender Übergang von der HJ zum Militär und damit eine größere Akzeptanz und Bereitwilligkeit, Krieg zu führen, unter den Jugendlichen geschaffen werden. Ging es in der HJ zu Beginn hauptsächlich darum, die Jugend für die nationalsozialistische Sache zu gewinnen, standen nun Disziplin und unbedingter Gehorsam im Vordergrund. Der Rechtswissenschaftler Thilo Ramm definiert die staatliche Erziehung als eine *Zwangserziehung*, die vor allem in den auferlegten Pflichten deutlich wird, z.B. in der Teilnahme an der Hitlerjugend und der Verabschiedung des Gedankens der Freiwilligkeit (vgl. Ramm 1996: 188). Außerdem wurde die Weisung gegeben, daß die einzelnen Einrichtungen ihre Informationen austauschen sollten, um konkret gegen jugendliche Abweichung vorzugehen. So wurde, um die Zusammenarbeit zwischen der Justizbehörde mit anderen Institutionen zu intensivieren, eine Arbeitsgemeinschaft gegründet. Sie hatten sich zum Ziel gemacht, der *Jugendverwahrlosung* Einhalt zu gebieten:

„Die Gegenmaßnahmen: Frühe Erfassung und nach Möglichkeit restlose Ermittlung der Jugendverwahrlosung und Gefährdung ist erforderlich, um die vorbezeichneten Zustände zu bekämpfen. Das Jugendamt steht in dauernder und enger Zusammenarbeit mit Kriminalpolizei, weiblicher Polizei, Hitlerjugend und NSV-Jugendhilfe. In Verfolg dieser Zusammenarbeit bestehen Abmachungen über gemeinsame Abhaltung von Streifen und über die Überwachung sämtlicher Lichtspielhäuser. Jugendamt und Polizei tauschen ihre Fahndungsergebnisse aus. Auch mit Heeresstreifen der Standortverwaltung wurde erfolgreich zusammengearbeitet. Das Jugendamt hat seine Abteilung „Gefährdetenfürsorge" verstärkt und empfindet die Vereinigung der 3 Sozialämter – Stadtgesundheitsamt, Fürsorgeamt und Jugendamt – unter einem Amtsleiter als wesentliche Erleichterung der Arbeit. – Magistratsrat Petrus [Name anonymisiert, Anmerk. d. Verf.] ist zum Sonderbeauftragten der H.J. für Streifendienst bestellt. Das Jugendamt spricht in allen Fällen, auch dann, wenn eine Maßnahme noch nicht erforderlich ist, den Erziehungsberechtigten eine Verwarnung aus und ermahnt sie, ihren Pflichten besser nachzukommen. Der stellvertretende Kreisamtsleiter wird in seiner Eigenschaft als Beiratsmitglied ständig über alle wesentlichen Vorgänge und Maßnahmen unterrichtet" [Fehler im Original, Anmerk. d. Verf.].[9]

Das Netz der Kontrolle war durch die vielen Streifendienste sehr engmaschig geworden und durch den Austausch ihrer Kenntnisse auch schwerer zu unterlaufen. Durch die Fülle an Gesetzen und den willkürlichen Aktionen, insbesondere der Gestapo, waren die Folgen der Swingbegeisterung für die Einzelnen schwer einschätzbar. Nicht nur die eindeutige Ablehnung der Parteiideologie, sondern bereits *Interesselosigkeit* und *der mangelnde Wille* reichten für die konsequentere Beobachtung und Verfolgung der Jugendlichen aus.[10] Es war jedoch so, daß

---

9   HHStW, Staatsanwaltschaft Frankfurt am Main, Prozeßakten, Abt. 461, Nr. 11133, S. 51e/7.

10   „In ihrem ‚weltanschaulich' begründeten Ausschließlichkeitsanspruch sah die NSDAP ‚Gegner' nicht nur in jenen Gruppen, Organisationen, Ideologien und Einzel-

sich gewisse Personenkreise innerhalb der Jugendcliquen besonders in Acht
nehmen mußten. Die Beamten wurden angewiesen gegen *Rädelsführer* und ak-
tive Mitglieder dieser Cliquen, besonders aber gegen Erwachsene und *Ausländer* in ihren Reihen, zur Abschreckung hart vorzugehen. Die Strafe sollte nach
der *inneren Einstellung* bemessen werden.

Ausweitung gesetzlicher Einschränkungen und Erhöhung des Strafmaßes

Um gegen die Swing-Jugendlichen überhaupt gerichtlich vorgehen zu können, wurden neue, strengere Gesetze eingeführt[11] und die Strafen zunehmend
verschärft[12].

Entscheidende Gesetze wurden unter einem enormen Zeitdruck erstellt.
So sind einige Details, wie die Gegensätze zwischen Elternrecht und national-
sozialistischer Jugenderziehung, unbearbeitet geblieben. Die unbearbeiteten
Stellen sind auch ein Hinweis auf die Angst des Staates vor Konflikten. Die
Entscheidungsträger wichen den Auseinandersetzungen mit den betroffenen
Akteuren dadurch aus, daß sie diese Punkte gar nicht erst zur Sprache brachten und Auseinandersetzungen auch unter den unterschiedlichen Instanzen
nicht aufkommen ließen (Ramm 1996: 191). Aus dem gleichen Grund sah
sich die Führung gezwungen, ihr Handeln juristisch zu legitimieren. Dabei
hatte die Gestapo die Möglichkeit auch ohne strafrechtliche Grundlage bzw.
ohne Angabe des Haftgrundes und der Haftdauer, Personen zu inhaftieren.
Durch die damalige rückwirkende Einführung von Gesetzen offenbart sich,
daß es sich in erster Linie um die Beschwichtigung der Öffentlichkeit und der
Beamten der Justiz handelte. Die Swing-Jugendlichen wurden aufgrund ihrer
Lebensweise als oppositionell eingestuft. Die neuen juristischen Instrumente
sollten die Verfolgung dieser Personengruppe rechtfertigen.

Es gab jedoch seit Beginn der Machtübernahme durch Hitler Gesetzesnovellen, die das kulturelle Leben insgesamt einschränkten. Bereits 1930, als
in Thüringen die Nationalsozialisten für knapp vier Monate die Regierungs-
gewalt in Händen hielten, brachten sie eine Verfügung heraus, die alles, was
als durch die *Negerkultur* beeinflußt galt, untersagt wurde. Sowohl in den
Swing-Jugendcliquen als auch unter den Jazz-Musikern waren viele Juden.
Die Nürnberger Rassegesetze vom September 1935 brachten deshalb in auf-

---

personen, die ihrer Herrschaft aktiv Widerstand leisteten, sondern auch in jenen, die
sich nicht umfassend unterordneten oder politisch-weltanschaulich ‚neutral‘ zu bleiben versuchten" (Mehringer/Röder 1992: 108).

11   Bspw. die Polizeiverordnung zum Schutz der Jugend von 1940.

12   Ein exemplarisches Beispiel für härtere Bestrafung war die Befürwortung der Todes-
     strafe für jugendliche Handtaschendiebe durch Hitler. (Vgl. ‚Wir hatten noch gar
     nicht angefangen zu leben‘, 1992, S. 14.)

fallender Weise einen weiteren Einschnitt in den Alltag der Jugend-Cliquen. Die Gesetze führten zum Ausschluß vieler jüdischer Musiker; einige Lieder wurden auf den Index gesetzt und jüdische Cliquenmitglieder wurden in ihrer Freizügigkeit in gravierender Weise eingeschränkt.[13] 1937 wurde sämtliche ausländische Musik verboten, und während des Krieges war es sogar phasenweise generell verboten, im öffentlichen Raum zu tanzen. Das Verbot, Swing zu tanzen, bestand jedoch unabhängig vom Krieg. Schließlich wurde das Tanzverbot auf den privaten Raum ausgedehnt und Partys, auf denen getanzt wurde, waren untersagt.

In der Praxis erwies sich das Musikverbot als nur schwer umsetzbar. Swing läßt sich musiktheoretisch nur schwer definieren. Die meisten der Beamten waren ohne Musikausbildung, für sie war Swing von anderer *flotter Musik* nicht zu unterscheiden. So entschieden die Beamten nach ihren eigenen Vorstellungen. Merkmale, wie schwungvolle Musik, englische Sprache, das Aufstehen der Musiker bei ihren Soli oder gar abwechselndes Auf- und Abbewegen der Instrumente, halfen der Entscheidungsfindung. Darüber hinaus orientierten sie sich am Publikum und deren Äußerem. – Einerseits kam den Swing-Anhängern und den Musikern die inkonsequente Durchsetzung des Jazz-Verbots sehr entgegen, andererseits waren sie dadurch von Willkürakten betroffen. Schließlich ermöglichten die uneindeutigen Verbote den Beamten, nach ihrem Gutdünken gegen die Swing-Jugend (und auch gegen andere Ausgegrenzte) vorzugehen.

Verschärft wurde die Situation der Jugendlichen durch die Polizeiverordnung zum Schutz der Jugend[14]. In ihr wurde das Ausgehen im öffentlichen Raum reglementiert. Jugendlichen war danach der Aufenthalt auf öffentlichen Straßen und Plätzen, in öffentlichen Lokalen, in Lichtspieltheatern, Varietés und Kabarettvorstellungen, bei *Tanzlustbarkeiten, in öffentlichen Schieß- und Spieleinrichtungen* nach Einbruch der Dunkelheit sowie das Rauchen und der Konsum alkoholischer Getränke verboten. Nur in Ausnahmefällen, und dann nur in Begleitung eines Erziehungsberechtigten war es Jugendlichen nach Einbruch der Dunkelheit gestattet, sich im öffentlichen Raum aufzuhalten.

Mit Kriegsbeginn im September 1939 wurden schließlich längst vorbereitete Gesetze in Kraft gesetzt, die gesetzlich zulässigen Strafmaße heraufgesetzt und neue Straftatbestände eingeführt. Neu eingeführt wurden die Lebensmittelkartenbestimmungen, die sogenannte *Volksschädlingsverordnung*, das Verbot wehrkraftzersetzender Äußerungen sowie das Verbot *feindliche Sender* abzuhören (vgl. Ludolf 1992: 71).

Mit der Bekämpfung dieser Straftaten war hauptsächlich die Gestapo betraut. Sie hatte durch die neuen Straftatsbestände ein weiteres Instrumentari-

---

13 Voller Zynismus gegenüber den betroffenen Juden wurden in einigen Konzentrationslagern, z.B. in Theresienstadt, verschiedene Bands aus Gefangenen zusammengestellt.

14 Jahnke/Buddrus 1989, Dok. 197, Reichsgesetzblatt, Teil I, Polizeiverordnung zum Schutz der Jugend, 1940: 126f.

um erhalten, um gegen unliebsame Personen vorzugehen (vgl. Rathgeb 2001: 62).

Die Einführung der neuen Gesetze und Verordnungen waren für die Swing-Jugendlichen folgenreich. Laut den Protokollen der *Frankfurter staatlichen Arbeitstreffen zu Jugendfragen*, wurde gezielt nach den Gesetzen gesucht, die geeignet seien, um die Jugendlichen zu belangen. In einem Protokoll dieser Besprechungen aus dem Jahre 1942 wurden Überlegungen bezüglich zu treffender Maßnahmen gegen Jugendliche im Zusammenhang mit dem erneuten Auftauchen des *Harlem-Clubs* in Frankfurt angestellt. Dazu unterrichtet der Oberstaatsanwalt die Anwesenden über die Veränderung der Cliquenstrukturen und die Folgen für die juristisch legitimierte Strafverfolgung:

„Im Gegensatz zu den Vorfällen im Jahre 1940 liegen jetzt in Frankfurt (Main) die Dinge insofern anders, als die männlichen Partner sich etwa gleichaltrige Partnerinnen suchen, so daß eine strafrechtliche Verfolgung aus dem rechtlichen Gesichtspunkt des § 176 Abs. 3 StGB ausscheidet. Kuppelei wird sich bei den jungen Leuten auch kaum nachweisen lassen."[15]

Das Strafrecht wurde in extremer Weise instrumentalisiert. Nicht eine bestimmte Handlung wurde als illegal erkannt und die handelnde Person dafür zur Rechenschaft gezogen, sondern hier war die Personengruppe ein Dorn im Auge, und es wurde nach Möglichkeiten gesucht, sie zu belangen. In dem Prozeß der Stigmatisierung wurden Jugendliche somit durch ihre Zugehörigkeit oder die Zuschreibung zu einer gewissen Gruppe zu einer vorbelasteten Person, die per se *schuldig* war. Die Vielzahl der staatlichen Einschränkungen und Eingreifmöglichkeiten machen letztendlich die Dramaturgie dieser Verfolgungsgeschichte aus.

Die Jugendlichen waren schließlich durch die gesamten gesetzlichen Änderungen der Willkür der Staatskräfte ausgesetzt. Sowohl die Akten des *Hessischen Hauptstaatsarchivs in Wiesbaden* (HHStW) über Verhaftungshintergründe und Vernehmungen der Jugendlichen, wie auch Interviews mit ehemals Frankfurter Swing-Jugendlichen, zeugen von der Gefahr für die Jugendlichen, bei ihren nächtlichen Cafébesuchen bei einer Gesetzesübertretung erwischt zu werden.

„Für die Swing-Jugend kamen nun zwei Punkte negativ zum Tragen. Sie waren erstens durch ihre Vorliebe für swingende Musik und zweitens durch ihr Alter besonders angreifbar. Gerade für ihr kulturelles Leben hatten die verschiedenen Nachträge zu Gesetzen und die Gesetzesnovellen fatale Folgen. Der Freizeitbereich der Jugendlichen wurde immer mehr reglementiert. Ihre Kultur zu pflegen, wurde somit zunehmend schwieriger, bis dies nur noch illegal möglich war" (Rathgeb 2001: 63).

Die Jugendlichen wurden i.d.R. offiziell nicht wegen ihrer Swingbegeisterung angeklagt und bestraft, sondern bspw. wegen sexueller Handlungen und Praktiken oder auch wegen Tauschens oder Kaufens von Ware ohne Bezugsschei-

---

15 HHStW, Staatsanwaltschaft Frankfurt am Main, Prozeßakten, Abt. 461, Nr. 11133, S. 93.

ne. Um gegen unliebsame Personen vorzugehen, waren Gesetze – z.B. das Verbot des Schwarzmarkthandels – die von kaum jemandem gänzlich eingehalten wurden, besonders geeignet. Diese Gesetze ermöglichten es, wenn auch nicht zwingend von ihren Erstellern so gedacht, wenn es staatlich gewollt wurde, gegen einen Großteil der Bevölkerung nach Belieben vorzugehen und diese zu kriminalisieren. Nachdem der Staat bestimmte Personen(-gruppen) und Handlungen stigmatisiert, dann kriminalisiert hatte, kam parallel dazu ein Kontrollapparat zum Einsatz, der ein schnelles und effizientes Vorgehen ermöglichen sollte.

Trotz aller Legitimierungsversuche scheuten die Beamten bei Verhaftungen in diesem Milieu dennoch vor einer größeren Öffentlichkeit zurück. Ein Indiz dafür ist die Vorgehensweise der Polizei bei Verhaftungen. Aus den Interviews mit Swing-Jugendlichen wird deutlich, daß Verhaftungen häufig in der Nacht durchgeführt wurden, wenn mit wenig Zeugen zu rechnen war. Die Nachbarn und vor allem jene, welche die Verhafteten besser kannten, sollten möglichst wenig mit konkreten Verhaftungen konfrontiert werden. Da auch die Verhafteten im allgemeinen selbst mit nahestehenden Personen nicht über ihre Haftzeit sprechen durften, hatten die Verhaftungen zusätzlich etwas Undurchsichtiges. Dies erleichterte auch den unkritischen Rückzug in der Bevölkerung.[16] Das ging sogar so weit, daß häufig selbst das direkte Umfeld, die Familie und die Freunde der Verhafteten, nicht aufbegehrten und die ihnen zur Verfügung stehenden Wege nicht nutzten, um die Verhafteten zu unterstützen. Teilweise wurde nach Rechtfertigungen gesucht, weshalb die Jugendlichen zu Recht verhaftet wurden.[17] – In dieser Zeit wurde die Bevölkerung eingeschüchtert und ein Großteil unter ihnen war nach wie vor überzeugt von den Zielen der Partei. So wurden die Strafen zum Schutz gegen den *inneren Feind* ohne Aufbegehren verschärft und am 28. November 1940 der Jugendarrest eingeführt. Damit konnte schneller und ohne größeren bürokratischen Aufwand gegen jugendliche Abweichler vorgegangen werden. Das gesamte Strafsystem wurde nun immer weiter ausgebaut, insbesondere das Lagerwesen und das Netz an Haftanstalten.

Noch vor dem Inkrafttreten der Verordnung des Reichsjustizministeriums zur *Bekämpfung jugendlicher Cliquen* vom 26.10.1944, in welcher die Verwahrung jugendlicher Delinquenten in *polizeilichen Jugendschutzlagern* gefordert wurde, wurden bereits 1942 Swing-Jugendliche in den Konzentrationslagern Moringen und Uckermark inhaftiert.[18] Unter dem Deckmantel *Ju-*

---

16 „Hitler, der davon überzeugt war, daß der Erste Weltkrieg durch die kriegsmüde Stimmung in der Heimat verloren wurde, scheute stets, die Loyalität der Deutschen auf die Probe zu stellen." (*Widerstand des Herzens*, Die Zeit, 1997, S. 13.)

17 Vgl. Rathgeb 2001, Unterkapitel *Perspektive der Abgrenzung (Peter Müller)* und *Perspektive eines Lebenskünstlers (Karl Falter)*.

18 Vgl. Hepp, 1987: 193 und Erlaß des Reichsführers der SS und Chefs der deutschen Polizei Heinrich Himmler über die Einweisung von Jugendlichen in die Konzentrati-

gendschutzlager wurde für die, die es nicht wissen wollten, vertuscht, daß spätestens ab diesem Zeitpunkt die Fürsorglichkeit der Fürsorge geendet hatte. Fürsorge und Verwahrung hingen aufs Engste miteinander zusammen.[19] Dort gab es keinen Erziehungsauftrag mehr. Die Lager sollten die *Volksgemeinschaft* vor den *Volksschädlingen* abschirmen, gleichzeitig wurde die Arbeitskraft der Häftlinge genutzt. Folglich stieg laut Statistik in den Kriegsjahren die *Jugendkriminalität* kontinuierlich an: „Im Jahre 1941 wurden im Reichsgebiet 37.853, im Jahre 1942 gar 52.426 jugendliche Personen rechtskräftig verurteilt" (Klönne 1982: 236).

In der Zeugenaussage einer damals tätigen Fürsorgerin des städtischen Jugend- und Pflegeamtes Frankfurt am Main im Entnazifizierungsprozess gegen einen Gestapobeamten, wird die enge Zusammenarbeit beider Organisationen deutlich. Ließen sich keine staatsfeindlichen Umtriebe erkennen, gab die Gestapo ihre Fälle ‚jugendlicher Ausschreitungen' an die Kriminalpolizei ab. Diese klärte, ob andere Straftaten vorlagen. War auch dies nicht der Fall, wurden die Mädchen dem Jugend- bzw. Pflegeamt überwiesen. Lagen keine juristischen Begründungen vor, fielen insbesondere die Mädchen in den Aufgabenbereich des Jugendamtes. Den Eltern wurde nicht selten ihr Sorgerecht entzogen und ihre Kinder in Heime eingewiesen. Außerdem wurde auf die Eltern Druck ausgeübt, ihre Töchter und Söhne *freiwillig* dorthin einweisen zu lassen.[20] Die männlichen Jugendlichen wurden häufig in Folge einer Vorladung zur Gestapo in die Wehrmacht einberufen. Sie kamen häufig nur aus dem Gefängnis frei, weil sie in die Wehrmacht eingezogen wurden oder sie sich auf Drängen freiwillig meldeten.[21] Es war also außerordentlich schwer den Kontroll- und Überwachungsorganisationen wieder zu entkommen. So wundert es nicht, daß es zu einem enormen Anstieg der Fürsorgeerziehung kam:

„Im Rechnungsjahr 1939 ist eine erhebliche Zunahme der Anträge auf Fürsorgeerziehung, aber auch der Straffälligkeit und der Fälle von Aberkennung des Personensorgerechts nach § 1666 BGB zu verzeichnen. Auch die sonstigen vom Jugendamt eingeleiteten Erziehungsmaßnahmen, z.B. Verwarnungen, anderweitige Unterbringung, befinden sich in erheblicher Zunahme."[22]

---

onslager Moringen/Soling, Uckermark, Post Fürstenberg/Meckl. am 25.4.1944, in: Jahnke/Buddrus 1989, Dok. 256.

19 Vgl. HHStW Spruchkammerakte Heinz Baldauf, Abt. 520/DZ, Nr. 519573, Bd. I, Fürsorgerin spricht über eigene Streifen der Fürsorge S. 188ff.

20 HHStW, Spruchkammerakte Heinz Baldauf, Abt. 520/DZ, Nr. 519573, Bd. I, S. 70.

21 Fürsorgerin: „Die männliche Jugend wurde dem Fürsorgeamt überantwortet, man hat die jungen Leute zur Wehrmacht eingezogen, es war immer schwierig, mit über 18jährigen Burschen zu verhandeln, die schon wehrmachtsreif waren; darüber kann ich nichts sagen." (HHStW, Spruchkammerakte Heinz Baldauf, Abt. 520/DZ, Nr. 519573, Bd. II, S. 336.)

22 HHStW, Staatsanwaltschaft Frankfurt am Main, Prozeßakten, Abt. 461, Nr. 11133, S. 51b, 2.

Hinzu kam die 1942 herausgebrachte Verfügung der Oberstaatsanwaltschaft beim Landgericht, die besagte, daß Anklageerhebungen von den für *Jugend-sachen zuständigen Abteilungen* nur dann bearbeitet werden sollten, wenn der Staatsanwalt dies ausdrücklich beantragte. Bei Ausländern sollte davon – mit Ausnahme ganz besonderer Fälle – ganz abgesehen werden.[23] Jugendliche wurden nun, bis auf Ausnahmefälle, nach dem Erwachsenenrecht verurteilt. Dies führte zu einem enormen Anstieg des Strafmaßes.

Insgesamt führten diese drei staatlichen Aktionsstränge – die Konstrukti-on eines idealen Jugendbildes, die Veränderungen der institutionellen Zusam-menarbeit und die Zunahme an gesetzlich legitimierten Verfolgungsmöglich-keiten sowie die eklatante Erhöhung des Strafmaßes – zu einer enormen Ver-schärfung der Situation nonkonformer Jugendlicher. In den Überlebens- und Gegenstrategien der damaligen Swing-Jugendlichen zeigt sich jedoch, daß staatliche Herrschaft nie so absolut ist, zu verhindern, daß Ausgegrenzte nicht nach Möglichkeiten suchten ihre eigenen Interessen und Lebensstile zu ver-folgen. Gerade die antiautoritären Strukturen der Cliquen unterliefen den Kern der nationalsozialistischen Parteiideologie. So unverhältnismäßig die Reaktionen auf die Swing-Jugend heute erscheinen, sie entsprachen der inne-ren Logik einer staatlich wie gesellschaftlich streng linearen Hierarchie. Diese antiautoritäre Haltung muß sich für einen Staat, dessen Philosophie die abso-lute Unterordnung des Individuums unter die Volksgemeinschaft und den Führer forderte, als bedrohlich und staatsfeindlich darstellen. Die in der Swing-Kultur angebotene alternative Lebensweise wurde als eine massive Gefährdung für den Staat bewertet und deshalb so vehement verfolgt.

Trotz der damaligen Verfolgung sehen sich die im Rahmen dieser Unter-suchung interviewten ehemaligen Frankfurter Swings heute i.d.R. nicht als Widerständler. Sie finden sich in der Darstellung des Phänomens durch die Geschichtsschreibung, vor allem in der Bewertung als Jugendwiderstand, häufig nicht wieder. – Wenn Ferdinand Kupfer, wie einleitend zitiert, von der Tragweite und *Wichtigkeit* nichts ahnte, und das, obwohl er die Härte der Ge-stapoverhöre zu spüren bekam, verdeutlicht dies, wie unbegreiflich ihm diese Reaktion auf einen antiautoritären, hedonistischen Lebensstil erschien. Diese Ambivalenz spiegelt sich in der wissenschaftlichen Auseinandersetzung mit dem Phänomen der *Swing-Jugend* und den heutigen Deutungen der Handlun-gen dieser Jugendlichen wider.

---

23 Vgl. HHStW, Staatsanwaltschaft Frankfurt am Main, Prozeßakten, Abt. 461, Nr. 11144, 421E, S. 90.

Quellenverzeichnis

Auf Tonträger aufgezeichnetes Interview (anonymisiert):
Ferdinand Kupfer (Frankfurt am Main) 20.12.1994
Archivdokumente
Hessisches Hauptstaatsarchiv in Wiesbaden (HHStW):
HHStW, Staatsanwaltschaft Frankfurt am Main, Prozeßakten, Abt. 461, Nr. 11133
HHStW, Staatsanwaltschaft Frankfurt am Main, Prozeßakten, Abt. 461, Nr. 11144, 421E
HHStW, Spruchkammerakte Heinz Baldauf, Abt. 520/DZ, Nr. 519573, Bd. I
HHStW, Spruchkammerakte Heinz Baldauf, Abt. 520/DZ, Nr. 519573, Bd. II

Literatur

Grube, F./Richter, G.: Alltag im Dritten Reich: So lebten die Deutschen 1933-1945. Hamburg: Hoffmann und Campe, 1982
Hepp, M.: Vorhof zur Hölle. Mädchen im „Jugendschutzlager" Uckermark, in: Ebbinghaus, A. (Hrsg.): Opfer und Täterinnen. Hamburg, 1987, S. 191-216
Historisches Museum Frankfurt am Main: Jugend im nationalsozialistischen Frankfurt. Kleine Schriften des Historischen Museums, Band 19, Frankfurt/M.: 1987
Jahnke, K.-H./Buddrus, M.: Deutsche Jugend 1933-1945. Eine Dokumentation. Hamburg: VSA-Verlag, 1989
Klönne, A.: Jugend im Dritten Reich. Düsseldorf, 1982
Ludolf, H.: Deutschland im Krieg 1939-1945, in: Broszat, M./Frei, N. (Hrsg.): Das Dritte Reich im Überblick. München, 1992, S. 65-79
Masse, Kaspar: Grenzenloses Vergnügen. Der Aufstieg der Massenkultur 1850-1970. Frankfurt/M: Fischer, 1997
Mehringer, H:/Röder, W.: Gegner, Widerstand, Emigration, in: Broszat, M./Frei, N. (Hrsg.): Das Dritte Reich im Überblick. München, 1992, S. 108-123
Peukert, D.: Die Edelweißpiraten: Protestbewegungen jugendlicher Arbeiter im Dritten Reich. Köln: Bund-Verlag, 1980
Ramm, T.: Familienrecht: Verfassung, Geschichte, Reform. Tübingen: Mohr, 1996
Rathgeb, K.: Helden wider Willen. Frankfurter Swing-Jugend – Verfolgung und Idealisierung. Münster: Westfälisches Dampfboot, 2001
„Wir hatten noch gar nicht angefangen zu leben". Katalog zur Ausstellung der Lagergemeinschaft und Gedenkstätteninitiative KZ Moringen e.V. und der Hans-Böckler-Stiftung. Moringen, 1992

Zeitungsartikel

„Widerstand des Herzens", in: Die Zeit, 18.07.1997, Nr. 30, S. 13

Achim Schröder

Konflikt und Adoleszenz – über die heutigen Umgangsweisen mit Jugend

1. Einleitung

Im folgenden möchte ich einige Zusammenhänge herausarbeiten zwischen dem, was die Adoleszenz ausmacht und dem, wie von Seiten der Gesellschaft und der Erwachsenen darauf reagiert wird. Die Adoleszenz ist keine isolierbare Erscheinung; sie gründet zwar auf biologischen Vorgängen, aber sie ist durch die Kulturgeschichte geformt. Die Umgangsweisen mit Jugend und die damit verknüpften Jugendbilder prägen unseren Blick auf die Adoleszenz und damit auch die konkreten Adoleszenzverläufe selbst. Denn das, was beispielsweise Eltern von ihren pubertierenden Kindern erwarten und was sie befürchten, beeinflußt das Verhalten. Das gilt auf ähnliche Weise für die Bilder von Jugend in der Öffentlichkeit und besonders in den Medien. Die dort präsentierten Vorstellungen über Jugendlichkeit haben Auswirkungen auf das, was Jugendliche tun und denken.

Es gibt somit unumgängliche Interdependenzen zwischen der Adoleszenz und unseren Bildern von der Adoleszenz in ihren je aktuellen Erscheinungen. Das läßt sich nicht in Gänze entzerren. Aber wir können das, was im Umgang mit Jugend geschieht, systematisieren und in Bezug setzen zu den Wesenszügen der Adoleszenz. Diese werde ich deshalb zunächst vorstellen, bevor ich die möglichen Reaktionen der Erwachsenengesellschaft auf die *Entwicklungstatsache*, wie Bernfeld das nannte, in Form von typischen und wiederkehrenden Mustern analysiere.

2. Pubertät, Adoleszenz und die Spannungen im Heranwachsenden

Unter *Pubertät* versteht man die körperlichen Veränderungen bei der Entwicklung der primären und sekundären Geschlechtsmerkmale. Die Pubertät ist ein Werk der Natur, es geht um die biologischen Vorgänge im Menschen. Im Alter zwischen 9 und 13 Jahren machen die Mädchen und die Jungen – die einen früher, die anderen etwas später – wegweisende körperliche Veränderungen durch, mit deren Bewältigung sie eine Reihe von Jahren beschäftigt sind. Mädchen und Jungen werden geschlechtsreif, d.h. die Mädchen erleben ihre *Menarche*, ihre erste Menstruation und die Jungen ihren ersten Samenerguß. Dieses im Zentrum stehende heranreifende Vermögen, Kinder zu gebären und Kinder zu zeugen, wird eingeleitet und begleitet durch weitere körperliche Erscheinungen. Das Äußere verändert sich, Pickel tauchen auf und plötzliche Wachstumsschübe lassen den Körper aus den bis dato bekannten und vertrauten Fugen geraten. Manche Körperteile wachsen ungleichzeitig, sodass eine gewisse Schlacksigkeit beim Gehen die Folge sein kann. Ungelenke Bewegungen und ein Sichhäßlichfühlen führen zu Verunsicherungen und zu Scham. Pubertierende versuchen sich phasenweise zu verstecken, sie möchten manchmal im Boden versinken. Auch das Wachstum des Busens bei Mädchen wird keinesfalls nur herbeigesehnt, es erzeugt eine Scheu vor den Blicken der Anderen. Die Jungen erleben einen Stimmbruch, der ihnen plötzlich die gewohnte Kraft ihrer lauten und durchsetzungsfähigen Stimme nimmt. Zugleich sehnen sie ihren ersten Bartwuchs herbei.

Die Pubertät ist eine Zeit des Sehnens und der Hoffnung und ist eine Zeit der Verzweiflung und des Nichtmehrseinwollens. Daran ändert auch die moderne Aufklärung nichts. Selbst wenn die Mädchen und die Jungen genau wissen, was an körperlichen Veränderungen auf sie zukommt, müssen sie alle – jeder für sich – mit den neuen Erscheinungen gefühlsmäßig klarkommen.

Als *Adoleszenz* bezeichnet man die Zeit, die junge Menschen brauchen, um sich mit der neuen, durch den pubertären Umbruch ausgelösten Situation psychisch zu arrangieren und sich ihren neuen Platz in der Gesellschaft zu suchen. Die Adoleszenz betont im Unterschied zur Pubertät den kulturellen Einfluß. In unterschiedlichen Gesellschaften hat die Adoleszenz ganz verschiedene Erscheinungsformen.

Der Verlauf der Adoleszenz wird geprägt durch die kulturellen Angebote, die eine Gesellschaft zur Verarbeitung des pubertären Umbruchs zur Verfügung stellt. In früheren Kulturen hat man *Initiationsriten* benutzt, um die körperlichen und psychischen Wallungen in den Griff zu bekommen und die Pubertierenden in die bestehende Gesellschaft einzubinden. Solche Pubertätsriten waren für alle Heranwachsenden obligatorisch. Man gab den Jugendlichen vor, auf welche Weise sie sich von der Kindheit zu verabschieden hatten, wie sie in einer Zeit des Übergangs – zumeist außerhalb der gewohnten Lebensweise – die Fertigkeiten und die Einstellungen für ihr späteres Leben erlernten, und wie sie sich dann als Erwachsene in die Gesellschaft auf neue Weise einfügen sollten. Die Zeit des Übergangs war in jenen Kulturen, die kaum Veränderungen zuließen, verhältnismäßig kurz. Die Adoleszenz war auf wenige Tage oder Wochen begrenzt.

In unserer Kultur ist der Übergang in das Erwachsenenalter nicht mehr solchen allgemeinverbindlichen Ritualen unterworfen. Es bilden sich zwar immer wieder neue ritualisierte Elemente heraus – vor allem in den modernen Jugendkulturen – aber sie zeigen eher an, wie vielfältig der Weg sein kann;

sie sind nicht obligatorisch, sie haben nicht mehr einen Pflichtcharakter wie in früheren Kulturen (vgl. Turner 1989: 65).

Die mit der Adoleszenz verknüpften inneren Spannungen können in der heutigen Gesellschaft verstärkt ausgelebt werden. Die Jugendphase ist offener und länger geworden. Während noch vor einigen Jahrzehnten der experimentelle Charakter der Jugendphase vorrangig den bürgerlichen Schichten und den männlichen Jugendlichen vorbehalten war, steht diese Zeit als ein *psychosoziales Moratorium* (Erikson 1973) heutzutage allen Jugendlichen mehr oder weniger zur Verfügung.

Die Jugendphase unterliegt einem gesellschaftlichen Wandel. Dennoch bleiben die Grundkonflikte, die Heranwachsende durchlaufen und die Kernaufgaben, die sie auf irgendeine Weise zu bewältigen haben, die gleichen. Eine Schlüsselrolle spielen die körperlichen Veränderungen und sexuellen Energien in der Adoleszenz, weil sie den Jugendlichen dazu treiben, sich von der Ursprungsfamilie innerlich abzusetzen. Sexualität ist gegenüber den eigenen Geschwistern und Eltern mit dem Inzesttabu belegt – in allen Kulturen. Sexuelle Beziehungen müssen außerhalb der Familie gesucht werden (vgl. Erdheim 1988). Wer innerlich an seine Eltern stark gebunden bleibt, wird es schwer haben, eigenständig zu denken und zu fühlen. Somit läuft die Sexualisierung des Körpers, der Wahrnehmungen und der Beziehungen auf eine Absetzbewegung von den wichtigsten Bezugspersonen, den Eltern, hinaus.

Die neuen Aufgaben, die Adoleszente auf sich zukommen sehen, sind auch mit großen Ängsten verknüpft. Man betritt Neuland. Man hat Angst vor einem großen Alleinsein. Man fühlt sich verloren, ohne die gewohnte Anbindung und Rückversicherung. Viele geraten phasenweise an den Rand der Verzweiflung. Fast jeder spielt einmal mit dem Gedanken, sich umzubringen. Doch glücklicherweise geschieht das weitgehend nur in der Phantasie, und ein Selbstmord wird von Jugendlichen sogar seltener in die Tat umgesetzt, als von Erwachsenen.

Ohne die neuen *Energien*, die den Jugendlichen durch körperliche Veränderungen zufließen, würden sie die mit der Verabschiedung von der kindlichen Gefühlswelt verknüpften Anstrengungen nicht schaffen können. Die neuen Energien treten in verschiedenen Gewändern auf. Jugendliche sind neugierig, Jugendliche haben einen Hunger nach Symbolen, sie können sich auf eine einzigartige Weise narzißtisch besetzen, sie fühlen sich phasenweise omnipotent und glauben manchmal, alles auf einmal bewältigen zu können.

Der jugendliche Narzißmus und die damit verknüpften Größenphantasien sind für die Erwachsenen oft eine ärgerliche Erscheinung, für die Jugendlichen jedoch eine wichtige Hilfe auf ihrem Weg der Individuation.

Als Wesensmerkmal der Adoleszenz können wir somit die Spannung festhalten, die zwischen den neuen, körperlichen, vorantreibenden Energien einerseits bestehen und den noch nicht umsetzbaren, noch angstbesetzten, noch schambesetzten neuen Anforderungen andererseits. Jugendliche erleben das innerlich als Spannung, die sich auf ganz unterschiedliche Weise nach außen entlädt; es ist das Hin- und Hergerissensein zwischen Altem und Neuem, zwischen Familiärem und Kulturellem, zwischen Autonomie und Bindung, zwischen Freiheit und Ritual, zwischen Größenphantasien und Ohnmacht.

Die Kernaufgaben fasse ich wie folgt zusammen:

1. Jugendliche müssen sich innerlich von der Herkunftsfamilie absetzen. Sie suchen nach einem Gegensatz, sie suchen nach einer Differenz. Das brauchen sie zur Herausbildung von Eigenständigkeit. Die zentrale Aufgabe lautet: *Ablösung*.

2. Mit der ersten Menstruation und der ersten Pollution werden Mädchen und Jungen geschlechtsreif. Die Mädchen können gebären, die Jungen können befruchten. Mit der Herausbildung dieser Fortpflanzungsfähigkeit erhält die bereits in der Kindheit entwickelte sexuelle Empfindungsfähigkeit eine neue Färbung. Geschlechtliche Liebe ist nun möglich. Sie unterscheidet sich von der kindlichen Sexualität. Jedes Mädchen und jeder Junge muß für sich lernen, die neuen Fähigkeiten in die vorhandenen zu integrieren. Die zentrale Aufgabe lautet: *Entwicklung von Liebesfähigkeit*.

3. Es steht die individuelle Verortung in der Gesellschaft an. Jede und jeder muß sich einen Platz suchen, was bedeutet, sich gegenüber den angebotenen Wertvorstellungen zu verhalten und sich in die gesellschaftlich angebotenen Chancen zur Reproduktion einzugliedern. Man kann die zentrale Aufgabe deshalb auch so nennen: *Entwicklung von Arbeitsfähigkeit*.[1]

4. Die in der Adoleszenz erlebte Ambivalenz bzw. Spannung zwischen sehr unterschiedlichen Gefühlszuständen, zwischen auf der einen Seite dem Familiären, der Bindung und der Nähe und auf der anderen Seite dem Kulturellen, der Freiheit und der Distanz, führt zu Polaritäten und Gegensätzlichkeiten, die es zu überwinden gilt. Jedes Individuum steht vor der Aufgabe, sein Selbst realistisch einschätzen zu lernen und unterschiedliche Anteile der Persönlichkeit und unterschiedliche Lebenserfahrungen in sein Selbst zu integrieren (vgl. Blos 1978: 216f.). Die zentrale Aufgabe lautet deshalb: Finden von subjektiven Lösungen für die *Integration von gegensätzlichen Erfahrungen im Selbst*[2].

---

1   *Arbeitsfähigkeit* ist hier nicht in dem engen Sinn von einer Fähigkeit und einer Bereitschaft gemeint, sich in den Arbeitsprozeß integrieren zu lassen, sondern in einem weiten Sinn all jener Formen von tätigem und sozialen Tun, von Arbeit, die in unserer Kultur möglich sind. Es geht hier somit um die Fähigkeit, sich einen aktiven Platz in der Gesellschaft zu verschaffen.

2   Wenn von einem *Selbst* gesprochen wird, geht es um die Unterscheidung zwischen dem *Selbst* und dem Anderen. Die Entwicklung des *Selbst* zeigt an, inwieweit es der Person gelungen ist, die verschiedenen Beziehungserfahrungen und damit verbundenen Prozesse der Identifikation mit den verfügbaren sozialen Rollen zu verknüpfen,

3   Unterschiedliche Konflikte und Anforderungen in weiblicher und männlicher Adoleszenz

Neuere Untersuchungen über die geschlechtsspezifischen Unterschiede in der Entwicklung haben gezeigt, daß ein jeweils verschiedenes Zusammenspiel von inneren körperlichen und seelischen Vorgängen einerseits und äußeren Anforderungen andererseits unterschiedliche Adoleszenzverläufe bei Mädchen und Jungen hervorbringt. An dieser Stelle kann ich nur einige Gedanken anreißen.

Bei dem Mädchen ist der körperliche Umbruch, der durch die erste Menstruation eingeleitet wird, offenbar deutlicher und einschneidender als bei dem Jungen. Denn von nun an hat sie, die junge Frau, einen monatlich wiederkehrenden Zyklus, der sie zwar zyklisch begrenzt, ihr zugleich aber die schöpferischen Möglichkeiten, über die sie nun verfügt, immer wieder vor Augen führt (vgl. King 1997: 40). Durch einen *qualitativen Sprung* (ebd.: 42) wird das Mädchen in die Lage versetzt, in ihrem Innenraum Leben entwickeln und wachsen zu lassen und dann gebären zu können.

In unserer Kultur wurden bis vor wenigen Jahren Mädchen und junge Frauen fast ausschließlich auf die Rolle vorbereitet und festgelegt, Kinder zu gebären und eine Familie zu versorgen. Während für die Jungen schon immer wichtig war, sich von der Familie abzusetzen, frühzeitig Erfahrungen in der Welt zu machen und sich auf einen Beruf und die Fähigkeit vorzubereiten, eine Familie von außen her zu versorgen, sollte die Frau für das Binnengeschehen in einer Familie zuständig sein. Die Jungen wurden in die Gesellschaft geschickt und die Mädchen auf das Familiäre hin sozialisiert. Nun haben sich zwar einige Wertigkeiten geändert, und es soll möglichst allen Mädchen eine schulische und berufliche Ausbildung zu Teil werden, aber: die Frauen stellen in den meisten Fällen ihre beruflichen Ambitionen hintan, wenn eine Mutterschaft ansteht. Die Doppelbelastung aus Mutterschaft und Arbeitsleben übt – allen Veränderungen zum Trotz – weiterhin einen besonderen Druck auf das weibliche Geschlecht aus, sich vorrangig um die Kinder und die Familie zu kümmern. Dieses „Problem der kulturell systematisch ungelösten Integration (der zwei Belastungen, d.V.) kann insofern als ein zentraler Konflikt in der weiblichen Adoleszenz angesehen werden,...weil er sich immer noch hauptsächlich in den Köpfen und Seelen der Mädchen abspielt" (ebd.: 36). Dieser Konflikt führt dazu, dass auch heute noch die meisten Mädchen letztendlich die spätere Sorge um Kinder und Familie als ihre zentrale Aufgabe ansehen. Das bestätigen empirische Untersuchungen.[3] Offenbar ist der Wider-

---

mit anderen Worten: wie man sich selbst im sozialen Gefüge und damit gegenüber *Anderen* sieht und einordnet (vgl. Blos 1978: 216).

3   Sie zeigen, wie Mädchen zwischen der beginnenden Adoleszenz und dem jungen Erwachsenenalter Veränderungen hinsichtlich ihrer Vorstellung von einer Aufgaben- und Rollenverteilung zwischen sich und einem männlichen Lebenspartner durchma-

stand der Männer(gesellschaft) gegen einen Wandel so gross, dass die Mädchen sich immer wieder neu gezwungen fühlen, die alte Arbeitsteilung fortzuführen (vgl. Bosse/King 2000: 7).

Umgekehrt gilt für die männliche Adoleszenz, daß sie als Zeit zum Sicheinüben in die Gesellschaft und die dort vorherrschenden männlichen Rollen angesehen wird. Die gesellschaftliche Realität ist dadurch gekennzeichnet, dass die wichtigen Machtpositionen in Wirtschaft und Politik von Männern besetzt werden, und dass für Jungen und Männer der Beruf und die Arbeit die erste Priorität darstellen. Das Sichkümmern um die zukünftigen Kinder und die Familie steht erst an zweiter Stelle. Die inneren Bilder von adoleszenten Jungen sind eher davon geprägt, was ihnen zukünftig an Aufgaben in der Gesellschaft bevorsteht und welche kämpferischen Fähigkeiten und aggressiven Impulse im Ringen um Geld und Position erwartet werden. Sie sehen und erleben, wie die Männer eine hegemoniale Position ausfüllen und auf welche Weise die nachrückenden Männer diese Hegemonie, also die soziale Überlegenheit, fortführen können (vgl. Männerforschungskolloquium 1995: 50). Die Jungen geraten im Zuge ihrer Mannwerdung in den Druck, das abwerten zu müssen, was mit weiblich assoziiert und gesellschaftlich als *untergeordnet* angesehen wird. Sie führen Abwehrkämpfe gegen die Einfühlung in Andere und gegen die Reflexion eigenen Verhaltens. Sie blockieren damit in Teilen die Entwicklung von Fähigkeiten, die sie für Liebesbeziehungen und für zwischenmenschliche Beziehungen überhaupt brauchen. Der zentrale Konflikt zeigt sich bei Jungen somit zwischen dem, was sie einerseits suchen und brauchen, und was sie andererseits glauben abwehren und abwerten zu müssen, um als Mann von der gesellschaftlichen Umgebung anerkannt zu werden. Und dieser Druck auf die Jungen scheint weiterhin in dieser Weise zu funktionieren, auch wenn auf der normativen Ebene viel von Vaterschaft, Erziehungsurlaub durch Männer und der Wichtigkeit eines Wandels gesprochen wird. In der Praxis der real existierenden Männer bleibt die Verknüpfung von Vaterschaft und Berufstätigkeit immer noch die Ausnahme. Dementsprechend existieren kaum Bilder und Vorbilder, „auf die sich Adoleszente innerlich und äußerlich beziehen können" (Bosse/King 2000: 13).

Insofern kann man konstatieren, dass sich die Mädchen auch heutzutage mehr mit der Einfühlungsarbeit beschäftigen, und die Jungen eher auf die gegenständliche Auseinandersetzung mit der Welt beziehen.

Wenn man die zwei zentralen Fähigkeiten, die es in der Adoleszenz zu erwerben gilt, die Liebesfähigkeit und die Arbeitsfähigkeit, geschlechtsspezifisch betrachtet, so kann man für das heutige Aufwachsen weiterhin sagen: die Mädchen bereiten sich vermehrt auf die *Liebesfähigkeit* hin vor, auch wenn sie sich gleichzeitig schulisch und beruflich gut qualifizieren. Und für

---

chen. Während sie mit 14, 15 Jahren von einem egalitären Geschlechterverhältnis ausgehen, ordnen sie einige Jahre später vorrangig dem Mann die Aufgabe zum Geldverdienen zu (vgl. Popp 1997).

die Jungen ist die *Arbeitsfähigkeit* immer noch vorrangig. Sie gilt als das sichere Terrain, auf das die Jungen angesichts der neuen emotionalen Erwartungen und Verunsicherungen, denen sie durch den Wertewandel ausgesetzt sind, teilweise umso mehr zurückgreifen.

Es zeigen sich für beide Geschlechter neue Konstellationen von inneren und äußeren Konflikten. Denn die Anforderungen, die Mädchen und Jungen in der Adoleszenz bewältigen müssen, entsprechen nicht mehr den alten, eindeutigen Mustern. Die Jugendlichen haben es mit neuen Ambivalenzen zu tun, die sich u.a. aus den Diskrepanzen zwischen dem Wunsch nach vielseitiger Persönlichkeitsentfaltung einerseits und dem Alltagsdruck auf geschlechtsspezifisches Verhalten ergeben. Wenn man die vielen Spannungen und Selbstzweifel bedenkt, mit denen sich Adoleszente in ihrer Zeit des Umbruchs herumschlagen müssen, so erscheint die Anziehungskraft, die von klaren Mustern und Zuordnungen ausgeht, durchaus nachvollziehbar.

4. Adoleszenz als Schauplatz für entwicklungsbedingte und kulturelle Konflikte

„Da die Jugendphase vor allem durch das Hineinwachsen in die Gesellschaft bestimmt ist und mithin einen Prozeß verkörpert, in dem Jugendliche gleichermaßen eine stabile Persönlichkeit ausbilden und gesellschaftsfähig werden sollen" (Böhnisch 1992: 72f.), haben die Konflikte, die sich mit Jugendlichen abspielen, immer eine entwicklungsbedingte und eine gesellschaftliche Seite. Mit der heraufziehenden Moderne wurden die adoleszenten Konflikte als innere Konflikte *entdeckt* und fanden ihren Niederschlag in großen literarischen Werken wie im *Werther* von Goethe oder im *Frühlingserwachen* von Wedekind. In heutigen Gesellschaften können sich diese Konflikte auf sehr unterschiedlichen Feldern im Innen wie im Außen zeigen. Vorrangig zeigen sie sich als Konflikte mit den eigenen Eltern und deren Generation und sie zeigen sich gegenüber den gesellschaftlichen Vorgaben. Als diese vor einigen Jahren noch sehr eng waren, ging die Jugend mit den Normen und Werten in einen Streit und hat für deren Aufweichung gestritten. Gesellschaftlich gesehen bieten die Normkonflikte heute kaum noch Zündstoff. Zwar geht es innerhalb der Familien in der Auseinandersetzung mit den pubertierenden Kindern weiterhin sehr viel um die Fragen, was man in welchem Alter darf und wie die Verbote einzuhalten sind, beim Rauchen, beim Trinken, beim Weggehen usw. Aber gesellschaftlich betrachtet können wir eine Verschiebung „von kulturellen Normkonflikten hin zu sozialen Bewältigungskonflikten" (Hafeneger 1995: 98) beobachten. Bei dem Versuch, einen ökonomisch abgesicherten Platz in einer Gesellschaft mit steigender Arbeitslosigkeit zu ergattern, geraten die Jugendlichen unweigerlich in eine Konkurrenz untereinander. Dadurch entstehen vermehrt Konflikte zwischen Szenen und Gruppierungen von Jugendlichen. Es verschieben sich die Konfliktlinien von bislang vor allem Generationskonflikten hin zu Konflikten innerhalb einer Generation. Die neoliberale Ausrichtung der Gesellschaft verstärkt diese Tendenz. Sie führt zu einem Kampf von jedem gegen jeden.

5. Erwachsene Umgangsweisen mit Jugend: vier typische Haltungen

Jugendliche sind eine Herausforderung für Erwachsene, weil Jugendliche den Konflikt und die Auseinandersetzung suchen und brauchen. Sie brauchen das Gegenüber, an dem sie sich reiben können, um herauszufinden, wie sie sind, was sie wollen und wie sie ihr Leben bewältigen können. Auf die Provokationen durch Jugend reagieren die Erwachsenen auf unterschiedliche Weise. Dazu möchte ich die Verhaltensweisen und Einstellungen auf vier typische Haltungen zuspitzen.[4]

1. Die Jugendlichen werden abgewertet und verteufelt. Sie gelten als *zerstörerisch und gefährlich*.
2. Die Jugendlichen werden *idealisiert*. Man ordnet ihnen Glück, Fortschritt und Revolution zu.
3. Die *Sorge* gegenüber den Jugendlichen steht im Vordergrund. Sie werden kleingehalten und pädagogisiert.
4. Es besteht eine *Gleichgültigkeit* den Jugendlichen gegenüber. Sie werden nicht beachtet, sie werden überhört.

Zu 1.
Die erste Haltung, Jugendliche abzuwerten und als bedrohlich zu empfinden, kann Gründe haben, die mit der eigenen Biographie des Betrachters zusammenhängen. Möglicherweise machen die Jugendlichen das, was man sich selbst nie zugetraut hat. Oder sie werden als Bedrohung gegenüber dem erlebt, was man erreicht hat. Oder sie sprechen verborgene Aggressionen und tabuisierte Gefühle an, mit denen man selbst nicht gut umgehen kann. In jedem dieser Fälle haben die Jugendlichen etwas in einem provoziert und hervorgelockt, was zu solchen abwertenden Verhaltensweisen führt. Die Abwertung kann als Schutzmechanismus – hier der Erwachsenen – interpretiert werden.

---

4   Manche AutorInnen arbeiten nur mit zwei Polen, wie Mansel (1999), der den negativen Bildern die Idealbilder gegenüberstellt (vgl. Griese 2000). Die vier Typisierungen bei Hafeneger (1995) sind meiner Systematik – mit einem Unterschied – sehr ähnlich. Hafenenger beschreibt als einen vierten Typ den partnerschaftlichen Umgang auf der Basis einer modernen Jugendpädagogik. Ich bin skeptisch gegenüber Versuchen, einen *positiven* Umgang mit einer Kategorie zu erfassen (s. unten Abschnitt 5.) und möchte mit meinem vierten Typ auf die *Nichtbeachtung* hinweisen, als einer offensichtlich zunehmenden Umgangsweise mit Jugend.

Das gesellschaftliche Klima in den 90er Jahren hat diesem negativen Jugendbild einen starken Auftrieb gegeben. Das Bild von Jugend spiegelt die ungelösten Probleme und Konflikte der Gesellschaft mit ihren unsicheren Zukunftschancen wider. Die damit verbundenen Ängste haben die Sicherheitsdebatte angefacht und über das Zauberwort *Prävention* eine grundlegende Verschiebung im Umgang mit Kriminalität bewirkt. Das amtliche Kontrollinteresse hat sich, wie Frehsee das beschreibt, von einer Strafverfolgung nach begangenen Straftaten zu einem Handeln „im Vorfeld eventuell möglicher Störungen" (1998: 130) verlagert. Während die repressive Kontrolle nur diejenigen betrifft, die durch Gesetzesverstöße aufgefallen sind, richtet sich die präventive Kontrolle gegen alle. Durch die Jugendgewaltprävention sind potentiell alle Jugendlichen verdächtig. Es sind viele Präventionsräte und –projekte in den letzten Jahren quer durch die Republik neu entstanden, die auf kommunaler Ebene die verschiedenen Institutionen in die Arbeit einbeziehen und untereinander vernetzen. Wie Frehsee an verschiedenen Präventionsprojekten gegen Ladendiebstahl belegt, versammeln sich unter diesem neuen Dach alle möglichen Aktivitäten der Jugendarbeit und Jugendhilfe. Die erlebnisorientierten Freizeitaktivitäten werden dann nicht mehr den Jugendlichen um ihrer selbst willen, also zu ihrer Förderung angeboten, sondern um zu verhindern, dass Jugendliche in Geschäften klauen (vgl. ebd.: 136f.) Der präventive Arbeitsansatz beförderte und untermauerte – auch wenn das in vielen Fällen gar nicht intendiert war – das Bild von einer potentiell bedrohlichen und gefährlichen Jugend. Die Prävention bedient die Vorstellung, bei Jugendlichen müsse man auf der Hut sein. Die Prävention bedient die Gemütslage vieler Bürger, die auf diese Weise ihre Ängste und Unsicherheiten auf eine klar definierte Zielgruppe projizieren können. Die Jugend eignet sich dazu, weil man Angst vor ihrer Gefährlichkeit und Angst vor ihrer Unzuverlässigkeit haben kann. Eine Politik, die Jugendarbeit zunehmend unter der Überschrift *Prävention von Jugendkriminalität* fördert, heizt die Ängste an, anstatt sie zu beschwichtigen. Sie forciert das Bild von der bedrohlichen und gefährlichen Jugend.

Die Zuschreibung von Jugend als *bedrohlich* und aggressiv ist vor allem eine Zuschreibung gegenüber der männlichen Jugend. Mädchen tauchen in den öffentlich gezeigten gewalttätigen Auseinandersetzungen selten auf. Berichte über aggressive Mädchen gibt es vereinzelt. Die Vorstellungen über Weiblichkeit lassen solche Bilder auch nicht zu. Insofern eignen sich Mädchen auch kaum als Projektionsfläche für die Ängste und Unsicherheiten der Erwachsenen.

Zu 2.
Wenn Jugendliche idealisiert werden, wie in der zweiten Haltung beschrieben, dann wird ihnen das zugeschrieben, was man selbst gerne sein oder selbst gerne machen möchte. Es werden Wünsche auf die Jugendlichen projiziert. Der Blick auf das reale Verhalten wird durch diese Wünsche gefiltert.

„Idealisierung hat eigentlich immer einen Abwehraspekt, weil sie die Wahrnehmung des anderen dergestalt verändert, daß sie der Realität nicht entspricht" (König 1997: 82).

So existiert die Vorstellung von Jugend als einer glücklichen Zeit. Als Jugendlicher ist man noch frei von Verantwortung und kann ohne die moralischen Einschränkungen des Erwachsenenalters unverblümt genießen – die Liebe, das Tanzen, den Müßiggang, das Leben im Hier und Jetzt. Die modernen Bilder des jugendlichen Körpers, ästhetisch gestylt und sportlich superfit, bedienen diese Vorstellung. Jugend gilt als hedonistisch und als narzißtisch. Das wird bewundert und zugleich beneidet. Und insofern kann auch diese Haltung recht schnell in eine umschlagen, die Jugend als egoistisch, assozial und bindungsunfähig verteufelt.

Die Journalistin Milena Jesenska hat sich einmal pointiert über die Vorstellung geäußert, Jugend sei eine glückliche Zeit:

„Ich weiß nicht, durch welchen Irrtum die Phrase aufgekommen ist und heute für eine Wahrheit gilt, daß die Jugend die einzig glückliche Zeit des menschlichen Lebens sei. Vielleicht, weil die Menschen so schnell vergessen und das Vergangene immer schön ist, denn einerseits steht uns das Grauen des unsicheren Endes bevor, andererseits bleibt die Jugend, einmal erlebt, unser Besitz, sie vermehrt unseren inneren Reichtum, und der Mensch in seiner Armseligkeit hängt an dem, was er das Seine nennt, als wäre er ohne Besitz der Vergänglichkeit mehr ausgeliefert" (1984: 70).

Eine spezifische Variante der Idealisierung taucht im Unterschied zu früheren Jahrzehnten derzeit wenig auf. Ich meine die Vorstellung von Jugend als Hoffnungsträger für politische Veränderungen. Die Energie der Jugend und ihr Aufbruchswille berge die Kraft zur Besserung gesellschaftlicher Verhältnisse. Vor allem von Jugend gehe ein Wandel aus. Ernst Bloch hat diese Seite von Jugend so emphatisch beschrieben:

„Bereits ein junger Mensch, der etwas in sich stecken fühlt, weiß, was es bedeutet, das Dämmernde, Erwartete, die Stimme von morgen. Er fühlt sich zu etwas berufen, das in ihm umgeht, in seiner eigenen Frische sich bewegt und das bisher Gewordene, die Welt des Erwachsenen überholt. Gute Jugend glaubt, daß sie Flügel habe und daß alles Rechte auf ihre herbrausende Ankunft warte, ja erst durch sie gebildet, mindestens durch sie befreit werde" (1977: 132).

In der Tat besteht ein enger Zusammenhang zwischen gesellschaftlichem Wandel und Jugend, weil jede Jugend auch Neuerungen sucht, um sich abgrenzen und etwas Eigenes finden zu können.

Erst kürzlich sind einige Jugendforscher, deren Adoleszenz mit der revolutionären Aufbruchstimmung von 1968 zusammenfiel, der Frage des heutigen Zusammenhangs zwischen Jugendkulturen und Jugendprotest in einem Kongreß nachgegangen. Die Organisatoren Roth und Rucht betonen selbstkritisch, wie leicht es sich bei dieser Auseinandersetzung um Wunschträume handeln kann, die man aufgrund eigener biografischer Erfahrungen auf die heutige Jugendgeneration zu übertragen sucht (vgl. 2000: 9). Den Soziologen Beck nennen sie *hemmungslos jugendbewegt*, weil er die Sonnenseiten der zweiten Moderne idealisiert und die selbstgestalterischen Möglichkeiten der Jugendlichen heute einseitig hervorkehrt. Damit werden Illusionen über das Machenkönnen auf ähnliche Weise produziert, wie in den Jugendbewegungen Anfang des 20. Jahrhunderts und auch in der 68er-Bewegung. Solche „mythischen Überzeichnungen" beruhten nicht zuletzt auf der weitgehenden Vernachlässigung des Gemachtwerdens" (ebd.: 13). Die Gestaltung der Zukunft liegt offensichtlich nicht allein in den Händen der Jugend, man kann eher davon sprechen, dass viele Zukunftschancen aufgrund der ökonomischen und politischen Machtstrukturen vorgeprägt bzw. verbaut sind.

Zu 3.

Eine dritte, die sorgende Haltung, ergibt sich aus der Erfahrung, dass Jugendliche Grenzen überschreiten, innere Konflikte durchleben und potentiell gefährdet sind. Die traditionelle Erziehung war vorrangig von der Vorstellung geleitet, Jugendliche könne man nicht alleine lassen. Jugend wurde zum Erziehungsobjekt. Das Subjekt mit seinem Eigensinn und seinen neuen und auch produktiven Ideen war nicht gefragt. Jugend wurde als Bedrohung für die Stabilität der gesellschaftlichen Ordnung angesehen. „Die gesellschaftlich traditionell-dominierende Grundfigur von Jugend setzt vor allem auf den Erhalt des Status-quo; aus ihm speist sich die öffentliche Sorge um die Jugend" (Hafeneger 1995: 90). Der Wandel wurde als eine Bedrohung angesehen, der von der Jugend ausgeht und in unkontrollierbare Richtungen verlaufen kann. Ähnlich wie die übermäßige und alles durchdringende private Sorge innerhalb einer Familie das Kind oder den Jugendlichen in seinem Spielraum drastisch begrenzen kann und dem Subjekt wenig Entfaltungsmöglichkeiten einräumt, ist die öffentliche Sorge auf die Stabilität der Verhältnisse und die Vermeidung von Abweichung und Eigenständigkeit gerichtet.

Das Verhältnis zwischen Erwachsenen und Jugendlichen ist ohne eine irgendwie geartete sorgende Haltung nicht denkbar. Denn die Sorge hat neben ihrer einschränkenden Seite auch eine, das Gegenüber anerkennende und wichtig nehmende Seite. Eine moderne Pädagogik muß davon ausgehen, dass Erziehung und Sozialisation nicht konfliktfrei verlaufen kann. Denn sie befindet sich in dem Spannungsfeld, einerseits die soziale Integration zu ermöglichen und dazu teilweise eine Kultivierung von aggressiven und libidinösen Impulsen befördern zu müssen, aber andererseits auch Raum für die Eigenentwicklung des Jugendlichen zu bieten (vgl. Hafeneger1995: 94).

Die sorgende Haltung hat eine geschlechtsspezifische Dimension. Mädchen unterliegen einer größeren Beaufsichtigung. Hagemann-White schreibt dazu in ihrer Expertise zum 6. Jugendbericht: „Die unterschiedliche Behandlung von Mädchen und Jungen wird bewußt durch die mehr oder weniger starke Sorge um Gefahren des sexuellen Mißbrauchs motiviert bzw. gerechtfertigt" (1984: 52).

Zu 4.

Die vierte Variante, die sich durch Gleichgültigkeit und Nichtbeachtung aus-
zeichnet, kann unterschiedliche Motive haben; sie paßt in eine Zeit, die als
postmodern in dem Sinn empfunden wird, dass den Menschen Vieles als *egal*
und *beliebig* erscheint. Diese Einstellung zeigt eine Nicht-Verantwortung für
die jüngere Generation.[5] Insofern handelt es sich hier um den gegenüberlie-
genden Pol zu der sorgenden Haltung. Man macht sich keine Sorgen, man
schaut weg, man geht möglichen Konflikten aus dem Weg, man geht seinen
eigenen Dingen nach.

Eine Unterstützung hat diese Haltung dadurch erfahren, dass Jugendliche
in ihren Jugendkulturen und Szenen eine Art *Selbstsozialisation* praktizieren.
Seit Jahren wird über eine Bedeutungsverschiebung von Sozialisationsinstan-
zen diskutiert. Es gilt als erwiesen, dass der Einfluß der traditionellen Instanzen Familie, Schule, Arbeitswelt und Jugendarbeit zurückgeht im Vergleich
zu den Einflüssen der Gleichaltrigen. Man spricht von Gleichaltrigenerzie-
hung oder Selbsterziehung. In den 80er und 90er Jahren gingen einige sogar
euphorisch davon aus, dass Jugendliche mehr und mehr ihr Leben *selbst in
die Hand nehmen* und die Jugendarbeit und die Erwachsenen kaum noch
brauchen.[6] Die soziologische Diskussion über die Auswirkungen der Individualisierung auf Jugend als einer Jugend, die *sich selbst* individualisiert und
ihre Biographie selbst gestaltet (vgl. Roth/Rucht 2000: 13), hat den Bildern
über Eigenständigkeit und Autonomie Vorschub geleistet.

Die von der Forschung ausgemachten Tendenzen zur Selbstsozialisation,
sind von einer gewissen Attraktivität für jene Erwachsene, denen die Jugendlichen eher lästig oder gar bedrohlich sind. Die medial aufbereiteten Beschreibungen über eine selbstständige Jugend scheinen eine Legitimation herzugeben für eine sich abwendende Haltung. Man kann die potentiellen Konflikte mit Jugendlichen umgehen und vermeiden. Die Auseinandersetzungen
mit schwierigen Jugendlichen werden an die Jugendhilfe und die Polizei de-
legiert. Die normale und bildungswillige Jugend soll von der Schule versorgt
werden. Und darüberhinaus beschäftigen sich die Jugendlichen mit sich selbst
und die Erwachsenen können ungestört ihren Tätigkeiten und Interessen
nachgehen.

---

5   Einige Erscheinungsformen dieser Haltung werden in jüngerer Zeit kritisiert, wenn
     beispielsweise im Falle von gewalttätigen Aktivitäten durch Jugendliche die Passan-
     ten wegschauen und weitergehen. So wurden in den Jahren 1999/2000 öffentlich-
     keitswirksame Initiativen in Frankfurt und anderswo unter dem Tenor ergriffen: *Ge-
     gen die Unkultur des Wegsehens.*

6   Verschiedene Beiträge der letzten Jahre haben darauf hingewiesen, inwiefern die
     Selbstsozialisation überschätzt wurde. Neben den Gleichaltrigengruppen haben Er-
     wachsene weiterhin eine wichtige Vermittlungs- und Sozialisationsfunktion für Ado-
     leszente (vgl. Müller 1995; Schröder/Leonhardt 1998; Müller 2000).

6. Plädoyer für eine „angemessene" Haltung gegenüber Jugend

In den vorgestellten Haltungen und Einstellungen von Erwachsenen gegenüber Jugendlichen werden jeweils bestimmte Seiten vereinseitigt. Dabei können die Ängste vor der Jugend bzw. die Ängste um die Jugend maßgebend sein, wie in der ersten bzw. dritten Haltung oder es können die idealisierenden Erwartungen an Eigenständigkeit bzw. die entlastenden Hoffnungen auf Selbstregulierung sein, wie in der zweiten bzw. vierten Haltung. Die Ambivalenzen und Spannungen, die in besonderer Weise mit der Jugendphase verknüpft sind, werden ausgeblendet oder kanalisiert. In der von mir beschriebenen vierten Haltung ist offensichtlich, wie versucht wird, den Konflikten aus dem Weg zu gehen. Bei den anderen Haltungen können wir eher davon sprechen, dass die Gefühle, die Jugendliche und ihre Verhaltensweisen bei uns auslösen, in bestimmte Bahnen gelenkt werden.

Aus meiner Sicht gibt es keine allgemeingültig *richtige* Haltung gegenüber Jugendlichen. Auch der Vorschlag von Hafeneger *Jugend als Partner* anzusehen, hat seine Tücken. Das *partnerschaftliche* Bild blendet die emotional besetzten Bezüge auf Jugend aus und erweckt den Eindruck, als spiele der Generationengegensatz kaum noch eine Rolle (vgl. 1995: 97ff.).

Eine *angemessene Haltung* kann nur jeder für sich entwickeln und dabei auf die jeweiligen Bilder von Jugend und deren Implikationen achten. Die dargestellten Haltungen schärfen die Wahrnehmung von Fallstricken im Umgang zwischen den Generationen und helfen bei der Analyse gesellschaftlich induzierter Zuschreibungen.

Insofern gilt es, die Mechanismen der Projektion *auf uns selbst* anzuwenden und zu überprüfen. Die Haltungen gegenüber Jugendlichen haben in Teilen auch mit der eigenen Jugendzeit zu tun. Die unbewältigten Ängste und unerfüllten Wünsche aus meiner eigenen Jugendzeit sind maßgebend für die Affekte, die ein Jugendlicher bei mir auslöst. Insofern ist mein Bild von ihm durch meine Gefühlswelt geprägt. Mit anderen Worten, die Betrachtung und Bewertung von Jugendlichen durch Ältere hängt immer von der persönlichen Haltung und den lebensgeschichtlichen Vorerfahrungen des Betrachters ab (vgl. Wirth 1984: 7ff.). Die Anwendung der Erkenntnisse auf uns selbst bedeutet für mich, dass wir in der sozialpädagogischen Ausbildung und in der Beratung und Begleitung von Praxis mit Jugendlichen, die je eigenen Bilder der Reflexion und der Selbstreflexion zugänglich machen.

Für die Haltung eines Erwachsenen gegenüber Jugendlichen spielen auch das *gesellschaftliche Klima und der Zeitgeist* eine wichtige Rolle.

Die Zukunftschancen und die Zukunftsfähigkeit der heute Heranwachsenden hat abgenommen. „Negativ werden Jugendliche alltäglich mit der Zumutung konfrontiert, dass sie nicht mehr mit den Lebenschancen und sozialen Sicherheiten ihrer Eltern rechnen können" (Roth/Rucht 2000: 25). Die

Zukunft ist unsicher und der Übergang ins Erwachsenenalter wird diffuser. Jugendliche müssen sich heute mit der Botschaft auseinandersetzen, „in erheblichem Umfang nicht gebraucht bzw. nicht gewünscht zu werden" (ebd.: 27). Das verstärkt entwertende Haltungen. Eine Reaktion der Jugend auf diese Aussichten scheint ihre konsequente Gegenwartsorientierung in Form einer Event- und Spaßkultur zu sein. Zugleich versuchen sie derzeit auf eine nüchterne und realistische Weise mit der fortdauernden Arbeitslosigkeit umzugehen. Sie versuchen sich fit zu machen für das Berufsleben, wie es eben sei, meint die jüngste Shell-Studie. „Relativ zuversichtlich und überzeugt von der eigenen Leistungsfähigkeit versuchen sie mehrheitlich, aktiv ihre Lebensperspektive vorzubreiten. Sie sind insgesamt weder verängstigt noch leichtsinnig unbekümmert, sondern entschlossen, die Herausforderungen ... zu meistern" (Deutsche Shell 2000: 13).

Niemand weiß, wie lange die Jugendlichen ihre ängstlichen und ihre rebellischen Neigungen einem solchen Realismus unterordnen können und wollen. Niemand weiß, wann und auf welche Weise die Gefühle hervorbrechen und sich neue Kanalisierungen suchen. Aber ich bin davon überzeugt, dass der nüchterne und zurückhaltende Umgang mit diesem gesellschaftlichen Zündstoff nicht von jeder weiteren Jugendgeneration zu erwarten ist. Insofern kann man die derzeitige Ruhe auch als eine Ruhe vor dem Sturm ansehen.

Wie man an diesen meinen letzten Gedanken sehen kann, bin auch ich nicht frei von Zuschreibungen und Haltungen gegenüber der Jugend. Zeitweise neige ich zu einer optimistischen und vielleicht auch idealisierenden Haltung und suche mir die dementsprechenden Anzeichen heraus. Aber ich kenne auch die ängstliche Haltung gegenüber bestimmten Jugendszenen, und nicht zuletzt ist mir die sorgende Haltung als Vater von zwei Kindern sehr vertraut. Ja selbst die Vorstellung von einer sich selbsterziehenden Jugend und von einer schwindenden Verantwortung der Erwachsenen fand ich zeitweise faszinierend.

Ich möchte mit der Aufforderung schließen, ein jeder möge den eigenen Haltungen nachspüren, sie jedoch nicht allein als persönliche begreifen, sondern im Kontext von spezifischen gesellschaftlichen Umständen analysieren.

Literatur

Bloch, Ernst: Das Prinzip Hoffnung. Gesamtausgabe Band 5 (zuerst erschienen 1959), 1977
Blos, Peter: Adoleszenz. Eine psychoanalytische Interpretation, Stuttgart: Klett (zuerst erschienen 1962), 1978
Böhnisch, Lothar: Sozialpädagogik des Kindes- und Jugendalters. Eine Einführung, Weinheim und München: Juventa, 1992
Bosse, Hans/King, Vera (Hrsg.): Männlichkeitsentwürfe. Wandlungen und Widerstände im Geschlechterverhältnis, Frankfurt: Campus, 2000
Deutsche Shell (Hrsg.): Jugend 2000, Band 1, Opladen: Leske + Budrich, 2000

Erdheim, Mario: Adoleszenz im Spannungsfeld von Familie und Kultur. Psychoanalytische Überlegungen zur Kinder- und Jugendarbeit, Neu-Anspach, 1988

Erdheim, Mario: Adoleszenz und Kulturwandel. In: Fachhochschule Darmstadt, Fachbereich Sozialpädagogik (Hrsg.): Jugend ohne Zukunft? Auswirkungen von Arbeitslosigkeit und Strukturwandel auf die Adoleszenz, Darmstadt, 2000, S. 1-20

Erikson, Erik H.: Identität und Lebenszyklus, Frankfurt: Suhrkamp (zuerst erschienen 1959), 1973

Frehsee, Detlev: Kriminalität als Metasymbol für eine neue Ordnung der Stadt. Bürgerrechte als Privileg, Jugend als Störfaktor in: Breyvogel, Wilfried (Hrsg.): Stadt, Jugendkulturen und Kriminalität, Bonn: Dietz, 1998, S. 130-152

Griese, Hartmut M.: Personale Orientierungen im Jugendalter – Vorbilder und Idole, in: Sander, Uwe/Vollbrecht, Ralf (Hrsg.): Jugend im 20. Jahrhundert, Neuwied: Luchterhand, 2000, S. 211-253

Hafeneger, Benno: Jugendbilder. Zwischen Hoffnung, Kontrolle, Erziehung und Dialog, Opladen: Westdeutscher Verlag, 1995

Hagemann-White, Carol: Sozialisation: Weiblich-männlich?, Leverkusen: Leske + Budrich, 1984

Jesenska, Milena: Jugend, in: Dies.: Alles ist Leben. Feuilletons und Reportagen 1919-1939, Frankfurt/M.: Neue Kritik, 1984, S. 70-73

King, Vera: Weibliche Adoleszenz im Wandel. Innere und äußere Räume im jugendlichen Schöpfungsprozeß, in: Krebs, Heinz u.a. (Hrsg.): Lebensphase Adoleszenz. Junge Frauen und Männer verstehen, Mainz: Matthias-Gruenewald-Verlag, 1997, S. 32-49

König, Karl: Abwehrmechanismen, Göttingen:Vandenhoeck + Ruprecht, 1997

Männerforschungskolloquium Tübingen: Die patriarchale Dividende: Profit ohne Ende? Erläuterungen zu Bob Connells Konzept der „Hegemonialen Männlichkeit, in: Widersprüche, 15. Jg., Heft 56/57, 1995, S. 47-61

Mansel, Jürgen 1999: Persönlichkeitsentwicklung im Spannungsfeld von Realität, Deutungen und konstruierten Bildern. In: Fromme, Johannes u.a. (Hrsg.): Selbstsozialisation, Kinderkultur und Mediennutzung, Opladen: Leske + Budrich, 1999, S. 43-57

Müller, Burkhard K.: Wozu brauchen Jugendliche Erwachsene? Über Jugendarbeit und Jugendkultur. In: deutsche jugend, 43. Jg., Heft 4, 1995, S. 160-169

Müller, Burkhard K.: Jugendarbeit als intergenerationaler Bezug. In: King, Vera/Müller, Burkhard K. (Hrsg.) 2000: Adoleszenz und pädagogische Praxis. Bedeutungen von Geschlecht, Generation und Herkunft in der Jugendarbeit, Freiburg: Lambertus, 2000, S. 119-142

Popp, Ulrike: Berufliche und private Lebensentwürfe männlicher und weiblicher Jugendlicher im zeitlichen Verlauf. In: deutsche jugend, 45. Jg., Heft 4, 1997, S. 157-167

Roth, Roland/Rucht, Dieter (Hrsg.) 2000: Jugendliche heute: Hoffnungsträger im Zukunftsloch? in: Dies.: Jugendkulturen, Politik und Protest. Vom Widerstand zum Kommerz? Opladen: Leske + Budrich, 2000, S. 9-34

Schröder, Achim: Jugendgruppe und Kulturwandel. Die Bedeutung von Gruppenarbeit in der Adoleszenz, Frankfurt, 1991

Schröder, Achim/Leonhardt, Ulrike: Jugendkulturen und Adoleszenz. Verstehende Zugänge zu Jugendlichen in ihren Szenen, Neuwied, 1998

Turner, Victor: Vom Ritual zum Theater. Der Ernst des menschlichen Spiels, Frankfurt 1989 (erstmals publiziert: New York 1982)

Wirth, Hans-Jürgen: Die Schärfung der Sinne. Jugendprotest als persönliche und kulturelle Chance. Frankfurt: Syndikat, 1984

Roland Anhorn

Jugend – Abweichung – Drogen: Zur Konstruktion eines sozialen Problems

Das Prozedere folgt in der Regel einer eingespielten akademischen Routine: mittlerweile in die Jahre gekommene JugendforscherInnen lassen sich vor einem im Schnitt nicht wesentlich jüngeren Publikum und unter weitgehender Abwesenheit der Betroffenen des längeren und breiteren über den allgemeinen Zustand, die aktuellsten Entwicklungstendenzen und subjektiven Befindlichkeiten *der* Jugend aus. Die offensichtlich unerschöpflichen Kombinationsmöglichkeiten von Jugend mit negativ bewerteten Problemkonstellationen ermöglichen dabei einer unermüdlichen Kongress- und Tagungsindustrie das nahezu Immergleiche in immer neuen Variationen mit meist den immer gleichen ReferentInnen zu präsentieren. Abhängig von der tages- und forschungspolitischen Themenkonjunktur werden dabei aktuell wahlweise vor allem die Zusammenhänge von *Jugend und Gewalt, Jugend und Kriminalität, Jugend und Drogen, Jugend und Rechtsextremismus* etc. zum Gegenstand der Analyse gemacht.[1]

Der Grundtenor bzw. die im Publikum mehr oder weniger subtil erzeugte Grundstimmung bei derartigen Bestandsaufnahmen der allgemeinen Befindlichkeit und Verfassung *der* Jugend geht – von Ausnahmen abgesehen – vielfach in die gleiche Richtung: Die Jugend – sie mag machen, was sie will, und sie mag sein, wie sie will – kann nicht den *legitimen* Ansprüchen der Erwachsenen genügen und stellt sich deshalb als Problem dar. Entweder ist (war) sie zu aufsässig und rebellisch, zu wenig leistungsorientiert und integrationswillig, zu politisch und zu hedonistisch, oder sie ist (war) zu unpolitisch, angepasst, individualistisch, zu fremdenfeindlich und gewaltbereit, zu leistungs- und erfolgsorientiert, zu konsumistisch usw. usf. Kurzum, aus dem Blickwinkel der Erwachsenengesellschaft mangelt es *der* Jugend stets an Entscheidendem: an den – je nach Standpunkt unterschiedlich definierten – richtigen Werten und Einstellungen, an (Selbst-) Disziplin, an politischem und sonsti-

---

1   Zum Beleg für die anhaltende Konjunktur des Themas Jugend, insbesondere in der Kombination mit Kriminalität und Gewalt, sei nur auf die jüngste Nummer der Neuen Kriminalpolitik (H. 2, 2000, S. 26/27) verwiesen, wo von 4 angekündigten Tagungen allein 3 (!) sich auf das Thema Jugend/Kriminalität/Gewalt beziehen.

gem Engagement, an Verzichtsbereitschaft, an Solidarität, an Respekt, an Durchhaltevermögen... Dementsprechend werden aus *objektiven* Bestandsaufnahmen der Jugend unter der Hand akademisch verbrämte Beanstandungen der Jugend, die häufiger den Charakter einer elaborierten Mäkelei annehmen, die sich, von der Wissenschafts- in die Alltagssprache übersetzt, nicht grundsätzlich vom Alltagsdiskurs über Jugend unterscheidet.

Vor diesem Hintergrund soll im Folgenden das Konzept *Jugend* vor allem im Hinblick auf seine gesellschaftliche Funktion, die damit verbundenen Reaktionsweisen und Auswirkungen auf die Jugendlichen untersucht werden. Dabei gehe ich von der These aus, dass das Konzept *Jugend* ein (implizit) normatives Konstrukt darstellt, das mit der Konstruktion der *Jugend* als dem *Anderen*, als *Defizit*, als *Gefährdung* und *Gefährlichkeit* in dem Maße der *Entmachtung* und Ausgrenzung von Jugendlichen dient, wie es damit gleichzeitig die Voraussetzungen und Legitimationen für eine (sozial- und kriminal-) politische und sozialpädagogische Intensivierung und Erweiterung der Kontrolle und Disziplinierung von Jugendlichen schafft. Damit erweitert sich die hin und wieder vorgebrachte – und nur zu berechtigte – Kritik, dass über Jugend „in der Regel in einem negativen Kontext" (vgl. Bettinger 1999: 360) gesprochen und geschrieben wird, zu einer grundsätzlichen Kritik des Konzepts *Jugend*. Es soll gezeigt werden, wie die Dauerproblematisierung und wiederkehrend negative Thematisierung von Jugend von Anfang an ein konstitutives Strukturelement des Jugenddiskurses – weitgehend auch des wissenschaftlichen – darstellt. Unter diesem Blickwinkel sollen einige – historische, jugendkriminologische und entwicklungspsychologische – Aspekte der sozialen und kulturellen Konstruktion der Lebensphase *Jugend* untersucht werden. Am Beispiel des Diskurses über *Jugend und Drogen* sollen dabei die normativen, ausgrenzenden und disziplinierenden Implikationen des Konzepts *Jugend* exemplarisch verdeutlicht werden.

Die soziale und kulturelle Konstruktion von Jugend als Problem – Zur Geschichte des Konzepts Jugend

Jugend ist kein in der biologischen Entwicklung begründeter Sachverhalt, keine unveränderliche, objektive Entwicklungstatsache. *Jugend* bzw. die Vorstellung, die wir heute ganz selbstverständlich mit dem Begriff Jugend assoziieren, ist vielmehr eine soziokulturelle Konstruktion, die unter bestimmten gesellschaftlichen Bedingungen entstanden ist und einem historischen Wandel unterliegt. Was auf den ersten Blick unveränderlich, natürlich und allgemeingültig erscheint, erweist sich bei genauerem Hinsehen als wenig eindeutige, unbeständige und geschichtlich wandelbare Kategorie (vgl. Muncie 1999: 37; Griese 1999: 463). Ein kurzer Blick auf die Geschichte des Konzepts *Jugend* macht diesen Zusammenhang deutlich.

Die vorbürgerlichen Gesellschaften Europas kannten eine Lebensphase *Jugend*, wie sie unseren Vorstellungen einer *natürlichen* Entwicklung des Menschen heute ganz selbstverständlich geworden ist, nicht oder nur in – gemessen an heutigen Maßstäben – abgeschwächter Form. Vielmehr war der Übergang vom Status des Kindes zum Erwachsenen relativ kurz und abrupt:

„Die Dauer der Kindheit war auf das zarteste Kindesalter beschränkt, d.h. auf die Periode, wo das kleine Wesen nicht ohne fremde Hilfe auskommen kann; das Kind wurde (...), kaum dass es sich physisch zurechtfinden konnte, übergangslos zu den Erwachsenen gezählt, es teilte ihre Arbeit und ihre Spiele. Vom sehr kleinen Kind wurde es sofort zum jungen Menschen, ohne die Etappen der Jugend zu durchlaufen...“ (Aries 1975: 45f.).[2]

Ein eigenständiges Jugendkonzept, definiert als verlängerter Lebensabschnitt zwischen Kindheit und Erwachsenenalter, ist erst im Zuge der Industrialisierung im späten 19. und frühen 20. Jahrhundert entstanden. Dabei haben sich zwei z.T. gegenläufige, von völlig unterschiedlichen sozialen Milieus ausgehende Entwicklungen miteinander vermengt und jene eigenartige Mischung an ambivalenten Einstellungen und Haltungen zur Jugend erzeugt, die bis zum heutigen Tag die gesellschaftlichen Reaktionen auf Jugend nachhaltig beeinflussen. Da ist zum einen der mit der sukzessiven Einführung, Ausdehnung und Durchsetzung verlängerter Schulpflicht- und Ausbildungszeiten einhergehende Prozess einer schrittweiten *Demokratisierung* der Lebensphase Jugend. Damit ist gemeint, dass sich angesichts der stetig steigenden Qualifikationserfordernisse entwickelter Industriegesellschaften *Jugend* als eigenständige Übergangs- und Entwicklungsphase zwischen Kindheit und Erwachsenenstatus tendenziell auf alle sozialen Klassen und Schichten ausdehnte und nicht mehr – wie bis zum Beginn des 20. Jahrhunderts – in erster Linie ein Privileg bürgerlicher Jugendlicher (Gymnasiasten) bildete (vgl. Gillis 1980: 105ff.; Clarke u.a. 1981: 15ff.).

Der zweite Entwicklungsstrang des neuen Jugendkonzepts hat seine Wurzeln in ganz anders gelagerten Zusammenhängen und lässt sich an der Entwicklung des Begriffs *Jugendlicher* festmachen. Seit den 1870er Jahren bis unmittelbar vor dem 1. Weltkrieg hatte der Begriff *Jugendlicher* eindeutig negative und klassenspezifische Konnotationen. Im Kontext des (Jugend-) Strafvollzugs und der Jugendfürsorge entstanden, war der Begriff *Jugendlicher* vor allem mit den fürsorgerisch-strafrechtlichen Konzepten der *Verwahrlosung* und *Kriminalität* verbunden:

„Bei ihrem ersten Auftreten sind (...) „die Jugendlichen“ die gesellschaftlich Unbrauchbaren, die Untauglichen, die straffällig Gewordenen, die es in der Regel „nicht einmal“ zum „ordentlichen Arbeiter“ gebracht haben: Es sind nicht die „normalen“ jungen Menschen – Schüler, Lehrlinge, Studenten – ,sondern die Auffälligen (auffällig durch Desertion vom Militär, Diebstahl, Raub, Unzucht und Brandstiftung“) (Roth 1983: 108).

---

2   vgl. die vorsichtige Relativierung der These von Aries bei Mitterauer 1986, S. 24.

Erst in den 1920er Jahren, und hier vor allem in Zusammenhang mit der for-
mell-rechtlichen Institutionalisierung von Jugendarbeit/Jugendhilfe im
Reichsjugendwohlfahrtsgesetz (RJWG) und Reichsjugendgerichtsgesetz
(RJGG)[3] löste sich der Begriff *Jugendlicher* endgültig aus dem sozialen Be-
deutungshorizont von (sub-) proletarischen, *verwahrlosten* und *kriminellen*
jungen Menschen und umfasste nunmehr schicht- und klassenunspezifisch
alle Jugendlichen (und löste dabei – nebenbei bemerkt – den bis dahin der
bürgerlichen Jugend vorbehaltenen Begriff des *Jünglings* ab) (vgl. Roth
1983: 139f.). Am Ende dieser Entwicklung stand nicht nur ein Konzept, das
die *Jugend* im politisch-wissenschaftlich-massenmedialen Diskurs als eigenständige und einer eigenen Entwicklungslogik mit jugendspezifischen Besonderheiten gehorchenden Lebensphase etablierte, und die *Jugendlichen* – un-
geachtet aller soziökonomischen und geschlechtsspezifischen Unterschiede –
zu einer deutlich eingrenzbaren, homogenen sozialen Gruppe stilisierte; darüber hinaus resultierte aus der Verschmelzung dieser beiden Entwicklungslinien bereits in der Konstitutionsphase des modernen Konzepts *Jugend* jenes
widersprüchliche Konglomerat aus positiven wie negativen Bedeutungsele-
menten, das bis auf den heutigen Tag seinen Ausdruck in einer tiefgreifenden
Ambivalenz, in der Typisierung und den gesellschaftlichen Reaktionen auf
Jugend/Jugendliche findet. Mit historisch variierenden Akzentsetzungen ist
die *Jugend* auf der einen Seite zum Gegenstand (erwachsener) Idealisierun-
gen, Faszination und Sehnsüchte geworden, zu (Hoffnungs-) Trägern des
Fortschritts und einer besseren Zukunft (der Eltern, des Staates, der Nation,
der *Rasse*), um derentwegen die Jugend es verdient, gehegt und gepflegt, be-
schützt und gefördert, geführt und erzogen zu werden. Auf der anderen Seite
war *Jugend* aber immer auch – und vielleicht sogar vorrangig – Gegenstand
mehr oder weniger diffuser Ängste und Befürchtungen, Abgrenzungen, pau-
schaler Verurteilungen und Diffamierungen bis hin zu apokalyptischen Un-
tergangsvisionen, die sie nicht nur zu einem grundsätzlich *gefährdeten*, sondern darüber hinaus zu einem potentiell *gefährlichen* und bedrohlichen Teil
der Gesellschaft, zu einem Gefahrenherd der Unordnung und Destruktivität
macht(e), der zu seiner Beherrschung und Neutralisierung der intensiven
Kontrolle und Disziplinierung, der Strafe und Fürsorge, der Überwachung
und Repression bedarf (vgl. Gillis 1980; Peukert 1986; Roth 1983).[4]

---

3   Die Entsprechung zum RJWG ist aktuell das KJHG, zum RJGG das mittlerweile viel-
     fach novellierte JGG.
4   Wie sehr Jugendkult und Jugendverachtung zwei nicht voneinander zu trennende Sei-
     ten ein und derselben Medaille darstellen (können), zeigt sich in exemplarischer und
     extremster Form während der Zeit des Nationalsozialismus, in der das eine wie das
     andere einen historisch einzigartigen *Höhepunkt* fand. Der Apotheose der Jugend als
     Träger einer rassistisch legitimierten neuen Welt- und Menschenordnung auf der ei-
     nen Seite, stand die planmäßige Verächtlichmachung, Verfolgung und Ausgrenzung
     von abweichenden Jugendlichen auf der anderen Seite gegenüber – bis hin zu der ras-

Dass in diesem eigenartigen Gemisch aus Jugendidealisierung und Jugendverachtung auf's Ganze gesehen dennoch das negative Konzept *Jugend* dominiert (sofern nicht von einer vergangenen – meist der eigenen – Jugend die Rede ist), und diese nahezu ausschließlich als ein Problem für die Gesellschaft (und nicht die Gesellschaft als ein Problem für die Jugend) gesehen wird, liegt u.a. darin begründet, dass der Mainstream der Jugendforschung seit ihren Anfängen bis in unsere Gegenwart hinein die Beschreibung und Erklärung ihres Gegenstandes (*Jugend*) primär in den Kategorien von (biologischen, entwicklungspsychologischen, sozialisatorischen...) Defiziten und Störungen konzipiert hat und damit im wesentlichen Problemforschung geblieben ist (vgl. Griese 1999: 463f.).[5] Mit der wissenschaftlichen – und mittlerweile in das Alltagswissen eingegangenen – Konstruktion der Lebensphase *Jugend* als *Mangel an...*, *Störung von...*, und – jüngste Variante der Jugendforschung – *Risiko für...* (vgl. exemplarisch Raithel 2001) wollen wir uns im Folgenden etwas genauer auseinandersetzen, weil nur so eine ganze Bandbreite an zumeist negativen gesellschaftlichen Zuschreibungen und Reaktionen verständlich werden kann.

Lebensphase „Jugend" als Defizit, Störung und Risiko

Das Konzept *Jugend* ist Bestandteil eines umfassenderen soziokulturellen Vorstellungskomplexes von der geordneten, d.h. biologisch bestimmten und damit *natürlichen* Abfolge von Lebensphasen, die – idealtypisch – von der Kindheit über die Jugend zum Erwachsenen bis hin zum Alter reichen. Mit jeder Lebensphase sind dabei mehr oder weniger explizit formulierte soziale Erwartungen im Hinblick auf den körperlichen, psychischen und sozialen Entwicklungsstand, und dem damit korrespondierenden *angemessenen* Verhalten verbunden. Gemäß diesen altersspezifischen Vorstellungen von Normalität wird der Kindheit dementsprechend Verletzlichkeit, Abhängigkeit, Schutz-, Hilfs- und Erziehungsbedürftigkeit, Unschuld, Formbarkeit zugeschrieben. Dem (mittleren) Erwachsenenalter werden demgegenüber positive Attribute wie: Reife, Aktivität, Leistungswille, Unabhängigkeit, Produktivität, Konformität, Verantwortungsbewusstsein, Respektabilität zugeordnet, wäh-

---

sisch begründeten systematischen Vernichtung von jüdischen und Sinti- und Roma-Jugendlichen (vgl. Klönne 1990).

5 An anderer Stelle fasst derselbe Autor (1999: 483) die tendenziell individualisierende Fixierung der aktuellen Jugendforschung auf *Problemjugendliche* prägnant in den Worten zusammen: „Die empirische Forschung konzentriert sich auf Jugendprobleme, d.h. auf als problematisch definierte Jugendliche (Drogenabhängige, Extremisten, Gewalttäter, Kriminelle, Arbeitslose usw.), nicht auf die *Probleme an sich* (Drogenkonsum, Extremismus, strukturelle Gewalt, Kriminalisierung, Marktwirtschaft usw.)" (vgl. auch Muncie: 1999: 9; Roth 1983: 10).

rend dem Alter wiederum eine eher negative Merkmalskombination aus Ruhe, Passivität, Verletzlichkeit, Unproduktivität, Hilfs- und Schutzbedürftigkeit zugeschrieben wird.

Die Lebensphase *Jugend* weist nun im Vergleich mit den o.g. Altersphasen einige Besonderheiten auf, die wir uns etwas genauer vergegenwärtigen müssen. Das Konzept *Jugend* ist – unabhängig, ob wir es nun auf der wissenschaftlichen, politischen oder massenmedialen Ebene betrachten – im Hinblick auf die dominierenden Merkmalszuschreibungen eindeutig mit negativen Konnotationen verbunden. *Jugend*, konzipiert als die *schwierige Zeit* im Übergang von der *unschuldigen* Kindheit zur vollen soziokulturellen und psychischen Reife des Erwachsenenalters, wird weitgehend im Sinne des Defizit- und Störungsmodells darüber definiert, was ihr fehlt, woran es ihr mangelt, wovon sie abweicht, was sie (noch) nicht ist – und zwar stets im Vergleich zu der Norm des (mittleren) Erwachsenenalters. Gemessen daran wird der *Jugend* je nach historischem, sozialem und politischem Kontext mal mehr das eine, mal mehr das andere Merkmal zugeschrieben: Unreife, Unbeständigkeit, Verführbarkeit, Unvernunft, Orientierungslosigkeit, Rebellion, Störung, Mangel an Werten und Disziplin, Gefährdung und Gefährlichkeit, Abweichung und Kriminalität (vor allem in Bezug auf Gewalt, Sexualität und Drogen).

An der Konstruktion und wissenschaftlichen Ausformulierung dieses Bildes von *Jugend/Jugendlichen* wirkten maßgebliche Teile der Jugendforschung an zentraler Stelle mit. Bereits das erste grundlegende Werk der Jugendforschung, das 1905 von dem amerikanischen Psychologen Stanley Hall veröffentlichte Buch mit dem opulenten Titel „Adolescence, its Psychology and its Relation to Physiology, Anthropolgy, Sociology, Sex, Crime, Religion and Education", brachte die gesamte Bandbreite der Themen vor, an denen sich die Jugendforschung im Folgenden abarbeiten sollte. Mit deutlichen Anleihen bei der Darwinschen Evolutionstheorie stellte Hall die These auf, dass das Individuum analog zur menschlichen *Rasse* eine Entwicklung von der Stufe, einer dem Tierreich noch sehr nahestehenden Primitivität (Kindheit), über das Zwischenstadium der *Wilden* (Jugend) zum Endziel der Zivilisation (Erwachsenenalter) durchläuft. Das Zwischenstadium der Jugend war dabei vor allem dadurch gekennzeichnet, dass es im Spannungsfeld zwischen der Unvernunft und Primitivität der Kindheit und der Rationalität und Zivilisation des Erwachsenenalters beim Jugendlichen – bedingt durch grundlegende biologische und physiologische Veränderungen – einen Sturm emotionaler Unruhe und (Ver-) Störungen auslöste, die ihn in besonderer Weise für abweichendes Verhalten und Kriminalität anfällig machte. Für Hall repräsentierte der Jugendliche – halb Tier, halb Mensch – vor allem das Alter der Kriminalität (vgl. Muncie 1999: 68).

Natürlich hat die wissenschaftliche Auseinandersetzung mit *Jugend* Erklärungsmuster von der Art Halls längst hinter sich gelassen – man nimmt sie bestenfalls noch mit einem amüsierten Stirnrunzeln zur Kenntnis. Dennoch:

jenseits der spezifischen theoretischen Erklärungsmuster hat sich – wie noch zu zeigen sein wird – an den Aussagen über die *besondere Natur* der Jugend für einen Grossteil der Jugendforschung bis auf den heutigen Tag in der Tendenz nichts Grundsätzliches verändert. Was sich mittlerweile allerdings sehr wohl verändert hat und was es verdient, festgehalten zu werden, ist die Tatsache, dass die Abgrenzungen zwischen den einzelnen Lebensphasen noch diffuser geworden sind, als sie ohnehin schon waren (sieht man einmal von den relativ beliebigen Definitionen von Lebensphasen im Jugendrecht ab). Der zunehmend fließender und damit undeutlicher werdende Übergang vom Jugend- zum Erwachsenstatus soll uns dabei im Augenblick weniger interessieren, als die ins Schwanken geratenen Grenzmarkierungen zwischen den Lebensphasen *Kindheit* und *Jugend*. Denn seit den 1990er Jahren ist neben die vertraute Thematisierung von Kindern als primär unschuldigen, hilfs- und schutzbedürftigen Wesen unter dem Etikett *Kinderkriminalität* ein Diskurs der Dämonisierung von Kindern getreten, der diese zu *kleinen Monstern*, *Horrorkids* etc. stilisiert und damit die tradierten Abgrenzungen zwischen Kindheit und Jugend aufzuweichen droht. Was ehemals als Abweichung und Kriminalität ein *Privileg* der *Jugend* war, greift nunmehr in der massenmedial angefeuerten öffentlichen Wahrnehmung unter dem Leitmotiv: „immer jünger, immer brutaler, immer abgebrühter" in den Bereich der Kindheit über und wird bereitwillig zum Anlass genommen, eine dem veränderten alterstypischen Verhalten entsprechende Absenkung des Strafmündigkeitsalters zu fordern.[6] – Die zentralen Motive und Themen, die Hall am Beginn des 20. Jahrhunderts zur Bestimmung der Besonderheiten der Lebensphase *Jugend* behandelt hat, sind auch noch zu Beginn des 21. Jahrhunderts im Diskurs über die Jugend virulent, wenn auch in vielfältig modifizierter und modernisierter Form.

---

6   Zur *Kinderkriminalität* mit zahlreichen Belegen für die angesprochene Entwicklung: vgl. Cremer-Schäfer 1998; zur Entwicklung in Großbritannien, wo ab 1993 im Zuge der Ermordung eines Zweijährigen durch zwei zehnjährige Jungen die Dämonisierung von Kindern eine ganz neue Qualität erreichte: vgl. Thompson (1998: 95-105). – Dass auch hierzulande eigentlich ernst zu nehmende Kinder- und Jugendforschung die Dämonisierung und Stigmatisierung von Kindern betreibt, zeigt das frappierende Beispiel eines von Büttner/Schwichtenberg (2000) als Herausgeber verantworteten Sammelbandes, der unter dem Titel „Brutal und unkontrolliert. Schülergewalt und Interventionsmöglichkeiten in der Grundschule" einen Sprachgebrauch einführt, von dem ich bisher glaubte, dass er einem auf dumpfe Stimmungsmache ausgerichteten Boulevardjournalismus vorbehalten sei. Dass sich PraktikerInnen der Sozialen Arbeit gegenüber solchen und ähnlich diskreditierenden Typisierungen von Kindern und Jugendlichen bisher relativ resistent zeigen, lässt allerdings noch hoffen (vgl. zu letzterem Bettinger 1999).

Jugend und Abweichung/Kriminalität

Allein die Vergegenwärtigung der gängigsten Typisierungen von *Jugend*
(s.o.) macht deutlich, wie das Konzept *Jugend* intern mit dem negativen Konzept *Abweichung* und im weiteren dem Konzept *Kriminalität* verwoben ist.
Zunächst einmal definiert sich die Abweichung der *Jugend* entsprechend dem
Defizitmodell als schlichtes *Anderssein*, als – gemessen am Erwachsenenstatus – Mangel an physischer und psychischer Reife, Mangel an sozialer Kompetenz, Mangel an Einsichtsfähigkeit und Vernunft, kurzum als fehlendes Erwachsensein:

„Der Erwachsenenstatus wird bei uns dadurch charakterisiert, dass man im beruflichen,
rechtlichen, politischen, kulturellen, religiösen, familialen, partnerschaftlichen und sexuellen Bereich die *volle* Selbstbestimmung erreicht. Das Jugendalter ist demnach charakterisiert durch die Bewältigung von elementaren Entwicklungsaufgaben, die einen Menschen
auf den Status des Erwachsenen vorbereiten: Die veränderte Körpererfahrung verarbeiten,
die Ablösung von den eigenen Eltern bewerkstelligen, die Kontakte zu Gleichaltrigen aufbauen, ein eigenes Wert- und Normensystem entwickeln, die intellektuelle Leistungskompetenz aufbauen, die wirtschaftliche Geschäftsfähigkeit entwickeln, die Berufsqualifikation schulen etc." (Engel/Hurrelmann 1994: 2; Hervorhebungen im Zitat durch R.A.).

Diese Perspektive erfährt noch eine weitere Zuspitzung durch den seit Hall
wissenschaftlich etablierten und als konstitutiv erachteten Zusammenhang
von Jugend und Kriminalität. Vor allem die Kriminologie hat sich in einer
langen Tradition und in einer noch längeren Reihe von Veröffentlichungen
den spezifischen Zusammenhängen von Jugend und Kriminalität mit besonderer Hingabe gewidmet und zu einem ihrer bevorzugten Felder der Wissensproduktion gemacht. Damit trägt die Kriminologie vielfach nicht nur
maßgeblich dazu bei, die im Alltags- und Mediendiskurs tief verwurzelten
Bilder von Jugendlichen als Problem und (potenziell) Abweichende/Kriminelle weiter zu verfestigen und damit kriminalpolitische Ausgrenzungsstrategien gegenüber Jugendlichen – z.T. sicher ungewollt – zu legitimieren. Mit
der Fokussierung auf die Kategorie *Jugendkriminalität* geht darüber hinaus
auch eine weitgehende Vernachlässigung anderer, eher auf den Bereich der
Erwachsenenkriminalität bezogenen Zusammenhänge und Themen, wie
White-collar-Kriminalität, Kriminalität der Mächtigen, Staatskriminalität etc.
einher (vgl. Brown 1998: 18f.), wie es überhaupt bemerkenswert ist, dass das
Etikett *Jugendkriminalität* keine Entsprechung in einer Kategorie *Erwachsenenkriminalität* findet. Dass eine derartige Kategorie weder theoretisch noch
praktisch Sinn macht liegt auf der Hand. Dafür sind die Erscheinungsformen,
das Ausmaß, die Hintergründe der Delikte viel zu disparat und heterogen, als
dass sie in einer schlüssigen und aussagekräftigen Weise unter das Alterskriterium *Erwachsene* subsummiert werden könnten. Doch was für die Kategorie *Erwachsenenkriminalität* auf Anhieb plausibel scheint, gilt uneingeschränkt auch für die Kategorie *Jugendkriminalität*. Auch *Jugendkriminalität*
ist in ihren Erscheinungsformen, ihrem Ausmaß, ihren Hintergründen etc. so

heterogen und disparat, dass in dieser Sammelkategorie zusammengefasst wird, was unter Gesichtspunkten wissenschaftlicher Redlichkeit füglich auseinander gehalten werden müsste. Dennoch bildet *Jugendkriminalität* im allgemeinen einen unhinterfragten Bezugspunkt der Kriminologie und Kriminalpolitik.

Zur Erklärung dieses Sachverhalts müssen wir nochmals kurz auf unser Verständnis von Lebensphasen als soziale und kulturelle Konstruktionen zurückgreifen. Wenn *Kindheit, Jugend* und *Erwachsenenalter* nicht als natürliche, feststehende Tatsachen begriffen werden können, die sich nach einer unverrückbaren Logik der körperlichen, psychischen und sozialen Entwicklung entfalten, sondern wenn wir Lebensphasen als relationale Konzepte begreifen, mit denen die Beziehungen zwischen Kindern, Jugendlichen und Erwachsenen in Begriffen von Macht, Kontrolle und Abhängigkeit gefasst werden (vgl. Muncie 1999: 42; Brown 1998: 5), dann erklärt sich vielleicht auch, weshalb wir ganz selbstverständlich von *Jugendkriminalität*, nicht aber von *Erwachsenenkriminalität* reden. Die Generation der Erwachsenen (zumindest der *produktive*, im Erwerbsleben stehende Teil), ist fraglos die (definitions-) mächtigste Gruppe der Gesellschaft, die die Generationenverhältnisse weitgehend definiert und an erster Stelle über die Verteilung von Ressourcen und Rechten, die Partizipationschancen der jeweiligen Altersgruppen bestimmt. Gleichzeitig ist die *Jugend* die einzige ernsthafte Herausforderung für den (Macht-)Status der etablierten Erwachsenen. Der immer wieder herausgestellte Konnex von *Jugend* und *Kriminalität* ist dabei ein durchaus funktionales (Macht-)Instrument zur Abwehr jugendlicher Ansprüche auf gesellschaftliche Anerkennung und Teilhabe.[7]

So kommt es, dass wir auf der einen Seite ein öffentliches Bild von *Jugend* haben, das in elementarer Weise mit Abweichung und Kriminalität assoziiert ist, und dem auf der anderen Seite ein gesellschaftliches Bild vom Erwachsenen gegenübersteht, das zumindest neutral, wenn nicht gar – als einzige Lebensphase – positiv besetzt ist, und im Unterschied zur *Jugend* nicht pauschal als *Problemgruppe*, sondern eher mit Begriffen wie Respektabilität, Produktivität und Konformität umschrieben wird. Damit ist ein weiteres hervorstechendes Merkmal des Jugenddiskurses benannt, nämlich der – häufig unausgesprochene – Bezug des Lebenslaufkonzepts zur Norm des (männlichen) Erwachsenenalters.

---

7   Analog zu den Unterschieden in der Definitionsmacht zwischen Jugendlichen und Erwachsenen erklärt sich auch, wie vor allem *Ausländer* und *Frauen* zu der fragwürdigen Ehre gekommen sind, ihre Kriminalität unter einer eigenen Kategorie subsummiert zu bekommen.

Die Norm des Erwachsenenalters

Was von Hall mit dem Konzept der Entwicklung eines jeden Menschen von
der Barbarei (Kindheit) zur Zivilisation (Erwachsenenalter) in eine unmiss-
verständliche (Werte-) Hierarchie der Lebensphasen gebracht wurde, findet
sich in abgeschwächter Form als normatives Konzept altersgemäßer Verhaltensweisen und Identitätsvorstellungen bis auf den heutigen Tag. Die Vorstellungen von einer angemessen gestalteten Kindheit, vom richtigen Jugend-
leben und der würdigen Gestaltung des Lebensabends finden ihren Maßstab
und Bezugspunkt stets in der Norm des produktiven, männlichen, hetero-
sexuellen, mittel- und westeuropäischen Erwachsenen mittleren Alters. Diese
Norm stellt das Ziel, den immerwährenden Referenz- und Kulminationspunkt
individueller wie kollektiver menschlicher Entwicklung dar, bei der das Maß
der Abweichung einzig und allein danach bemessen und gegebenenfalls auch
zugestanden wird, insofern sie – wie in der Kindheit und Jugend – für die
Entwicklung einer erwachsenen Normalität als hilfreich und nützlich erachtet
wird oder – wie im Alter – bereits gelebt und sichtbar zum Ausdruck gebracht
wurde.[8] Allerdings gibt es auch hier im Hinblick auf die Lebensphase *Jugend*
eine bemerkenswerte Besonderheit. Aus dem von der Jugendforschung immer
wieder bestätigten und im öffentlichen Bewusstsein verankerten Wissen um
den konstitutiven Zusammenhang von Jugend und Abweichung/Kriminalität,
ist die Abweichung – sofern sie sich in gewissen, von Erwachsenen definierten Grenzen hält – fast schon wieder zu einer eigenständigen normativen Er-
wartung geworden, und zwar in dem Sinne, als die Abweichung, das Auste-
sten von Grenzen, das Experimentieren mit unkonventionellen Verhaltensmu-
stern und Lebensstilen, das Eingehen gewisser kalkulierbarer Risiken etc., zu
einem, wenn nicht notwendigen, so doch relativ *normalen* Bestandteil der jugendlichen Entwicklung und Identitätsbildung erklärt wird:

„Die jüngere Forschung hat deutlich herausarbeiten können, daß viele der Risikoverhaltensweisen (wie mittlerweile zunehmend abweichendes Verhalten genannt wird, R.A.) eine
positive Funktionalität für die Bewältigung von altersgerechten Entwicklungsaufgaben haben können" (Engel/Hurrelmann 1994: 10; vgl. hierzu auch Farin 2001: 32. Hervorhebungen im Zitat durch R.A.).

In der (jugend-)kriminologischen Variante hat dieses Wissen unter dem
Stichwort der *Episodenhaftigkeit* und *Ubiquität* kriminellen Verhaltens Jugendlicher, Eingang in die Literatur gefunden. Damit ist gemeint, dass straf-

---

8   Wie sehr wir auch im Alltag von relativ präzisen Normalitätsvorstellungen im Hin-
     blick auf altersadäquates Verhalten bestimmt sind, wird deutlich, wenn wir uns ver-
     gegenwärtigen, wie unser Sinn für altersgemäßes Verhalten herausgefordert wird
     durch: das altkluge Gerede eines Kindes, den mit aufreizender Lässigkeit öffentlich
     zigarettenrauchenden Neunjährigen, den vierzehnjährigen Dauerstubenhocker, den 78-
     jährigen Schläger, der – wie wir aus der Tageszeitung erfahren – einen 75-Jährigen
     wegen eines Nachbarschaftsstreites übel zugerichtet hat.

rechtlich relevantes Verhalten im Bagatellbereich (!) zwar nahezu von allen Jugendlichen an den Tag gelegt wird (Ubiquität), dass es aber für die große Mehrheit der Jugendlichen nur ein vorübergehendes Phänomen, gewissermaßen eine temporäre Begleiterscheinung der Lebensphase „Jugend ist, die sich mit zunehmendem Alter, sprich einer fortschreitenden Annäherung an den Erwachsenenstatus (feste Partnerschaft oder Arbeitsstelle, Familiengründung, Verantwortung für Kinder etc.) wieder normalisiert (Episodenhaftigkeit)" (vgl. Kreuzer 1993: 188; Walter 1995: 114; 199).

Der Gewinn, der auf der einen Seite mit dieser durchaus wünschenswerten Entdramatisierung des abweichenden Verhaltens Jugendlicher verbunden ist, wird aber auf der anderen Seite sofort wieder verspielt, insofern Jugendliche und junge Erwachsene, deren Abweichungen sich nicht im Bagatellbereich bewegen und/oder nicht vorübergehender Natur sind, als *Intensivtäter*, *Mehrfachauffällige* und *chronische Täter* systematisch aus der Gruppe der jugendgemäß, sprich *episodisch* abweichenden Jugendlichen ausgegrenzt werden. Mit dieser fundamentalen Zweiteilung – hier die Mehrheit der jugendgemäß Abweichenden, die in der Normalität ihrer entwicklungsbedingten Abweichung eher zum Gegenstand jugendpolitischer und sozialpädagogischer Maßnahmen gemacht werden, dort die kleine Minderheit, der von der Norm jugendgemäßer Abweichung Abweichenden, die der ungeschminkten Härte *kriminalrechtlicher Mittel* ausgesetzt werden (Walter 1995: 160)[9] – mit dieser prinzipiellen Zweiteilung wurde die Grenzziehung zwischen *normalem* und nicht mehr tolerierbarem Verhalten bei Jugendlichen zwar etwas weiter nach vorne verschoben, die Legitimation und Sinnhaftigkeit von repressiven staatlichen Maßnahmen der Stigmatisierung und des sozialen Ausschlusses wurde dadurch allerdings nicht grundsätzlich in Frage gestellt. Im Gegenteil, sie erhielten in ihrer (vorläufigen) Begrenzung auf den *problematischen* und *gefährlichen* Teil der Jugend eine neue, noch unanfechtbarere Legitimation.

Dem Konzept *Jugend* ist also gewissermaßen eine Norm der Normalisierung, sprich der sukzessiven Anpassung an die Anforderungen, Erwartungen und Aufgaben der Erwachsenenrolle inhärent, die alle Jugendlichen dem Risiko einer verstärkten Repression und Ausgrenzung aussetzt, deren Entwicklung sich – spätestens als junger Erwachsener – nicht normalisiert und/oder die das Maß der tolerierbaren Abweichungen übersteigt. Wir werden auf diesen Gesichtspunkt im Zusammenhang jugendlichen Drogenkonsums noch einmal zurück kommen.

---

9 Dabei fehlt, wie zur Beruhigung, auch nie der Hinweis, dass es sich im Falle der sog. Intensivtäter um eine verschwindende Minderheit unter den Jugendlichen handelt (notorisch ist dabei von ca. 5% die Rede).

Jugend als Metapher für den Zustand der Gesellschaft

Der geradezu obsessiv anmutende Charakter, mit dem *Jugend* im politischen, massenmedialen und wissenschaftlichen Diskurs zum Gegenstand dauernder Sorge und Befürchtungen gemacht wird, lässt vermuten, dass es bei der Thematisierung von *Jugend* um sehr viel mehr und grundlegenderes geht, als die dieser Lebensphase zugeschriebenen besonderen emotionalen, körperlichen und sozialen Anpassungs- und Entwicklungsprobleme. Diese Vermutung wird auch gestützt durch die z.T. eklatante Diskrepanz, die sich zwischen der realen Situation und Selbstbeschreibung der Jugendlichen auf der einen und den öffentlichen Bildern über Jugend auf der anderen Seite erkennen lässt. Und in der Tat – Jugend ist auch deshalb immerwährender Bezugspunkt der Problemanalyse, weil an ihrem Zustand und ihrem Verhalten vermeintlich existenzielle Fragen der Gegenwart und Zukunft von Staat und Gesellschaft abgehandelt werden. Und auch hier hat Hall bereits das zentrale Motiv vorgegeben: Wenn Jugend als hochgradig sensible, für negative Einflüsse besonders anfällige und deshalb jederzeit gefährdete und gefährliche Lebensphase im Übergang von der verspielten *Barbarei* der Kindheit zur zivilisierten Rationalität und Mannhaftigkeit des Erwachsenenstatus konzipiert wird, dann müssen alle Störungen, Ausfälle und Abweichungen in dieser Übergangsphase zu einer grundsätzlichen Bedrohung der herrschenden Moral und sozialen Ordnung, des Fortschritts der Gesellschaft, der ökonomischen und politischen Leistungskraft und Stärke der Nation oder *Rasse*, der Zukunft der abendländischen Kultur usw. usf. werden. D.h., über die Thematisierung des Zustands und des Verhaltens von *Jugend* wird i.d.R. immer auch ein gesellschaftsdiagnostischer Diskurs geführt, bei dem über das Thema *Jugend* grundlegende gesellschaftliche Probleme verhandelt und – was das Entscheidende ist – nicht nur an ihr festgemacht, sondern ihr häufig auch ursächlich zugeschrieben werden. Diese Form der Selbstvergewisserung der Erwachsenen(gesellschaft) auf Kosten der Jugendlichen findet sich dementsprechend in einer stetig wiederkehrenden Reihe von Themen: dem zunehmenden Werteverlust, der steigenden Gewalt (im Kindergarten, in der Schule, auf den Straßen), dem vermehrten Drogenkonsum, dem ausufernden Egoismus und Konsumismus, dem nachlassenden Gemeinschaftsgefühl, dem schwindenden Rechtsbewusstsein, der mangelnden Disziplin und Selbstkontrolle. Jugend wird damit zum Indikator, zum *Symptomträger* grundsätzlicher gesellschaftlicher Probleme stilisiert. Die – meist implizite – Botschaft, die mit derartigen Diskursen transportiert wird, lautet dabei schlicht, aber wirkungsvoll: die Welt droht aus den Fugen zu geraten, die Ordnung und damit die Zukunft der Gesellschaft sind bedroht. Wenn wir diese grundsätzlichen Probleme in den Griff bekommen wollen, müssen wir zuerst das Jugendproblem unter Kontrolle bringen (vgl. Thompson 1998: 44; Muncie 1999: 9ff.).

„Fremdmachen" und Kontrollieren

Wenn man sich die oben behandelten Aspekte des Jugenddiskurses noch einmal in der Summe vergegenwärtigt, dann lässt sich folgendes Zwischenfazit ziehen: Mit der Konstruktion einer eigenständigen Lebensphase *Jugend* wird eine grundsätzliche Differenz zwischen Jugendlichen und Erwachsenen etabliert. Wenn *Jugend* – vor allem durch eine expandierende Jugendforschung – zum Gegenstand einer unausgesetzten Wissenserhebung gemacht wird, die es sich zum Ziel setzt, die *wahre* Natur von *Jugend*, ihre ureigensten Spezifika und Charakteristika unter allen nur denkbaren Gesichtspunkten zu analysieren und darzustellen, dann wird damit eine Differenz konstituiert, die *Jugend* in Abgrenzung zu Kindheit und Erwachsenenalter zum *Anderen, Fremden* und *Besonderen* stilisiert, und zwar in einer Art und Weise, bei der die Unterschiede – wie wir gesehen haben – primär mittels negativer Kategorien wie Mangel, Defizit, Störung, Gefährdung, Gefährlichkeit etc. bestimmt werden. Solcherart negativ bestimmte Unterschiede werden wiederum zum Anlass und zur Legitimationsbasis für die gesellschaftliche Marginalisierung von Jugendlichen, für die Verweigerung von Rechten und Partizipationsmöglichkeiten, für Restriktionen im Zugang zu Ressourcen ökonomischer und politischer Macht, zur Rechtfertigung für die Begrenzung des Selbstbestimmungsrechts von Jugendlichen.[10] Und die Etablierung dieser Differenz bietet darüber hinaus – womit wir mitten im Bereich der Sozialen Arbeit angelangt sind – die Legitimation, *Jugend* als soziale Gruppe zum Gegenstand einer unausgesetzten Intervention – der Hilfe, der Begleitung, der Anleitung, der Führung, der Kontrolle, der Disziplinierung, des sozialen Ausschlusses – zu machen, so dass Nicht-Intervention geradezu zu einer undenkbaren Variante gesellschaftlicher und (sozial-)pädagogischer Reaktionen wird (vgl. Muncie 1999: 45). Denn: wenn *Jugend* in der gewohnten Problem- und Defizitperspektive als (potenziell) störend und gestört, als (potenziell) gefährdet und gefährdend wahrgenommen wird und gleichzeitig den Erwartungen ausgesetzt ist, Trägerin einer möglichst besseren Zukunft, eines ungebrochenen Fortschritts, einer bewährten kulturellen Tradition und neuen (alten) Ordnung zu sein, dann finden alle politischen, rechtlichen und pädagogischen Anstrengungen und Maßnahmen ihre Rechtfertigung, die auf eine Anpassung an die normativen Anforderungen der Erwachsenenrolle und die Integration der *Jugend* in die (Erwachsenen-) Gesellschaft gerichtet sind.[11] Das impliziert, dass

---

10 Neben Geschlecht, Klasse/Schicht, Ethnie/„Rasse" und Religion ist also auch Alter (Jugend) als einer der klassischen Mechanismen der Marginalisierung und des sozialen Ausschlusses zu betrachten (vgl. Brown 1998: 9ff.).

11 Dabei kam der Sozialen Arbeit, sofern sie auf Kinder und Jugendliche gerichtet war, seit jeher eine zentrale und bis auf den heutigen Tag stetig im Wachsen begriffene Bedeutung zu. Vor diesem Hintergrund erklärt es sich auch, dass mit der Konstitution und fortschreitenden sozialen Ausdehnung einer eigenständigen Lebensphase *Jugend* die Institutionalisierung, Professionalisierung und Expansion der modernen Sozialen

Problem- und Defizitperspektive auf der einen und Integrations- und Anpassungsperspektive auf der anderen Seite sich gegenseitig bedingen, wie zwei Seiten einer Medaille. Damit junge Menschen den sozialen Erwartungen der Erwachsenenrolle gerecht und dadurch erst *vollwertiger* Teil der Gesellschaft werden können, müssen die (unterstellten) Defizite an sozialen, psychologischen und physischen Kompetenzen kompensiert bzw. – um auf eine modernere und vermeintlich neutralere Formulierung zurückzugreifen – die der Lebensphase *Jugend* eigenen Entwicklungsprobleme erfolgreich bewältigt werden (vgl. hierzu exemplarisch Hurrelmann 1994). In Bezug auf *Jugend* bedeutet Integration demnach vor allem, die überlieferte gesellschaftliche Ordnung zu gewährleisten und „Abweichendes, Fremdes, Anderes usw. nicht in Ruhe zu lassen, bedeutet letztlich Intoleranz, Taktlosigkeit einerseits, Einverleibung und Kolonialisierung andererseits" (vgl. Griese 1999: 468).

Im Sinne der Machttheorie Michel Foucaults lassen sich die beschriebenen Prozesse als ein Zusammenspiel von Wissens- und Erkenntnisgewinnung auf der einen und Machtentfaltung in Form von sozialer Kontrolle und Disziplinierung auf der anderen Seite interpretieren.

Foucault postuliert im Rahmen seiner Machttheorie, „dass Macht und Wissen einander unmittelbar einschließen; dass es keine Machtbeziehung gibt, ohne dass sich ein entsprechendes Wissensfeld konstituiert, und kein Wissen, das nicht gleichzeitig Machtbeziehungen voraussetzt und konstituiert" (Foucault 1977: 39). Bezogen auf unser Thema heißt das: mit der Konstruktion einer eigenständigen Lebensphase *Jugend* konstituiert sich ein neuer Erkenntnisbereich, der mit der Jugendforschung zum Gegenstand einer unausgesetzten Wissenserhebung wird. Das hat zum einen zur Folge, dass die *Wirklichkeit* der Lebensphase *Jugend* immer substanzieller, konkreter und *realer* wird (weil immer mehr *objektives* Wissen über die besondere Natur, die sozialen, psychologischen und physiologischen Besonderheiten und Bedürfnisse der *Jugend* zu Tage gefördert wird).

Dieses Wissen über die jeweiligen Besonderheiten der Lebensphase *Jugend* wird zum anderen wiederum zum Anlass und zur Legitimationsbasis für weitergehende Interventionen und Maßnahmen sozial- und jugendpolitischer, (straf-)rechtlicher und (sozial-) pädagogischer Natur, die dazu beitragen, das Netz institutioneller sozialer Kontrolle noch mehr auszuweiten und zu festigen, womit wiederum eine erweiterte institutionelle Basis für die Erhebung noch differenzierteren Wissens über *Jugend* geschaffen wird. D.h. mit der Etablierung einer eigenständigen Lebensphase *Jugend* und der damit einhergehenden Allianz aus Wissenschaft (Jugendforschung) und Jugend- und Sozialpolitik (einschließlich der Institutionen der Sozialpädagogik), wird ein tendenziell unbegrenzter Wissen-Macht-Kreislauf in Gang gesetzt, mit dem Ju-

---

Arbeit als einer der maßgeblichen gesellschaftlichen Institutionen zur Regulierung und Kontrolle des Jugendlebens einher ging (vgl. Peukert 1986; Roth 1983).

gendliche immer dichter beschreibbar und kontrollierbar, immer sichtbarer und problematischer gemacht wurden (vgl. Brown 1998: 12ff.).

Mit dieser Interpretation der groben Entwicklungslinien und Struktur- merkmale der gesellschaftlichen Thematisierung von *Jugend* und den ihr kor- respondierenden Reaktionsformen wird natürlich nicht der Anspruch erhoben, die ganze *Geschichte* wiedergegeben zu haben. Natürlich lassen sich eine Reihe sozial- und jugendpolitischer Maßnahmen und Angebote der Jugendhil- fe und -arbeit nicht nur auf den Aspekt der sozialen Kontrolle, Disziplinie- rung und Marginalisierung reduzieren, und natürlich kommen diese auch häu- figer den selbstdefinierten Bedürfnissen und Interessen der Jugendlichen ent- gegen. Das in Abrede stellen zu wollen, wäre töricht. Und dennoch: der m.E. nach wie vor dominierende und in der Konstitutionsphase des modernen Ju- genddiskurses wurzelnde Modus der gesellschaftlichen, und das heißt hier vor allem der wissenschaftlichen, der sozial- und jugendpolitischen, der sozial- pädagogischen und der – in ihrem Einfluss auf die vorgenannten nicht zu un- terschätzenden – massenmedialen Thematisierung von *Jugend* kann keines- wegs als Erfolgsgeschichte, als kontinuierlicher Fortschritt im Interesse der Jugendlichen dargestellt werden. Im Gegenteil, der Verlauf und aktuelle Stand dieser *Erfolgsgeschichte* bringen Entwicklungstendenzen zum Aus- druck, die nicht nur bedauerliche und deshalb mit einigem guten Willen kor- rigierbare Begleiterscheinungen darstellen, sondern konstitutive Bestandteile des Jugenddiskurses und seiner Praxis sind, die auch innerhalb der Sozialen Arbeit weniger bereitwillig zur Kenntnis genommen werden. Denn es ist nicht von der Hand zu weisen, dass mit der *Erfindung* der Lebensphase *Jugend* ein Entwicklungsprozess einhergeht, der dadurch gekennzeichnet ist:

1. dass das Maß an staatlicher und halbstaatlicher sozialer Kontrolle über *Jugend* sich sukzessive erweitert,
2. dass *Jugend* dadurch nachhaltig an autonomen Handlungsspielräumen und Unabhän- gigkeit verliert,[12]
3. dass mit der Anhäufung von immer differenzierterem und komplexerem Wissen über *Jugend* und ihre besondere *Natur* (was gemeinhin mit dem Fortschritt der Wissen- schaften gleichgesetzt wird) ihr *Anderssein* in besonderer Weise akzentuiert,
4. und damit die soziale, ökonomische und politische Marginalisierung legitimiert und forciert wird,
5. und dass mit der damit verbunden Institutionalisierung eines eklatanten Machtgefälles zwischen den sozialen Gruppen der *Jugendlichen* und der *Erwachsenen* eine Form der Statuspolitik betrieben wird, mit der die vermeintlichen – seltener die tatsächli- chen – Herausforderungen und Bedrohungen der etablierten sozioökonomischen und kulturellen Ordnung durch die Ansprüche, Lebensformen und Interessen Jugendlicher abgewehrt und neutralisiert werden.

---

12 Gillis (1980: 141) fasst diese Entwicklung für die Konstitutionsphase unseres moder- nen Jugendverständnisses in den Worten zusammen: „Soziologische und psychologi- sche Theorien zur Labilität und Verletzlichkeit dieser Altersgruppe hatten eine Flut von Jugendschutzgesetzen gerechtfertigt und bis 1914 die Unabhängigkeit der Ju- gendlichen radikal eingeschränkt" (vgl. auch: ders. 1980: 107).

Diese Zusammenhänge sollen im Folgenden noch kurz am Beispiel des Themas *Jugend, Drogenpolitik und Drogenkonsum* verdeutlicht werden.

Jugend, Drogenpolitik und Drogenkonsum

In der thematischen Kombination von *Jugend und Drogen* lassen sich nahezu sämtliche zentralen Elemente des Jugenddiskurses (Defizit- und Stö-
rungsperspektive, Gefährdung und Gefährlichkeit, Abweichung und Kriminalität, Marginalisierung und Statuspolitik) in geradezu exemplarischer
Weise rekonstruieren. Das Thema *Drogen* eröffnet wie kein anderes die
Möglichkeit, einer von einem breiten Konsens getragenen Dauerproblematisierung und sozialen Distanzierung von Jugendlichen und jungen Erwachsenen. Allerdings ist dieser Konnex aus Jugend und (illegalisierten) Drogen
eine historisch noch relativ junge Erscheinung. Erst Ende der 1960er, Anfang der 1970er Jahre wurde dieser Zusammenhang im Zusammenspiel von
Medien, Politik und Wissenschaft im öffentlichen Bewusstsein etabliert und
ist seither zu einem festen Bestandteil der wiederkehrenden Jugenddebatten
geworden. Damit erfuhr der traditionelle Diskurs über Jugend und Abwei-
chung/Kriminalität eine Art Modernisierung und zeitgemäße Erweiterung,
die den Drogenkonsum von Jugendlichen im Folgenden zu einer bevorzugten Projektionsfläche für die diffusen Ängste, Enttäuschungen, Sorgen,
Erwartungen und Hoffnungen der Erwachsenen (!) machten und die Unsicherheiten und Orientierungsschwierigkeiten, die die tiefgreifenden soziökonomischen, politischen und kulturellen Veränderungen erzeugten, in
sozial akzeptierte Bahnen lenkten.

Warum aber gerade die Kombination aus *Jugend und Drogen* zu einem
der bevorzugten Kristallisationspunkte wurde, über den grundlegende, meist
unverstandene gesellschaftliche Widersprüche, Konflikte und Veränderungen
ausgetragen werden, soll im Folgenden anhand von Nils Christies Analyse
nützlicher Feinde und nützlicher, d.h. im Sinne der herrschenden gesellschaftlichen Ordnung funktionaler sozialer Probleme näher erläutert werden (vgl.
zum Folgenden Christie/Bruun 1991: 52-55).

1. Die Kombination aus *Jugend und Drogen* erzeugt unter allen sozialen
   Problemen mit den stärksten klassen- und geschlechterübergreifenden gesellschaftlichen Konsens, dass es sich hier um eines des drängendsten und
   mit allen Mitteln zu bekämpfenden sozialen Problems handelt. Ein soziales Problem sind die einen, weil sie zumindest gefährdet sind (Jugend),
   die anderen, weil sie ohne Wenn und Aber gefährlich sind (Drogen), und
   beide zusammen, weil sie in ihrer Kombination eine Bedrohung für die
   Ordnung der Gesellschaft, ihre Gesundheit, ihre Leistungs- und Repro-
   duktionsfähigkeit, ihre Zukunft darstellen. Damit legitimiert sich sowohl
   der paternalistisch-bevormundende Schutz der *Jugend*, wie das repressive

staatliche Vorgehen gegen die äußeren Feinde der Gesellschaft (Organisierte Kriminalität, Drogenhandel).

2. Durch die Verknüpfung des Jugend- mit dem Drogendiskurs wird des weiteren ein Status des Außergewöhnlichen, des Andersseins und Fremden konstruiert – und zwar sowohl auf Seiten der Drogen, wie der jugendlichen Drogenkonsumenten. Bestimmte, von Jugendlichen konsumierte Substanzen wie Haschisch/Marihuana oder Ecstacy[13], sind aus dem Bereich der sozial akzeptierten und integrierten Drogen, wie z.B. Alkohol und Tabak als kulturfremd, in besonderem Maße gesundheitsschädlich oder süchtigmachend ausgegrenzt und mit einem besonderen rechtlichen Status versehen, der die Konsumenten dieser Drogen dem Risiko strafrechtlicher Reaktionen aussetzt und sie zu Außenseitern macht – Außenseiter, die sich mit dem Konsum der Droge ihrer Wahl jenseits der Grenzen des sozial, kulturell und rechtlich Akzeptablen gestellt haben (vgl. South 1999: 8f.). Damit stellt die Verknüpfung des *Andersseins* der Jugend mit der *Fremdheit* der Drogen einen flexibel handhabbaren Mechanismus der sozialen Kontrolle dar, der für die Mehrheit der *Jugend* zumindest die Drohung, für eine kleine Gruppe von relativ macht- und schutzlosen Jugendlichen die Realisierung einer strafrechtlichen Ausgrenzung bereithält.[14]

3. Schließlich besteht der gesellschaftliche Nutzen, den die Verbindung des Jugend- mit dem Drogendiskurs abwirft, auch darin, dass dadurch grundsätzliche, in der Struktur der Gesellschaft begründete Probleme (Arbeit, Erziehung, Bildung, Armut etc.) in Fragen des Lebensstils, der Moral, des – meist *schlechten* – Geschmacks, des *natürlichen* und deshalb immerwährenden Generationenkonflikts transformiert und damit kulturalisiert und ästhetisiert und so letztlich entpolitisiert werden können (vgl. Christie/Bruun 1991: 15f.).

---

13 Nach einer Meldung der Frankfurter Rundschau vom 22.6.2001 hat eine Studie der Bundeszentrale für gesundheitliche Aufklärung ergeben, dass „von den zwölf- bis 25-Jährigen...27 Prozent bereits Erfahrungen mit unerlaubten Rauschmitteln (machten)." – In anderen Untersuchungen (vgl. Freitag/Hurrelmann 1999: 8) ist von ca. einem Drittel die Rede. Entsprechende Zahlen für die USA und Großbritannien belaufen sich sogar auf um oder über 40% (vgl. Silbereisen 1995: 1060; Muncie 1999: 34). Auf mögliche Schlussfolgerungen, die daraus für die Drogenpolitik und Drogenarbeit zu ziehen wären, können wir an dieser Stelle allerdings nicht eingehen.

14 Christie/Bruun (1991: 53) versäumen es nicht, mit besonderem Nachdruck auf den Machtaspekt in der Definition von sozialen Problemen (wie z.B. dem jugendlichen Konsum kriminalisierter Drogen) hinzuweisen: „Offizielle soziale Probleme sind die Probleme, gegen die Führungs- und Machtgruppen eine Mobilisierung erreicht haben. Es ist ja klar, soziale Probleme können nie solche sein, die Zentralpositionen einer Gesellschaft bedrohen. Es gibt keine Definition eines sozialen Problems, das etwa der Industrie, den Gewerkschaften, wichtigen Berufsgruppen oder geographischen Regionen schaden könnte, ebensowenig der intellektuellen Elite. Man definierte nie einen Feind so, daß sich eine mächtige gesellschaftliche Gruppe hinter ihn stellt und dann gegen eine solche Problemdefinition zu Felde zieht."

Jugend und Drogen im wissenschaftlichen Diskurs

Die Problematisierung von *Jugend* in Verbindung mit dem Thema *Drogen*, die in dieser Kombination seit nunmehr gut dreißig Jahren zum zyklisch aktualisierten Selbstläufer der Jugendprobleme geworden ist und inzwischen nur noch von der Endlosthematisierung von *Jugend und Gewalt* übertroffen wird, findet seine wissenschaftliche Basis in den gängigen entwicklungs- und sozialisationstheoretischen Erklärungsansätzen zu Ursachen und Verlauf von Drogenkonsum und -abhängigkeit bei Jugendlichen. Sie repräsentieren das aktuell dominierende Paradigma in der Jugend(drogen)forschung (vgl. stellvertretend aus einer Vielzahl von Beispielen: Silbereisen/Reese 2001; Hurrelmann/Bründel 1997). Trotz aller Relativierungen und Einschränkungen: letztlich stehen auch diese Erklärungsansätze – selbst in ihren avanciertesten und komplexesten Varianten – immer noch in der Tradition des Defizit- und Störungsmodells. *Jugend* bleibt in letzter Konsequenz auch hier ein negatives und zutiefst normatives Konzept.

Ohne Frage war und ist es ein Fortschritt, dass im Rahmen der neueren entwicklungs- und sozialisationstheoretischen Erklärungsansätze die pauschale Gleichsetzung von (illegalisiertem) Drogenkonsum mit Missbrauch, (Persönlichkeits-)Störung und früher oder später zu erwartender Suchtentwicklung überwunden wurde. Mit der immer wieder vorgebrachten und vielfach dokumentierten Feststellung, dass der Drogenkonsum durchaus *normaler* Bestandteil bei der Bewältigung von Entwicklungsaufgaben sein kann, dass Drogenkonsum im Übergang zum Erwachsenenstatus eine nicht zu unterschätzende *entwicklungsbedingte Rolle* (Silbereisen/Reese 2001: 137) spielen und eine *Spielart von jugendtypischem Risikoverhalten* (Hurrelmann/ Bründel 1997: 45; vgl. hierzu auch Kleiber/Soellner 1998: 75) darstellen kann – mit solchen und vielfältigen ähnlichen Aussagen wird eine gewisse Entdramatisierung des Drogenkonsums von Jugendlichen betrieben und damit ein aus dem Diskurs über Jugend seit jeher vertrautes Motiv in modernisierter Form fortgesponnen – nämlich die Vorstellung eines konstitutiven Zusammenhangs der Lebensphase *Jugend* mit Abweichung.

Gleichwohl bewegt sich die Entdramatisierung des Drogenkonsums in eng gefassten (Alters-) Grenzen. Als „auf die Jugend begrenztes Problemverhalten" im Kontext der „Auseinandersetzung mit normativen, altersspezifischen Entwicklungsaufgaben" mag der Drogenkonsum zwar durchaus mit wichtigen, z.T. auch positiven Funktionen „während der normalen (!) Entwicklung von Jugendlichen und jungen Erwachsenen" (Silbereisen/Reese 2001) verbunden sein; jenseits der Lebensphase *Jugend* an den Tag gelegt, ist allerdings die *Normalitätsthese* gewissermaßen außer Kraft gesetzt und unterliegt dasselbe, nicht nur episodisch praktizierte Drogenkonsumverhalten einer nachhaltigen Problematisierung, bis hin zu einer systematischen Pathologisierung der Konsumenten.

Um die z.T. rigiden normativen Implikationen des entwicklungspsychologischen und sozialisationstheoretischen Lebensphasen-Konzepts besonders deutlich heraus zu arbeiten, sei hier kurz auf einen völlig anders gelagerten Problembereich Bezug genommen, der sich mittlerweile vollständig normalisiert hat: die Aufregungen über den jugendlichen *Konsum* von Rock and Roll Ende der 1950er, Anfang der 1960er Jahre. Aus dem Jahre 1965 ist aus einer seriösen Publikation zur „Jugend in der modernen Gesellschaft" folgende Aussage über ein der Jugend (gerade noch) gemäßes und für Erwachsene (auf jeden Fall) unangemessenes Verhalten überliefert:

„Stellt der Rock and Roll ein Symbol der Teilkultur der Heranwachsenden dar, so ist nichts dagegen einzuwenden, wenn Jugendliche mit 16 Jahren dem Rock and Roll anhängen; bedenklich wird es aber, wenn sich jemand noch mit 26 Jahren mit dieser Art von Musik identifiziert. Die beibehaltene Identifizierung lässt vermuten, daß der Anschluß an die Erwachsenenwelt dann nicht gelang, als er möglich wurde" (zit. n. Farin 2001: 15).

Was mit diesem Bezug aus heutiger Sicht bestenfalls noch als wissenschaftsgeschichtliche Kuriosität zur Kenntnis genommen wird, findet sich im Hinblick auf die zugrunde liegende Argumentationslogik nach wie vor – und vielleicht sogar mehr denn je – bezogen auf den Drogenkonsum von Jugendlichen und jungen Erwachsenen:

„Wenn Substanzkonsum mit jugendlicher Entwicklungsbewältigung in Beziehung steht, sollte mit dem erfolgreichen Übergang ins Erwachsenenalter, also dem Finden eines Lebenspartners, der Gründung einer Familie, dem Berufseinstieg oder der Eigenversorgung, der Substanzkonsum abnehmen" (Silbereisen/Reese 2001: 145; vgl. Kleiber/Soellner 1998: 165).

Auf der Grundlage des entwicklungspsychologischen Konstrukts einer „normalen Entwicklung von Jugendlichen und jungen Erwachsenen" wird die Beendigung bzw. Reduzierung des Konsums illegalisierter Drogen zum Zeichen eines erfolgreichen Reifungsprozesses und damit eines gelungenen Übergangs vom Jugend- zum Erwachsenenstatus. D.h., es wird auf der einen Seite ein durchaus *normaler* (wenngleich nie unproblematischer) entwicklungsbedingter Drogenkonsum konzediert, der als natürliches Experimentier- und Neugierverhalten auf die Lebensphase *Jugend* beschränkt bleibt und sich im Zuge der Integration in die Erwachsenenrolle sukzessive verflüchtigt. Und es gibt auf der anderen Seite einen gewissermaßen unzeitigen Drogenkonsum, der entweder zu früh einsetzt und damit die (sehr wahrscheinliche) Entwicklung eines problematischen Konsummusters signalisiert, oder der über die Lebensphase *Jugend* hinaus zu lange und zu intensiv beibehalten wird, und der deshalb i.d.R. als Symptom tieferliegender (Persönlichkeits-) Störungen und Reifungsdefizite interpretiert wird, die der professionellen Behandlung bedürfen.

Wie schon im Zusammenhang des Diskurses zu *Jugend und Kriminalität* mit seiner Unterscheidung des episodenhaften und chronischen jugendlichen *Täter*-Typus entfaltet sich auch im Diskurs *Jugend und Drogen* die gleiche Logik einer fundamentalen Zweiteilung, mit der Tendenz zur Stigmatisierung und Ausgrenzung bestimmter Gruppen von Jugendlichen. Auf der einen Seite steht mit den so genannten Probier- und Gelegenheitskonsumenten die große Mehrheit der Jugendlichen, deren Drogenkonsum zwar als problematisches, aber immerhin noch als jugendtypisches und entwicklungsbedingtes Verhalten gilt, das nur von vorübergehender Dauer ist und sich damit noch im Rahmen der *legitimen* Abweichungen bewegt, die ja – wie wir gesehen haben – fester Bestandteil des gesellschaftlichen Bildes von Jugend sind. Auf der anderen Seite steht mit den so genannten Gewohnheitskonsumenten die Minderheit der Jugendlichen und jungen Erwachsenen, deren Konsumverhalten nicht nur episodischer Natur ist, sondern über die Grenzen der Lebensphase *Jugend* hinaus beibehalten und zu einem dauerhaften Bestandteil der Alltagsgestaltung und des Lebensstils geworden ist. Während die Probier- und Gelegenheitskonsumenten von wissenschaftlicher und professioneller Seite noch auf ein gewisses Maß an Entdramatisierung ihres *alterstypischen* Konsumverhaltens rechnen können, trifft die Gruppe der Gewohnheitskonsumenten bzw. den „Verlaufstyp lebenslangen Problemverhaltens" (Silbereisen/Reese 2001: 142) die volle Wucht der – im Diskurs über *Jugend* ohnehin angelegten – Pathologisierung:

„Für die Minderheit des lebenslang anhaltenden Typus (etwa 10%) muss Substanzkonsum als Ausdruck von Anpassungsproblemen verstanden werden, die seit der Kindheit anhalten und zu bleibenden Beeinträchtigungen führen.(...) In der Kindheit auftretende Verhaltensauffälligkeiten, wie ein schwieriges Temperament (!), Aggressivität sowie Hyperaktivität in Verbindung mit gestörtem Sozialverhalten, haben sich als valide und länderübergreifende Risikofaktoren für Substanzmissbrauch im Jugendalter herausgestellt." (ebd.: 139ff.; vgl. auch Kleiber/Soellner 1998: 76).

Die Peer-group als Risikofaktor

Unter der schier unerschöpflichen Reihe von Risikofaktoren, die Jugendliche zu einer stets gefährdeten und z.T. sogar gefährlichen Spezies machen (vgl. die verschiedenen Beiträge in: Raithel 2001), soll zum Abschluss noch auf einen besondern Aspekt im Diskurs über *Jugend und Drogen* eingegangen werden, der das Kontrollbedürfnis der (Erwachsenen-)Gesellschaft seit jeher in besonderer Weise stimuliert hat: die Thematisierung der Rolle der Gleichaltrigengruppe (Peer-group) im Zusammenhang mit jugendlichem Drogenkonsum. Was die Peer-group bei allen ihr sonst zugeschriebenen positiven Funktionen bei der Bewältigung von Entwicklungsaufgaben (vgl. Hurrelmann 1994: 150ff.) zu einem Problem macht, liegt in erster Linie darin begründet, dass sie eine Lebensform repräsentiert, die Jugendlichen – gemessen an ihren sonstigen Lebenszusammenhängen in Schule, Arbeit oder Familie – das relativ höchste Maß an autonomen Handlungsspielräumen, an selbstbestimmter Organisation und Gestaltung des *Jugendlebens* gewährt. Weitgehend der Autorität und dem Einfluss der Erwachsenen entzogen, richtet sich die Sorge um die Jugendlichen in Gestalt eines geradezu institutionalisierten pädagogi-

schen Argwohns vor allem auf die Bereiche eines unkontrollierten Sexual-
und Drogenkonsumverhaltens. Vor diesem Hintergrund wird die Gleichaltrigengruppe zu einem Risikofaktor stilisiert, mithin der Autonomieanpruch Jugendlicher unter Vorbehalt gestellt und – zumindest implizit – problematisiert:

„Als einer der stärksten und konsistentesten Risikofaktoren hat sich der Substanzkonsum
der Peers oder Freunde herausgestellt. Dieser Zusammenhang ist zum einen durch wechsel-
seitige Verhaltenserwartungen oder Gruppendruck von Freunden oder Peers begründet.
Zum anderen aber auch dadurch, dass sich Jugendliche ihnen ähnliche Freunde aussuchen"
(Silbereisen/Reeses 2001: 140).

Das der Gleichaltrigengruppe zugeschriebene Gefährdungspotential wird dabei in einen grundsätzlichen Zusammenhang mit dem Ausmaß und der Qualität der Familienbindungen gebracht. Es werden dabei Gleichungen nach fol-
gendem Rechenmuster aufgestellt: geringe Familien- und Elternbindungen
haben einen erhöhten Peer-Einfluß zu Folge, der wiederum die Wahrscheinlichkeit eines Konsums (illegalisierter) Drogen erhöht, was letztlich die Ausbildung eines problematischen bzw. pathologischen Konsummusters zur Folge haben kann. Konsequenterweise besteht einer der zentralen Schutzfaktoren
vor dem Risiko *Drogenkonsum* in gefestigten familialen Bindungen des Jugendlichen. So ist für zahlreiche Drogen- und Jugendforscher unbestritten,
„dass gefestigte Bindungen zwischen den Eltern und dem Jugendlichen einen
Puffer gegen drogenkonsumierende Freunde bieten" und „dass das *Funktionieren der familiären Einheit* Problemverhalten wie dem Drogenkonsum ent-
gegenwirkt" (Kleiber/Soellner 1998: 181; 183; Hervorhebung R.A.).
Damit klingen nicht nur die aus dem Jugenddiskurs seit jeher vertrauten
Motive von der besonderen Schutzbedürftigkeit, Verführbarkeit, psychischen
und sozialen Labilität der Jugend wieder an und liefern die Legitimationsbasis
für informelle und/oder professionelle Hilfe und Kontrolle. Damit ist gleichzeitig auch zur Stützung der traditionellen Familienideologie die klassische
Rollenverteilung in *Gut* und *Böse* gegeben: auf der einen Seite die Gefährdung und gegebenenfalls Gefährlichkeit, die von der relativ autonomen Peer-
group ausgeht, und auf der anderen Seite der Schutz, die Sicherheit und Kontrolle, die die Bindungen und das hierarchische Beziehungsgefüge der – in-
takten – Familie verheißen.[15] Und zu guter letzt – und damit schließt sich der

---

15 Zu einer differenzierteren und deshalb auch etwas gelasseneren Einschätzung der
Rolle und Funktion der Gleichaltrigengruppe bei – hier allerdings – kokainkonsumie-
renden jungen Erwachsenen: vgl. die ausgezeichnete Untersuchung von Decorte 2000.
Ausgehend von der unbestrittenen Tatsache, dass der Peer-group eine wichtige Rolle
im Zusammenhang des Drogenkonsums zukommt, wird in der Untersuchung Decortes
nicht nur die Bedeutung des Gruppendrucks deutlich relativiert, indem die befragten
Kokainkonsumenten immer wieder darauf insistieren, dass der Einstieg in den Drogenkonsum in erster Linie das Ergebnis ihrer bewussten Entscheidung und ihrer eigenen aktiven Rolle war. Darüber hinaus macht Decorte mit seiner Untersuchung auch
deutlich, dass die Peer-group im Zusammenhang mit Drogenkonsum durchaus eine

Kreis unserer Argumentation – wird an diesem Beispiel auch noch deutlich, wie der Diskurs über *Jugend* in ein ganzes Geflecht angrenzender, sich überlagernder, miteinander verzahnter und z.T. sich widersprechender Diskurse verwoben ist.

Wie die *Jugend* insgesamt immer wieder als gesellschaftsdiagnostisches Mittel zur Bestandsaufnahme über den Zustand der Gesellschaft *missbraucht* und als Aufhänger für Diskurse z.B. über innere Sicherheit, den Wertewandel oder -verfall, Schulprobleme etc. genutzt wird, so auch in diesem Fall, wo über das Thema *Jugend und Drogen* eine weitere zentrale gesellschaftliche Institution, die Familie oder genauer die Eltern und hier wiederum bevorzugt die Mütter einer Dauerthematisierung und -problematisierung ausgesetzt werden. Der Konsum illegalisierter Drogen durch Jugendliche – erst recht wenn er sich in *unzeitgemäßer* bzw. *unmäßiger* Form äußert – wird dann zum Anknüpfungspunkt für die Eröffnung eines angrenzenden Diskurses: der immer wieder beschworene Niedergang der Familie, das erzieherische Versagen der Eltern oder der alleinerziehenden Mütter, denen es nicht gelungen ist, gegenüber dem Risikofaktor *Peer-group* den Schutz zu gewährleisten, der erforderlich ist, damit sich der Drogenkonsum zumindest auf das *normale* Maß des Probier- oder Gelegenheitskonsums beschränkt.

Zusammenfassung und Schlussfolgerungen

Mit der sozialen Konstruktion des Konzepts *Jugend* ist ein gesellschaftlich weithin anerkanntes Deutungsschema und gleichzeitig ein Interventionsrahmen etabliert worden, die es der (Erwachsenen-) Gesellschaft in Gestalt von Wissenschaft, sozialstaatlichen Institutionen und Professionen, (Medien-)Öffentlichkeit, Schule etc. erlauben, Jugendliche als Problem- oder Risikogruppe in *normale* und *abweichende*, in *normal abweichende* und *pathologisch abweichende* einzuteilen und entsprechenden Maßnahmen der Begleitung, Hilfe, Betreuung, (Nach-) Erziehung, Kontrolle, Disziplinierung und Ausgrenzung zu unterwerfen. Der Kern dieses Konzepts liegt in der Grundprämisse begründet, wonach *Jugend* ein grundsätzliches soziales Problem, eine mit jeder Generation wiederkehrende Problemgruppe darstellt, die im schwierigen Übergang zum Erwachsenenstatus als Ganzes zumindest gefährdet ist und in Teilen auch gefährlich wird. In einer langen, weitgehend auf entwicklungs- und sozialisationstheoretische Annahmen gestützten wissenschaftlichen Tradition wird *Jugend* dabei primär als *Defizit* und *Störung* gefasst. Als *Defizit* insofern sie als Mangel an psychischer Reife, an ökonomischer Unab-

---

positive Funktion innehat, insofern innerhalb der Peer-group informelle Mechanismen der sozialen Kontrolle (Konsumrituale, Regeln und Sanktionen) entwickelt werden, die der Ausbildung eines abhängig machenden (kompulsiven) Konsummusters durchaus wirksam entgegen steuern.

hängigkeit, an sozialen Kompetenzen, an Urteilsfähigkeit und Selbständigkeit – kurzum als ein Nicht-Erwachsensein definiert wird.[16] Als *Störung* insofern aus dem für das Jugendkonzept konstitutiven Konnex mit Abweichung/Kriminalität/(illegalisiertem) Drogenkonsum eine Bedrohung und Gefährdung von *Recht und Ordnung* abgeleitet wird.

Mit dem Defizit- und Störungsmodell ist ein Interpretationsrahmen etabliert, der im Hinblick auf die gesellschaftlichen Reaktionen auf *Jugend* eine Reihe von Konsequenzen nach sich zieht, die für die Lebenssituation und Erfahrungen von Jugendlichen von unmittelbarer Bedeutung sind. *Jugend/Jugendliche* werden nach diesem Modell in erster Linie in Begriffen der (individuellen) Abweichung von der Norm wahrgenommen und in ihrem *Verhalten* an den normativen Maßstäben und Standards einer (Erwachsenen-)Gesellschaft gemessen, die für sich einen breiten Konsens hinsichtlich der gesellschaftlich gültigen Werte und Normen und ihrer Legitimität reklamiert, und Abweichungen von diesen Normen lediglich als zeitlich begrenzten, *normalen* Teil der Schwierigkeiten im Prozess des Erwachsenwerdens und der dabei geforderten Bewältigung von Entwicklungsaufgaben konzediert. Diese Fokussierung auf den Normbruch bringt in der Folge

1. bevorzugt ein spezifisches Wissen (z.B. über die komplexen Ursachen und Entwicklungsverläufe von Abweichungen bei Jugendlichen) hervor, das sich
2. wiederum in eine unmittelbar auf die Praxis (z.B. die Jugendhilfe und Jugendarbeit) bezogene handlungsleitende Sozialtechnologie übersetzen lässt, die
3. einen großen Fundus an Handlungswissen, professionellen Kompetenzen, Methoden und sonstigen lehr- und lernbaren Fertigkeiten bereit hält, die
4. das – meist implizite – Versprechen einer Problemlösung mit sich führen, indem sie in einer auf wissenschaftliche Erkenntnisse gestützten Basis angeben, wie Probleme diagnostiziert, Defizite behoben, Verhaltensabweichungen korrigiert und Störungen präventiv behandelt werden können.

In der Summe führt die Fokussierung auf die Normabweichung und die damit verbundenen sozialtechnologischen Wissensbestände und Lösungsvorstellungen in der Tendenz zu einer Individualisierung, Psychologisierung und Entpolitisierung der *Jugendprobleme*, durch die von der elementaren Bedeutung struktureller und institutioneller Zusammenhänge für die Lebenslage und die

---

16 An dieser Stelle werden – bei allen Unterschieden – auch die Parallelen zum Geschlechterdiskurs und der gesellschaftlichen Konstruktion von Männlichkeits- und Weiblichkeitsbildern deutlich. Wie *Jugend* im Verhältnis zum Erwachsenenstatus primär negativ als Nicht-Erwachsensein definiert wird, Erwachsensein mithin die primäre, *Jugend* die abgeleitete Konstruktion darstellt, so verhält es sich in ähnlicher Weise bei der gesellschaftlichen Definition von *Weiblichkeit* und *Männlichkeit*. Letztere stellt die *primäre Konstruktion* dar, von der *Weiblichkeit* als Negativ-Definition abgeleitet und als das nachgeordnete und bestenfalls komplementäre *Nicht-Männliche* gefasst wird (vgl. hierzu Treibel 1994: 144).

subjektiven Erfahrungen Jugendlicher abgelenkt bzw. ein nachgeordneter Stellenwert zugewiesen wird.[17]

Damit sind bereits die hier intendierten und deutlich anders gelagerten Akzente einer Thematisierung von *Jugend* im wissenschaftlichen und damit auch im politischen, (massen-) medialen und praxisbezogenen sozialpädagogisch-sozialarbeiterischen Diskurs angedeutet. Zunächst einmal kann es gewiss nicht darum gehen, die wiederkehrenden Negativ-Typisierungen von *Jugend* im Ganzen, bis hin zu ihrer Dämonisierung anhand ausgewählter Gruppen von Jugendlichen mit gutgemeinten positiven Gegentypisierungen im Sinne von Jugend als kreativer Kraft des Wandels und der Veränderung, als Hoffnung für eine bessere Zukunft, als Quelle des Fortschritts und der Erneuerung etc. begegnen zu wollen. Letztlich stellen beide – zwar unter jeweils sehr unterschiedlichen Vorzeichen – doch nur Projektionen der Ängste und Hoffnungen, Unsicherheiten und Erwartungen der Erwachsenen dar, bei denen die einen immer wieder ihre Bestätigung in einer endlosen Reihe besonders spektakulärer und verabscheuungswürdiger Einzelbeispiele finden und die anderen mit einer gewissen Zwangsläufigkeit ihre Enttäuschungen erfahren werden, weil *Jugend* sich nun einmal sehr viel eigensinniger, widersprüchlicher und unkalkulierbarer entwickelt, als die zukunftsfreudigen Erwartungen und Hoffnungen es zulassen.

Darüber hinaus gilt es zunächst einmal sich ganz allgemein zu vergegenwärtigen, dass es sich beim Konzept *Jugend* um eine an spezifische historische und gesellschaftliche Bedingungen gebundene soziale Konstruktion handelt, um eine diskursiv hergestellte und zur Dominanz gebrachte Vorstellung, die dem biologischen Sachverhalt des Wachsens und Älterwerdens im zweiten und partiell im dritten Lebensjahrzehnt eine spezifische soziale Bedeutung und Ordnung zuschreibt. Damit wird deutlich, dass es sich beim Konzept *Jugend* nicht um eine *objektive*, unverrückbar feststehende a-historische Tatsache, sondern um ein relationales Konzept, ein soziales Verhältnis handelt. *Jugend* als ein soziales Verhältnis zu begreifen, ist allerdings in mehrerlei Hinsicht folgenreich:

1. Die Bedeutung und der Inhalt des Konzepts *Jugend* bestimmen sich in erster Linie im *Verhältnis* zur Bedeutung und zum Inhalt des Konzepts *Erwachsensein*. Letzteres wird aber i.d.R. im Jugenddiskurs als unhinterfragter normativer Bezugspunkt vorausgesetzt und kaum expliziert, geschweige denn problematisiert. Dementsprechend muss es bei einer sich kritisch verstehenden Jugendforschung und -praxis auch darum gehen, die verdeckten, weil vermeintlich selbstevidenten normativen Bezüge im Verhältnis beider Konzepte deutlich zu machen.
2. Aus dem normativen Bezug ergibt sich des weiteren, die Beziehung zwischen den Konzepten *Jugend* auf der einen und *Erwachsensein* auf der

---

17 Vgl. hierzu die nicht ausdrücklich auf *Jugend*, sondern allgemein auf den *Soziale-Probleme*-Diskurs bezogene Analyse von Gusfield 1996.

anderen Seite als ein Macht*verhältnis* zu begreifen. Was *Jugend* unter historisch sich verändernden Bedingungen jeweils ist und was sie sein soll, ist in erster Linie eine Frage der gesellschaftlichen Definitionsmacht, sprich der Fähigkeit zur Mobilisierung ökonomischer, politischer, rechtlicher und kultureller Mittel zur – sei es eher offen repressiven, sei es eher *helfend* integrativen – Durchsetzung eines verbindlichen Leitbildes altersgemäßer Lebensführung. Aufgrund ihres marginalisierten Status sind diese Machtressourcen gewiss nicht auf Seiten der Jugendlichen zu finden.

3. Das Konzept *Jugend* als ein Machtverhältnis zu begreifen bedeutet wiederum für die auf Jugendliche bezogene Soziale Arbeit, von dem traditionellen Selbstverständnis Abstand zu nehmen, sich in dieser (Macht-) Beziehung als ein neutraler und *uninteressierter* Akteur zu definieren, der lediglich auf die *objektiven Nöte*, Probleme und Schwierigkeiten der Jugendlichen reagiert. Schon der parallel verlaufende Aufstieg des Konzepts *Jugend* als Defizit und Störung einerseits, und die Professionalisierung und Institutionalisierung der modernen Jugendhilfe und Jugendarbeit andererseits, lassen die Vermutung begründet erscheinen, dass die Soziale Arbeit in diesem Zusammenhang einen durchaus auf eigene Rechnung handelnden Akteur darstellt, der ein begründetes Interesse an der kontinuierlichen Erzeugung von Defizit- und Problemzuschreibungen bei Jugendlichen hat.

4. *Jugend* als ein relationales Konzept zu begreifen hat schließlich zur Konsequenz, den Fokus nicht so sehr auf die besonderen biologischen, psychologischen, sozialen und kulturellen *Merkmale* der Jugendlichen zu richten, sondern zunächst die gesellschaftlichen *Institutionen* und *Strukturen* in den Blick zu fassen, in die Jugendliche gestellt werden, mit denen sie sich auseinander setzen, interagieren müssen, und die ihre Erfahrungen in grundlegender Weise prägen: die Schule, die Familie, der Arbeits-/Ausbildungsmarkt, die Kulturindustrie, die Soziale Arbeit etc. Um über *Jugend* etwas Substanzielles in Erfahrung zu bringen, ist es daher wahrscheinlich erfolgversprechender, die geradezu obsessiv anmutende Fixierung auf *Jugend*, ihre Eigenschaften, Besonderheiten, Merkmale etc. aufzugeben, und sich dafür den institutionellen Prozessen und Strukturen (der Selektion, der Partizipation, des Ausschlusses, der Akzeptanz, der Abhängigkeit etc.) und den hochgradig komplexen und unterschiedlichen Reaktionsformen, Interaktionsmustern und Verarbeitungsstrategien zuzuwenden, die Jugendliche z.B. in der Auseinandersetzung mit Erfahrungen in der Schule oder im Ausbildungssystem praktizieren.[18] Dann würde auch ziemlich schnell deutlich werden, dass die vielfach suggerierte Homogenität der *Jugend* in eine äußerst heterogene Vielfalt unterschiedlich-

---

18 Vgl. hierzu die äußerst instruktive Untersuchung von Dietz u.a. 1997 über Bremer Abgänger von Sonder- und Hauptschulen.

ster Erfahrungen und Lebenslagen zerfällt, die maßgeblich von sozialer Ungleichheit, von der Klassen- oder Schichtzugehörigkeit, dem Geschlecht und der ethnischen Herkunft bestimmt ist (vgl. Wyn/White 1997). Und es würde damit ebenso schnell deutlich, dass die Unterschiede innerhalb der *Jugend* zumindest genauso groß und vielgestaltig sind, wie zwischen den Generationen bzw. wie innerhalb der Gruppe der Erwachsenen. Ein türkischer Arbeiterjugendlicher in einem Hamburger Vorort teilt sehr wahrscheinlich mehr Gemeinsamkeiten mit seiner Elterngeneration als mit einem gleichaltrigen Gymnasiasten aus einer Beamtenfamilie in einer Kleinstadt Süddeutschlands.

So lässt sich als Gesamtfazit ziehen: Hinter dem, von einem breiten politisch-wissenschaftlich-medialen Konsens getragenen Konzept *Jugend*, mit seinen dargelegten Tendenzen zu Homogenisierung und Defizitzuschreibungen, steht ein grundsätzlicher Konflikt, der mittels der im Jugenddiskurs kontinuierlich reproduzierten Problemzuschreibungen sozusagen stillgestellt wurde, indem er das verwirrende Neben- und Gegeneinander der unterschiedlichen Interessen, Werte und Bedürfnisse von Jugendlichen und Erwachsenen in ein relativ geordnetes, hierarchisches Verhältnis wohlwollend-helfender Begleitung, Beratung, Anleitung und Kontrolle bis hin zur strafenden Korrektur und Ausschließung aufzulösen vermochte. Diesen Konsens aufzubrechen und *Jugend* als ein Konfliktfeld zu thematisieren, in dem unterschiedliche Interessen und Ansprüche auf Definitionsmacht, materielle Ressourcen, kulturelle Hegemonie, Partizipationsrechte etc. am Werk sind, scheint mir gerade auch im Interesse der Jugendlichen ein allemal sinnvolleres Unterfangen, als das routiniert betriebene Geschäft der Dauerbestandsaufnahmen zur Klärung der Frage, was und wie die *Jugend* ist – und vor allem, was und wie die *Jugend nicht* ist.

Literatur

Aries, P.: Geschichte der Kindheit, München: Carl Hanser, 1975

Bettinger, F.: Jugend und abweichendes Verhalten aus der Sicht der Jugendhilfe, in: DVJJ-Journal, Heft 4, 1999, S. 360-366

Brown, S.: Understanding Youth and Crime. Listening to Youth? Buckingham/Philadelphia: Open University Press, 1998

Büttner, Chr./Schwichtenberg, E., (Hg.): Brutal und unkontrolliert. Schülergewalt und Interventionsmöglichkeiten in der Grundschule, Weinheim/Basel: Beltz, 2000

Christie, N./Bruun, K.: Der nützliche Feind. Die Drogenpolitik und ihre Nutznießer, Bielefeld: AJZ , 1991

Clarke, J. u.a.: Jugendkultur als Widerstand, Milieus, Rituale, Provokationen, Frankfurt/M.: Syndikat , 1981

Cremer-Schäfer, H.: Sie klauen, schlagen, rauben. Wie in Massenmedien „Kinderkriminalität" zu einer Bedrohung gemacht wird und wer weshalb und mit welchen Folgen daran mitarbeitet, in: Müller, S./Peters, H. (Hrsg.): Kinderkriminalität. Empirische

Befunde, öffentliche Wahrnehmung, Lösungsvorschläge, Opladen: Leske + Budrich, 1998, S. 113-138

Decorte, T.: The Taming of Cocaine. Cocaine Use in European and American Cities, Brussels: VUB University Press , 2000

Dietz, G.-U./Matt, E./Schumann, K.F./Seus, L.: „Lehre tut viel..." Berufsbildung, Lebensplanung und Delinquenz bei Arbeiterjugendlichen, Münster: Votum, 1997

Engel, U./Hurrelmann, K.: Was Jugendliche wagen. Eine Längsschnittstudie über Drogenkonsum, Streßreaktionen und Delinquenz im Jugendalter, 2.Aufl., Weinheim/ München: Juventa, 1994

Farin, K.: generation kick.de: Jugendsubkulturen heute, München: Piper , 2001

Foucault, M.: Überwachen und Strafen. Die Geburt des Gefängnisses, Frankfurt: Suhrkamp, 1977

Freitag, M./Hurrelmann, K.: Illegale psychoaktive Substanzen – die neuen Alltagsdrogen des Jugendalters? in: Freitag, M./Hurrelmann, K., (Hg.), Illegale Alltagsdrogen. Cannabis; Ecstasy, Speed und LSD im Jugendalter, Weinheim/München: Juventa, 1999, S. 7-21

Gillis, J.R., Geschichte der Jugend. Tradition und Wandel im Verhältnis der Altersgruppen und Generationen in Europa von der zweiten Hälfte des 18. Jahrhunderts bis zur Gegenwart, Weinheim/Basel, 1980

Griese, H.M., Jugend, in: Albrecht, G./Groenemeyer, A./Stallberg, F.W. (Hrsg.): Handbuch soziale Probleme, Opladen/Wiesbaden: Westdeutscher Verlag, 1999, S. 462-486

Gusfield, J.: Contestet Meanings and the Cultural Authoriy of Social Problems, in: ders., Contestet Meanings. The Construction of Alcohol Problems, Wisconsin/London: University of Wisconsin Press, 1996, S. 17-30

Hurrelmann, K.: Lebensphase Jugend. Eine Einführung in die sozialwissenschaftliche Jugendforschung, Weinheim/München: Juventa, 1994

Hurrelmann, K./Bründel, H.: Drogengebrauch – Drogenmissbrauch. Eine Gratwanderung zwischen Genuß und Abhängigkeit, Darmstadt: Primus, 1997

Kleiber, D./Soellner, R.: Cannabiskonsum. Entwicklungstendenzen, Konsummuster und Risiken, Weinheim/München: Juventa, 1998

Klönne, A.: Jugend im Dritten Reich. Die Hitler-Jugend und ihre Gegner, München: dtv, 1990

Kreuzer, A.: Jugendkriminalität, in: Kaiser, G./Kerner, H.-J./Sack, F./Schellhoss, H., (Hg.), Kleines Kriminologisches Wörterbuch, Heidelberg: C.F. Müller, 3. Aufl., 1993, S. 182-191

Mitterauer, M.: Sozialgeschichte der Jugend, Frankfurt: Suhrkamp, 1986

Muncie, J.: Youth and Crime. A Critical Introduction, London/Thousand Oaks/New Delhi: Sage Publications, 1999

Peukert, D.: Grenzen der Sozialdisziplinierung. Aufstieg und Krise der deutschen Jugendfürsorge 1878 bis 1932. Köln: Bund Verlag, 1986

Raithel, J. (Hrsg.): Risikoverhaltensweisen Jugendlicher. Formen, Erklärungen und Prävention, Opladen: Leske + Budrich, 2001

Roth, L.: Die Erfindung des Jugendlichen, München: Juventa, 1983

Silbereisen, R.K.: Entwicklungspsychologische Aspekte von Alkohol- und Drogengebrauch, in: Oerter, R./Montada, L. (Hrsg.): Entwicklungspsychologie, Weinheim: Psychologie Verlags Union 1995, S. 1056-1068

Silbereisen, R.K./Reese, A.: Substanzgebrauch Jugendlicher: Illegale Drogen und Alkohol, in: Raithel, J. (Hrsg.): a.a.O., 2001, S. 131-153

South, N.: Debating Drugs and Everyday Life: Normalisation, Prohibition and „Otherness", in: South, N. (Ed.): Drugs. Cultures, Controls and Everyday Life, London/ Thoausand Oaks/New Delhi: Sage Publications, 1999, S. 1-15

Thompson, K.: Moral Panics, London/New York: Routledge, 1998

Treibel, A.: Einführung in soziologische Theorien der Gegenwart, 2. Aufl., Opladen: Leske
    + Budrich, 1994
Walter, M.: Jugendkriminalität. Eine systematische Darstellung, Stuttgart: Boorberg, 1995
Wyn, J./White, R.: Rethinking Youth, St. Leonards: Allen + Unwin, 1997

Martina Althoff

Jugendkriminalität und Gewalt

Einige Überlegungen zur öffentlichen Thematisierung von Jugend

Die folgenden Überlegungen beschäftigen sich mit der Frage, warum der Diskurs der Medien und der Politik *Jugend* häufig als Kriminalitäts- und Ordnungsproblem rahmt und in den Kontext von Gewalt stellt. Ein Blick in die Jugendkulturforschung soll dabei zeigen, dass sich historisch übergreifend spezifische Bedeutungen im Zusammenhang mit Jugend durchgesetzt haben. Um zu erklären, wie es funktioniert, dass die massenmediale Berichterstattung diese Vorstellungen reproduziert, ist es erstens notwendig, sich mit diskurstheoretischen Überlegungen zu beschäftigen, die öffentliche Diskurse nicht als bloßes Reden, sondern als zentrale Instanzen der Sinngebung und Bedeutungsherstellung begreifen. Zweitens liefert eine Auseinandersetzung mit den massenmedialen Produktionsbedingungen Erklärungen für den besonderen Stellenwert, den Kriminalität im medialen Diskurs einnimmt. Wenn man zudem die gegenwärtigen Veränderungen in der Medienwelt betrachtet, so lassen sich einige Hinweise dafür finden, warum wir heute mit einer zunehmend dramatisierenden und einseitigen Berichterstattung über Jugendkriminalität konfrontiert werden.

Abweichende Jugendkulturen

Die Jugendkulturforschung hat gezeigt, dass der Diskurs über *Jugend* immer schon ein Diskurs über Moral und Abweichung war, der historisch betrachtet auch kein neues Phänomen darstellt (vgl. Simon 1996; Hafeneger 1994). Die Problematisierung von Jugendkulturen als gewalttätig gab es schon im letzten Jahrhundert. Dabei lassen sich bestimmte *Konjunkturzyklen* (Schubarth 1998) ausmachen: z.B. die Trotzkultur der *Edelweißpiraten* in den 30er und 40er Jahren, die *Halbstarken*-Debatte der 50er und die Problematisierung der Rocker sowie der Studentenbewegung.

Die gegenwärtigen Debatten über die *bösen* und *problematischen* Jugendlichen greifen auf solche historisch-kulturell und gesellschaftlich verankerten Vorstellungen von Jugend zurück. Dabei konnte die Jugendkulturforschung eine wesentliche Gemeinsamkeit im gesellschaftlichen Umgang mit den Jugendkulturen feststellen. Ihr Auftreten war immer begleitet von Klagen über einen allgemeinen Werteverfall, der an dem betonten nicht gesellschaftskonformen *lifestyle* dieser Jugendlichen sichtbar werde (Findeisen/Kersten 1999: 64f.).

Die Zurschaustellung dieses gesellschaftlichen nonkonformen *lifestyles* ist eine Komponente, die alle Jugendkulturen in ihrer Unterschiedlichkeit betrifft. Auch Jugendkulturen, die Mittelschichtswerte vertreten, wie die Studenten- und Friedensbewegung sowie die Techno- und Gothic-Szene provozieren durch ihren *lifestyle* die bürgerliche Gesellschaft. Hooligans, Skinheads sowie Autonome repräsentieren zudem rebellische Aspekte von Jugendkultur (ebd.: 66). Gemeinsam ist beiden Traditionen, der *rebellischen* und *stilprovokanten* Jugendkultur, dass sie ihre Andersartigkeit inszenieren und ihre Sichtbarkeit bewusst pflegen; über diese Sichtbarkeit erregt sich die Öffentlichkeit (ebd.). Gemeinsam ist den verschiedenen Jugendkulturen auch, dass *Jugend* ein Merkmal ihrer Identität bildet, „sie verstehen sich dezidiert als Jugendliche und setzen ihre Jugendlichkeit bewußt ein. Jung sein heißt anders sein, kritisch, nicht verknöchert" (ebd.: 65). In beiden Fällen provozieren Jugendkulturen die Gesellschaft dadurch, dass sie die Werte, die zu einem bestimmten historischen Zeitpunkt Gültigkeit haben, in Frage stellen.

Welche Erkenntnisse können aus dem Blick in die historische Jugendforschung für die Erklärung der besonderen Medienrelevanz von Jugend gezogen werden? Der Soziologe Trutz von Trotha spricht von einer Komplementarität von Jugend und Jugendkriminalität, die sich mit der Entstehung des Modells *Jugend* etabliert hat, „in der Jugend selbst als gefährlicher Status erscheint" (ebd. 1982: 262). Abweichung gilt demnach als konstitutiv für die Jugendphase, denn Jugend kennzeichnet sich gerade durch das Ausprobieren von und Auseinandersetzen mit den gesellschaftlichen Normen und Werten. Jugendliche gelten als Individuen, für die die herrschenden Normen und Werte einer Gesellschaft nicht selbstverständlich sind oder keine Gültigkeit haben und an denen soziale Kontrolle demonstriert werden muss. Damit liegt nahe, dass „die öffentliche Aufmerksamkeit weniger auf das ganz normale Alltagsleben Jugendlicher, ihre oft unauffälligen Formen der Lebensbewältigung, als auf spektakuläre Stile und Praktiken der Jugendkulturen gerichtet ist" (Dewe/ Scherr 1995: 134).

Lässt sich Jugend zudem in den Zusammenhang mit Gewalt stellen, wird das anerkannte Werte- und Normensystem massiv in Frage gestellt. Gerade Gewalt und vor allem physische Gewalt gilt als politisch und rechtlich aber auch moralisch hochgradig verwerflich, die es zu bekämpfen gilt. Dass es aber auch in gewalttätigen Jugendkulturen Regeln und Moralvorstellungen sowie Integration und Orientierung gibt, wird dabei ignoriert. Nach dem Sinn dieser Handlungen für die Jugendlichen wird in der Regel nicht gefragt.

Die Gesellschaft war schon immer durch die Jugend beunruhigt, sie war entweder zu unpolitisch oder zu links, zu hedonistisch oder zu gewalttätig.

Das Reden über die Jugend korrespondierte schon immer mit Bedrohungsszenarien; Jugend bildete insofern schon immer ein willkommenes Thema für
die Medien und Politik. Dabei stellt sich dennoch die Frage, wie es zu der gegenwärtig beobachteten zunehmenden Dramatisierung von Jugendlichen als
gewalttätige und kriminelle Jugendliche kommt.

Massenmedien werden häufig allein verantwortlich für diese Entwicklung
gemacht. Ihnen wird Einseitigkeit und Verzerrung vorgeworfen (vgl. Lamnek
1990: 168), durch Vereinfachung und Sensationalisierung würden sie falsche
Bilder von der Realität liefern. Massenmedien werden hier als eine Art Ver-
mittler (neutraler) Informationen angesehen, womit die Vorstellung verbunden ist, dass sie eine abbildende Funktion haben, die sie nur unzureichend erfüllen. Versteht man Massenmedien aber als Instanzen der Selektion und
Sinngebung, die nur einen Teil der Massenkommunikation darstellen, muss
man ihr Zusammenwirken mit anderen gesellschaftlichen Diskursen betrachten. Die Diskurstheorie liefert hierfür wichtige Hinweise.

Diskurse als Instanzen der Sinngebung und Bedeutungsherstellung

Was ist damit gemeint, wenn von Diskurs gesprochen wird? Diskurs meint
mehr als nur öffentliche Debatten, Diskussionen oder Auseinandersetzungen.
Nach dem französischen Philosophen Michel Foucault bedeutet Diskurs zunächst dreierlei:[1]

„... einmal allgemeines Gebiet aller Aussagen, dann individualisierbare Gruppen von Aussagen, schließlich regulierte Praxis, die von einer bestimmten Zahl von Aussagen berichtet
...“ (Foucault 1988: 116).

Aussagen sind keine Propositionen, denn der gleiche Satz mit derselben Bedeutung kann je nach Subjekt, dem der Satz zugeordnet ist, verschiedene
Aussagen mit verschiedenen Wahrheitsbedingungen bilden (Deleuze 1992:
17; Waldenfels 1988).

„Aus denselben Wörtern zusammengesetzt, genau mit demselben Sinn beladen, ... konstituiert ein Satz nicht die gleiche Aussage, wenn er von jemand im Laufe einer Konversation
artikuliert wird, oder wenn er in einem Roman gedruckt wird; wenn er eines Tages vor
Jahrhunderten geschrieben worden ist, und wenn er jetzt in einer mündlichen Formulierung
wiederauftaucht.“ (Foucault 1988: 146)

Wenn Foucault von Aussagen als diskursiven Ereignissen oder von diskursiven Praktiken spricht, die erst durch einen ihnen sinngebenden Kontext als
Aussagen existieren, meint er vor allem die Aussagen, die in einem Prozeß

---

1 Die folgenden Ausführungen sind einer ausführlichen Auseinandersetzung mit
   Foucaults Diskurstheorie entlehnt (vgl. Althoff/Leppelt 1995).

der Institutionalisierung und Objektivierung zu seriösen Aussagen transformiert werden. Es sind Aussagen, die über ihr Ausgesprochenwerden hinaus existieren, man kann sie auch als *ernsthafte* bzw. *seriöse* Aussagen bezeichnen (vgl. Dreyfus/Rabinow 1987: 20; 72): als Aussagen, die, vom Alltag losgelöst, einen institutionellen Anspruch erheben, die Wahrheit zu sprechen: „was Experten sagen, wenn sie als Experten sprechen" (ebd.).

Hierbei darf jedoch nicht vernachlässigt werden, dass diese so genannten seriösen Aussagen, die unabhängig von einer spezifischen Situation existieren, durch ihr Auftauchen als ernsthafte anerkannte Aussagen auf Situationen zurückwirken. Die seriösen Aussagen sind diejenigen, die unsere alltäglichen Diskurse beeinflussen und bestimmen. Es ist zwar möglich und erlaubt, „im Raum eines wilden Außen die Wahrheit" zu sagen, „aber im Wahren ist man nur, wenn man den Regeln einer diskursiven ,Polizei' gehorcht" (Foucault 1991: 25), und gehört wird eine Aussage nur, wenn sie über das Ausgesprochenwerden hinaus bestehen bleibt.

Kollektiv anerkannte Deutungen sind folglich in Diskursen verankert, da Diskurse das Medium der Produktion von Deutungen, von so genannten seriösen Aussagen sind; gleichzeitig werden Diskurse beherrscht von den politischen und sozialen Strukturen einer Gesellschaft (Sack 1984: 35). Diese Perspektive verdeutlicht, warum die Analyse von *Diskursen* Auskunft über eine bestimmte Praxis gibt und umgekehrt diese (diskursive) Praxis von bestimmten Aussagen berichtet, die sich als anerkannte durchgesetzt haben.

Wir können also festhalten, daß Diskurse über Sprache vermittelte Sinn- und Symbolsysteme darstellen, die gesellschaftlich anerkannte und institutionalisierte Bedeutungen z.B. über Normalität und Abweichung umfassen. Diese Deutungen dienen einerseits als kollektive Erklärung für Phänomene der sozialen Welt, andererseits werden sie von den Akteuren zur Herstellung von Sinn und Begründung ihrer Handlungen subjektiv aufgegriffen und reproduziert.

Kritische Kriminologie hat auf die Bedeutung des kulturellen Kontextes bei der Entstehung von Kriminalität und Gewalt hingewiesen. Kultur meint hier ein System von kollektiv ausgehandelten Bedeutungen, das sich konstituiert durch komplexe gesellschaftliche Prozesse, in die politische, rechtliche, ökonomische und alltagsweltliche Vorstellungen miteinfliessen. Eine Analyse der spezifischen historischen Situation innerhalb des kulturellen Kontextes zielt von daher auf die *institutionalisierten Bedeutungen*, die bestimmten Ereignissen in einer Gesellschaft zugewiesen werden. Anders ausgedrückt: wenn wir uns mit sozialen Phänomenen wie z.B. der *Jugendkriminalität* beschäftigen, müssen wir immer berücksichtigen, wie dieses Phänomen zu einer bestimmten Zeit in einer bestimmten Gesellschaft definiert wird, und welche kollektiven Deutungen mit diesem Phänomen verbunden sind.

Abweichendes Verhalten hat aus dieser Perspektive keinen ontologischen Status; es stellt keine spezifische Klasse des Handelns dar und bildet kein beobachtbares Verhalten einzelner Täter, deren Ursachen erforscht werden können. Kritische Kriminologie versteht Kriminalität nicht als Eigenschaft, die einem Verhalten inhärent ist, sondern als Produkt vielfältiger Zuschreibungsprozesse. Kriminalität ist durch und durch eine gesellschaftliche Erscheinung (Sack, in: Löschper/Trotha 1996: 1), die nicht über die Bezugnahme auf einen Täter mit Hilfe des *Böses-verursacht-Böses*-Musters (Sack 1984: 31) erklärt, sondern nur als gesellschaftlicher Konstitutionsprozeß rekonstruiert werden kann.

Der Kriminologe Stephan Quensel (1995: 90ff.) verweist darauf, dass *Gewalt-Situationen* mehr oder weniger ausdrücklich für das Publikum aufgeführt werden. Sie zielen auf Anerkennung und Aufmerksamkeit und dienen der Erlangung von Ressourcen zur Aufrechterhaltung der eigenen Position. *Gewalt-Situationen* sind Interaktionen zwischen mehreren Beteiligten, in denen die Akteure Strategien einsetzen, die oft automatisch und unbewußt aktiviert werden und weniger rational und kalkuliert sind. Es sind Strategien, die nicht im Moment der Auseinandersetzung erfunden werden, sondern kulturell vorgegeben sind und von allen Beteiligten verstanden werden. Auch die gesellschaftliche Reaktion auf Gewalt ist nur bedingt variabel, denn hier gelangen kulturell verankerte Deutungen zur Anwendung. Entscheidenden Anteil an der Herstellung dieser Deutungen haben diejenigen, die innerhalb der Gesellschaft als Experten etabliert sind: die Medien, Wissenschaft und Politik. Sie alle verfügen über Definitionsmacht und tragen zur Konstituierung des Phänomens bei.

„Ihre eigentliche Färbung als ‚Gewalt'-Spiel erhalten diese Phänomene dann, wenn sich Dritte in das Spiel einschalten, wenn Medien und Wissenschaft darüber berichten und ihre Interpretationen durchsetzen wollen, wenn Experten und Politiker ihr je eigenes Spiel mit dieser ... Gewalt zu spielen beginnen" (ebd.: 99).

Nach diesem Verständnis ist die soziale Wirklichkeit etwas Konstruiertes, etwas Hergestelltes. Entscheidend ist dabei der Prozeß der Auseinandersetzung, der diese Wirklichkeit konstruiert, der sie als eindeutig und nicht als beliebig erscheinen läßt. Die Eindeutigkeit bestehender Konstruktionen ist zentral, denn erst sie ermöglicht, dass diese Konstruktionen von der Mehrheit der Mitglieder einer Gesellschaft angenommen werden.

Fassen wir zusammen: Diskurse sind Instanzen der Selektion, Sinngebung und Bedeutungsherstellung, welche wiederum maßgeblich vom Kontext ihrer Entstehung, der kulturellen Ordnung einer Gesellschaft abhängig sind. So stehen kollektiv vorhandene Rahmungen von Kriminalität, wie sie z.B. in den Medien zu finden sind, immer im Kontext der politischen und kulturellen Verhältnisse der Gesellschaft und geben Auskunft über deren normative Konturen. Werden diese historisch geprägten und politisch-kulturell verankerten Deutungsmuster nicht mitberücksichtigt, sind soziale Phänomene nur ausschnitthaft erklärbar.

Die Produktionsbedingungen der Massenmedien

Wie Massenmedien über Kriminalität berichten, haben zahlreiche Studien untersucht. Sie zeigen, dass Kriminalität in den Medien vornehmlich Gewaltkriminalität ist, ihr Ausmaß erscheint als bedrohlich; die Begehung von Straftaten und deren Aufklärung stehen im Mittelpunkt; Kriminalität wird ausschließlich aus der Perspektive der Polizei behandelt, deren Funktion bekanntlich Repression und nicht Prävention ist. Andere Formen der formellen Sozialkontrolle werden nur peripher, Formen der informellen Sozialkontrolle gar nicht thematisiert. Die Persönlichkeit des Straftäters steht im Zentrum der Darstellung. Kriminalität erscheint nicht als soziales, sondern als individuelles Problem (Jubelius/Stein-Hilbers 1977: 182). Das Opfer findet in der Kriminalitätsberichterstattung der Medien wenig Berücksichtigung; das gleiche gilt für die Beziehung zwischen Täter und Opfer.[2] Jugend wird häufig als Ordnungs- und Kriminalitätsproblem gerahmt und in den Kontext von Gewalt gestellt.

Insgesamt zeichnen die Medien ein sehr einheitliches Bild der Kriminalität und der Viktimisierung und zwar unabhängig von Raum, Zeit und Ort sowie den verschiedenen Medienformen. Auch in Tageszeitungen unterschiedlicher Couleur lassen sich kaum wesentliche Unterschiede feststellen. So haben Untersuchungen der Kriminalitätsdarstellung in Tageszeitungen ergeben, daß die Berichterstattung in der Form, nicht aber im Inhalt differiert (vgl. bspw. Althoff 1998; Schwacke 1983). Die formalen Unterschiede liegen darin, dass z.B. die Bild Zeitung in ihren Berichten mit dramatisierenden Effekten arbeitet, während die FAZ einen etwas zurückhaltenderen und nüchterneren Stil pflegt.

Um zu verstehen, wie es zu dieser spezifischen Berichterstattung über Kriminalität kommt, müssen wir uns die Produktionsbedingungen der Massenmedien anschauen:

Ereignisse werden erst dann zu Nachrichten und in dieser Form den Rezipienten angeboten, wenn sie aus der Totalität und Komplexität des sozialen Geschehens ausgewählt werden.[3] Selektivität ist von daher eine wichtige Komponente der Entstehung von Kommunikationsangeboten wie z.B. Nachrichten.[4] Die Selektion im Nachrichtenproduktionsprozeß erfolgt auf der Ba-

---

2 Es müsste überprüft werden, ob dieser Befund der Medienforschung für die gegenwärtigen Mediendebatten noch zutrifft. So wird z.B. in den Niederlanden seit einigen Jahren eine Debatte über so genannte *sinnlose Gewalt* geführt. Charakteristisch für diese Debatte ist die Fokussierung der Opferperspektive.

3 Brosius/Esser (1995: 32) führen in diesem Zusammenhang das Beispiel der Hamburger Redaktion der Tagesschau an, die Informationen von zwei nationalen und vier internationalen Nachrichtenagenturen erhält: Die Fernschreiber produzieren täglich 1000 Seiten potenzielle Nachrichten, die geprüft, geschrieben, zum Aufmacher erhoben oder verworfen werden.

4 Ganz allgemein lässt sich Selektivität als zentrales Moment jeglicher Kommunikation kennzeichnen, die folglich auch bei der Rezeption von Medienangeboten wirksam wird (vgl. ausführlicher Althoff 1999).

sis von Kriterien, die über den so genannten „Nachrichtenwert" entscheiden. Selbstverständlich existiert dieser Wert einer Nachricht nicht unabhängig vom gesellschaftlichen Kontext, ist also bestimmten Ereignissen nicht inhärent. Ebenso geschieht die Art der Präsentation von Ereignissen nicht unabhängig davon. Kollektive Vorstellungen einer jeweiligen Gesellschaft, die mit den entsprechenden Ereignissen verbunden sind, haben einen bedeutenden Einfluß darauf.

Je höher der Nachrichtenwert eines Ereignisses, desto größer ist die Wahrscheinlichkeit, dass darüber berichtet wird. Der von Galtung/Ruge (1965) entwickelte *Nachrichtenfaktoren-Ansatz* nennt spezifische Kriterien, so genannte Nachrichtenfaktoren, die den Nachrichtenwert eines Ereignisses bestimmen (vgl. Lehne 1994: 164ff.):[5]

Demnach müssen Ereignisse außergewöhnlich, dramatisch oder unerwartet und durch ein hohes emotionales Potenzial gekennzeichnet sein. Sie müssen einen negativen Charakter in dem Sinne haben, dass es sich um ein Ereignis mit eindeutig negativen Konsequenzen handelt, wie z.B. Umweltkatastrophen oder Kriminalität. Des weiteren müssen diese Ereignisse auf individuellem Handeln beruhen bzw. personifizierbar sein und wenn möglich unter Beteiligung der Eliten, also Personen des öffentlichen Lebens zu Stande kommen. Und schließlich sollten sie hinsichtlich ihrer Benennung und Interpretation eindeutig sein. Komplexe und schwierig zu durchschauende Phänomene können von den Medien nicht vermittelt werden.

„Je ausgeprägter diese Merkmale und je mehr der Faktoren auf ein Ereignis zutreffen, desto größer ist dessen Chance, als Nachricht beachtet zu werden. Und: Ist ein Ereignis auf Grund dieser Kriterien für nachrichtenwürdig befunden, werden die Merkmale, die seinen Nachrichtenwert bestimmen, von den Medien akzentuiert, überbetont. Diese Mechanismen verhindern eine gleichmäßige ‚repräsentative' Auswahl von Ereignissen ... ," (Schulz 1989: 139).

Haben Ereignisse einen schon etablierten Nachrichtenwert, haben sie einen erhöhten Nachrichtenwert im Vergleich zu anderen Ereignissen. In diesem Sinne lässt sich behaupten: „a bad news is a good news". Der Nachrichtenfaktoren-Ansatz verdeutlicht, dass und warum ein großer Teil dessen, was wir Nachrichten nennen, Berichte über abweichendes Verhalten und seine Folgen sind (Erikson 1978: 22). Nachrichten im engeren Sinne sind immer Berichte über problematische Situationen. Daher ist Kriminalität schon per definitionem immer eine potenzielle Nachricht wert. Dass ein großer Teil dessen, was wir Nachrichten nennen, Berichte über abweichendes Verhalten und seine Folgen sind, liegt ebenso daran, dass Kriminalität gegenüber konkurrie-

---

5   Luhmann (1996: 58) spricht von typischen „Selektoren". Vgl. des weiteren Ruhrmann 1994: 238ff; Schulz 1976: 16ff. Der Einfluss der Nachrichtenfaktoren für die Bestimmung des Nachrichtenwertes eines Ereignisses gewinnt auf Grund der steigenden ökonomischen Konkurrenz zwischen den Medien, um Marktanteile und Werbekunden, zunehmend an Bedeutung.

renden und alternativen Definitionen weniger offen ist als andere soziale Phänomene; meist ist kaum eine andere Deutung möglich (Hall et al. 1978: 69).[6]
Gleichzeitig sind Berichte über Kriminalität immer nachrichtentauglich, da
sie etwas Ungewöhnliches, Nicht-Alltägliches und Spektakuläres erzählen.

Die Herstellung einer Nachricht gemäß den Kriterien des Nachrichtenwertes demonstriert den Konstruktionscharakter der medialen Kommunikation; Nachrichtenfaktoren lassen sich geradezu als *Konstruktionsregeln* im
Nachrichtenproduktionsprozeß begreifen (Lehne 1994: 167).[7] Bevor diese zur
Anwendung gelangen, hat jedoch bereits eine Vorauswahl von Ereignissen
stattgefunden, da der Prozeß der Nachrichtenproduktion so genannter Nach-
richtenlieferanten bedarf. Dabei lassen sich primäre und sekundäre Nach-
richtenlieferanten bzw. -definierer unterscheiden. Primäre Nachrichtenliefe-
ranten sind gesellschaftliche Institutionen, die eine Definitions- und Gestal-
tungsmacht über spezifische Ausschnitte gesellschaftlicher Wirklichkeit besitzen und gesellschaftlich als glaubwürdig eingestuft werden (z.B. Presse-
stelle der Polizei). Als sekundäre Definierer werden folgerichtig die Medien
bezeichnet (vgl. Hall et al. 1978: 57). Dabei muss auch die Vorstellung aufgegeben werden, die Medien berichteten grundsätzlich über ein Ereignis, weil
es passiert sei. Ebenso werden Ereignisse inszeniert, damit die Medien darüber berichten können und müssen. Solche Inszenierungen finden z.B. sichtbar auf Pressekonferenzen von Parteien, aber auch von Polizei und Staatsanwaltschaft statt, deren Funktion nicht zuletzt in der Initiierung einer Medienberichterstattung liegt.

Die Konzentration der Medien auf Normverstösse und Rechtsbrüche ermöglicht die Erzeugung von Betroffenheit und Entrüstung, da diese immer an
moralische Bewertungen bzw. Vorstellungen der Gesellschaft anschließen.
Nachrichten stehen, wie wir gesehen haben, in engem Zusammenhang mit
medieninternen Konstruktionsbedingungen. Aber sie stellen gleichzeitig Pro-
dukte der jeweiligen Gesellschaft dar bzw. unterliegen ihrem Deutungsrah-
men. Journalisten sind nicht Strategen, die bewußt Wirklichkeit verfälschen,

---

6   So wird die Selektion der alltäglich präsentierten Nachrichten über Kriminalität nahe-
     zu ausschließlich durch die Polizeipressestelle (vgl. Hofer 1990; Reuband 1978) und
     durch staatliche Kontrollorgane vorgenommen. Drei Typen der Kriminalitätsbe-
     richterstattung lassen sich unterscheiden (Hall et al. 1978: 69): auf polizeilichen
     statements beruhende Berichte, die den Einsatz und die Beteiligung der Polizei sowie
     deren Rekonstruktion eines Falles zitieren; die Bekanntgabe der Kriminalitätsent-
     wicklung durch die offiziell zuständigen Instanzen (in der Bundesrepublik vornehm-
     lich durch das Bundeskriminalamt) und deren Interpretation der aktuellen Daten hin-
     sichtlich ihrer Bedeutung für Staat, Gesellschaft und Polizei; die Gerichtsberichter-
     stattung.

7   Auf die zentrale Kritik am „Nachrichtenfaktoren-Ansatz" weist Ruhrmann (1994:
     240f.) hin; sie betrifft vor allem die Übertragbarkeit der Nachrichtenfaktoren auf
     nicht-westliche Kulturen und Gesellschaften. Eine Einschränkung, die m.E. jedoch
     selbstverständlich ist, da Nachrichtenproduktion kontextuell bestimmt ist und daher in
     jeder Gesellschaft spezifischen Bedingungen unterliegen muss.

um entsprechende Sichtweisen zu verankern. Sie sind eben *nicht* primäre De-
finierer von Nachrichten, wenngleich sie Einfluss darauf haben, was in der
Gesellschaft als relevant gilt und insofern über Definitionsmacht verfügen
(Hall et al. 1978: 69).

Die Nachrichtenproduktionsbedingungen liefern Hinweise dafür, warum
abweichendes Verhalten und Gewalt zentrale Themen der Massenmedien darstellen. Um aber zu verstehen, warum wir heute mit einer zunehmend dramatisierenden Berichterstattung über Kriminalität konfrontiert werden, ist es
notwendig, gegenwärtige Entwicklungen in der Medienwelt zu betrachten. Ich
werde dabei kurz auf neue und veränderte Formen der Medienpräsentation
eingehen, die sich nicht auf Kriminalitätsdarstellungen, sondern auf alltägliche Unterhaltungssendungen beziehen, und die vor allem in den visuellen
Medien, also dem Fernsehen zu finden sind.[8]

„Seit Beginn der neunziger Jahre zeigt die Fernsehunterhaltung in Deutschland ein verän-
dertes Gesicht. Die Zuschauer werden auf neue Weise zu Akteuren. Vor allem bei den privaten Anbietern treten sie nicht länger nur als Spielpartner mit Chancen auf materielle Ge-
winne auf, sondern als Akteure ihres eigenen Lebens – in der Hoffnung auf ideellen und
sozialen Gewinn. Vor der Kamera wird geheiratet, Geheimnisse werden offenbart, es wird
um Verzeihung gebeten und Verzeihung gewährt. Das Fernsehen wird zum Anwalt einer
inszenierten und gleichwohl realen Verbesserung und Überhöhung des wirklichen Lebens."
(Keppler 1994: 7)

Worum geht es in diesen Sendungen bei der Präsentation der Alltäglichkeit?
Angela Keppler (ebd.: 8) weist dem Fernsehen zwei Funktionen zu: einmal
die artifizielle Fortführung der Normalität, des weiteren erhält das Alltägliche
einen außeralltäglichen Rahmen.

Nun handelt es sich hier um ein spezifisches Genre, also um Unterhaltungssendungen, auch performatives Realitätsfernsehen genannt,[9] mit dem in
die Alltagswirklichkeit der Menschen eingegriffen wird. Die Frage ist, warum
diese Art von Sendungen eine so große Beliebtheit erfahren und welche Bedürfnisse damit erfüllt werden.

Das Alltägliche erhält hier einen besonderen, außeralltäglichen Rahmen,
indem es im Fernsehen präsentiert wird, indem die Heirat, Partnerwahl oder
der Familienkonflikt vom Fernsehen zur Schau gestellt wird. Und genau dadurch wird ein zentrales Inszenierungselement der Medien verwendet, die
Dramatisierung, allerdings hier des Alltags. Alltag wird hier in seiner Vielfäl-

---

8   Die visuellen Medien müssen von den Printmedien unterschieden werden, da Bilder
mehr auf der sinnlichen und weniger auf der kognitiven Ebene wirken und Sprache im
Fernsehen zum Appendix der Bilder wird.

9   *Performatives* Realitätsfernsehen sind Sendeformen wie Kennenlern- und Heirats-
shows, die als solche bereits das alltägliche Leben der Akteure verändern (wie z.B.
Traumhochzeit oder *Verstehen Sie Spass?*). Dem Gegenüber wird im *narrativen* Realitätsfernsehen der Zuschauer mit so genannten authentischen oder nachgestellten
Katastrophen unterhalten (vgl. Keppler 1994: 8f).

tigkeit und Schrägheit, in seiner Banalität und Peinlichkeit, aber auch in seiner Andersartigkeit und gleichzeitigen Normalität dargestellt (ebd.):

„Ausgestellt werden Menschen wie du und ich, die ein etwas anderes Schicksal haben, als der Beobachter selbst – aber eigentlich so anderes auch wieder nicht. Indem das Andersartige durch die Form der Sendung beharrlich an das Normale herangeführt wird, bildet sich so etwas wie ein übergreifendes Gefühl für die Devianzen der Normalität heraus. Das Normale ist nicht so normal und eben darin normal." (Ebd.: 46).

Wir sehen, genau hierin schliessen auch diese modernen Formen der Fernsehunterhaltung wieder an die klassischen Kriterien der Medienproduktion an: Der Dramatisierung und Inszenierung des Andersartigen und Ungewöhnlichen, wenngleich hier in seiner alltäglichen Form. Und genau dies bestimmt den Reiz dieser Sendungen. Die Beteiligten des Realitätsfernsehens (z.B. in den Talkshows) zeigen, dass ihre Andersartigkeit und Devianz eigentlich das Normale ist (ebd.: 44), die sich nur sonst keiner zu offenbaren traut. Sie brechen Tabus, indem sie über ihre Anormalität sprechen, ihre Devianzen offenbaren und sich gleichzeitig als normale Bürger und Bürgerinnen, als Menschen von nebenan präsentieren. Damit werden den Zuschauern Momente der emotionalen Identifizierungen bei gleichzeitigen Distanzierungsmöglichkeiten angeboten:

„Den Zuschauern sollen nicht Gefühle vermittelt, zugänglich, verständlich werden, die er nicht kennt oder sich daheim nicht leisten kann, hier werden Gefühle herbeigeführt, ausgestellt und wachgerufen, mit denen er bestens vertraut ist, weil sie Teil des ganz normalen Alltags sind." (Ebd.: 40)

Meine These ist nun, dass diese neue Form der Fernsehunterhaltung, die Art der Präsentation von Kriminalität im Fernsehen beeinflusst. Die der Kriminalität zugewiesene Andersartigkeit muss in ihrer Nicht-Alltäglichkeit und Abnormalität überzeichnet werden, um Kriminalität von diesen Formen alltäglicher Devianz deutlich abgrenzbar zu machen. Es genügt nicht, Devianz als dramatisch und ungewöhnlich darzustellen, sie muß gerade in ihren exotischen und unglaublichen Dimensionen, eben außerhalb des Normalen, präsentiert werden. Im Gegensatz zur alltäglichen, normalen Devianz muss Kriminalität emotionale Distanzierung erzeugen. Hier geht es darum, gerade nicht die Grenzen zu vergessen, sondern die Differenz zu dem Eigenen zu erleben. Kriminalität darf nach dieser Logik nicht in ihrer Alltäglichkeit, nicht als alltägliches Ärgernis oder Lebenskatastrophe, als Beziehungs- oder Kulturkonflikt, sondern muß in ihrer Einmaligkeit und jenseits des Vorstellbaren dargestellt werden. Insofern hat Kriminalitätsberichterstattung auch einen Unterhaltungswert (den z.B. Berichte über Arbeitslosigkeit und Armut nicht erfüllen); gleichzeitig wirkt sie normverdeutlichend, da sie dem Publikum erlaubt, die eigene Normalität zu bestätigen.

Das Wechselspiel zwischen Politik und Medien

Aus den oben beschriebenen Erkenntnissen lässt sich die Schlussfolgerung ziehen, dass massenmediale Berichterstattung die Inszenierung eines Kommunikationsprozesses darstellt, der konstitutiv für das kulturelle Gefüge einer Gesellschaft ist. Die massenmedialen Produktionsbedingungen verdeutlichen, warum Kriminalität und Gewalt beliebte Themen und Rahmungen der Medienberichterstattung darstellen. Medienberichterstattung als Bestandteil des gesellschaftlichen Diskures zu verstehen, heißt aber nicht nur, dass diese aktiv an der Produktion gesellschaftlich anerkannter Bedeutungen beteiligt ist. Entscheidend ist vielmehr das Wechselspiel mit anderen gesellschaftlichen Diskursen. Erst dadurch wird es möglich, bestimmte Sichtweisen und Deutungen durchzusetzen.

Das heißt, Medienberichterstattung ist nicht beliebig, sondern steht im kulturellen und politischen Kontext der jeweiligen Gesellschaft. Dies erklärt, warum öffentliche Rahmungen sozialer Phänomene zwar variabel, aber immer abhängig sind von gesellschaftlich vorhandenen Deutungsmustern.

Medien als Wirklichkeitskonstrukteure zu bezeichnen, heisst eben nicht, dass Massenmedien die Wirklichkeit erfinden. Medienberichterstattung findet nicht in einem isolierten Raum statt, sondern steht in Beziehung zu allen anderen gesellschaftlichen Bereichen. D.h., Massenmedien schließen an vorherrschende gesellschaftspolitische Debatten an, umgekehrt bedienen diese sich der Berichterstattung in den Medien. Es kann von einer *Wechselwirkung* zwischen den verschiedenen gesellschaftlichen Systemen ausgegangen werden, wobei das politische System eine dominierende Rolle inne hat. Dieser Zusammenhang zwischen Medienberichterstattung und politischem System lässt sich als *politisch-publizistischer Verstärkerkreislauf* (Scheerer 1978: 225) kennzeichnen, da die Wirksamkeit politischer Debatten sich verstärkt, wenn zur Legitimierung eine Berufung auf die Berichterstattung der Presse erfolgt und umgekehrt.

Damit können die Unterschiede zwischen medialer Darstellung und Wirklichkeit nicht mehr kritisiert werden; ein Vergleich dieser beiden Dimensionen ist im strengen Sinne überhaupt nicht möglich, denn „eine echte Vergleichsmöglichkeit ist nur gegeben, wenn man die Nachrichtenberichterstattung mit einer Medien-unabhängigen Beobachtung der Realität konfrontiert." (Schulz 1976: 22) Noch pointierter formuliert, ist ein Vergleich nur möglich, wenn man den Mediendiskurs mit anderen Diskursen (z.B. der Politik) vergleicht. Stimmen die Wirklichkeitskonstruktionen überein, kann von einer Wechsel*wirkung* ausgegangen werden (ebd.: 28).[10]

---

10 Es ergeben sich Schnittstellen, vergleicht man z.B. die Medienberichterstattung über ein spezifisches Thema mit anderen gesellschaftspolitischen Debatten. Übereinstimmungen bzw. Akzentuierungen der jeweiligen Debatten machen gesellschaftlich vorherrschende Deutungsmuster sichtbar. Eine solche Analyse am Beispiel der öffentlichen Thematisierung von Fremdenfeindlichkeit findet sich bspw. in: Althoff 1998.

Die Schnittstellen zwischen den verschiedenen Diskursen entsprechen den kollektiven und historisch verankerten Vorstellungen über Jugend und Kriminalität. Wird auf diese Vorstellung wechselseitig zurückgegriffen, so sind nicht nur steigende Jugendkriminalität und eine Dramatisierung jugendlichen Verhaltens als gewalttätig populäre Themen der öffentlichen Debatten. Es lassen sich dann auch Forderungen nach repressiver Kriminalpolitik, wie z.B. eine Herabsetzung der Strafmündigkeit finden. Diese Forderungen erhalten wiederum eine höhere Plausibilität durch eine entsprechend dramatisierende Berichterstattung. Und dann kann es passieren, dass die Wirklichkeit der Medien als soziale Praxis angenommen und akzeptiert wird. Erst dann, wenn Medienangebote von der Gesellschaft aufgegriffen werden, in der Art, dass ihre Glaubwürdigkeit nicht mehr in Frage gestellt oder diese nicht kritisch diskutiert wird und ihre Deutungsangebote angenommen werden, kann von einer diskursiven Praxis gesprochen werden.

Fazit: Die gegenwärtige massenmediale Dramatisierung von Jugendkulturen als kriminell und gewalttätig lässt sich nur unter Berücksichtigung einer diskurstheoretischen Perspektive angemessen erklären. Danach stellen Massenmedien nur einen Teilbereich der Massenkommunikation und des öffentlichen Diskurses über Jugend und Gewalt dar. Der gesellschaftliche Diskurs über Jugend stellt – wie die Jugendkulturforschung zeigen konnte – historisch anerkannte Deutungen zur Verfügung, die Jugend im Kontext von Kriminalität und Gewalt problematisiert. Massenmedien schließen aber damit nicht nur direkt an die öffentlichen Debatten über Jugend, die Popularität eines Themas an. Entscheidend ist, dass sie diese kulturell anerkannten Deutungen bzw. institutionalisierte Aussagen – was als Merkmal von Diskursen bestimmt wurde – über Jugend aufgreifen, die nur neu variiert und arrangiert werden müssen. Um diese Deutungen jedoch eindeutig von anderen Formen wie der alltäglichen Abweichung, wie wir sie heute täglich in den Medien präsentiert bekommen, abzugrenzen, wird es notwendig, diese zu überzeichnen. Insofern stellt Jugend im Kontext von Kriminalität und Gewalt ein Karrierethema dar, dass nur einer Steigerung bedarf, um für die Welt draußen wieder interessant zu sein.

Literatur

Althoff, Martina: Die Wirklichkeit der Medien und die Berichterstattung über Kriminalität, in: Leviathan 27, 1999, S. 479-499

Althoff, Martina: Die soziale Konstruktion von Fremdenfeindlichkeit. Opladen, Wiesbaden: Westdeutscher Verlag, 1998

Althoff, Martina; Leppelt, Monika: „Kriminalität" – diskursive Praxis. Foucaults Anstösse für eine Kritische Kriminologie. Mit einem Vorwort von Fritz Sack. Münster, Hamburg: LIT, 1995

Brosius, Hans-Bernd/Esser, Frank : Fernsehen als Brandstifter? Unerwünschte Nebenwirkungen der Berichterstattung über fremdenfeindliche Gewalt, in: Friedrichsen, Mike/Vowe, Gerhard (Hrsg.): Gewaltdarstellung in den Medien. Theorien, Fakten und Analysen. Opladen: Westdeutscher Verlag, S. 235-257, 1995

Deleuze, Gilles: Foucault (zuerst 1986). Frankfurt/M.: Suhrkamp, 1992

Dewe, Bernd/Scherr, Albert: Jugendkulturen, Lebenskonstruktionen und soziale Deutungsmuster, in: Ferchhoff, Wilfried/Sander, Uwe/Vollbrecht, Ralf (Hrsg.): Jugendkulturen – Faszination und Ambivalenz. Einblicke in jugendliche Lebenswelten. Festschrift für Dieter Baacke zum 60. Geburtstag. Weinheim, München: Juventa, S. 133-171, 1995

Dreyfus, Hubert L./Rabinow, Paul: Michel Foucault: Jenseits von Strukturalismus und Hermeneutik (zuerst 1982). Frankfurt/M.: athenäum, 1987

Erikson, Kai T.: Die wiederspenstigen Puritaner. Zur Soziologie abweichenden Verhaltens (zuerst 1966). Stuttgart: Klett-Cotta, 1978

Findeisen, Hans-Volkmar/Kersten, Joachim: Der Kick und die Ehre. Von Sinn jugendlicher Gewalt. München: Antje Kunstmann, 1999

Foucault, Michel: Archäologie des Wissens (zuerst 1969). Frankfurt/M.: Suhrkamp, 1988

Foucault, Michel: Die Ordnung des Diskurses. Mit einem Essay von Ralf Konersmann (zuerst 1972). Frankfurt/M.: Fischer, 1991

Galtung, Johan/Ruge, Mari Holmbue: The Structure of Foreign News. The Presentation of the Congo, Cuba and Cyprus, in: Journal of Peace Research 2, 1965, S. 64-91

Hafeneger, Benno: Jugend – Gewalt. Zwischen Erziehung, Kontrolle und Depression. Ein historischer Abriß. Opladen: Westdeutscher Verlag, 1994

Hall, Stuart/Critcher, Chas/Jefferson, Tony/Clarke, John/Roberts, Brian: Policing the Crisis. Mugging, the State, and Law and Order. London: Macmillan Education, 1978

Hofer, Hanns von (1990): Rechts überholen erlaubt! Anmerkungen zum Kriminaljournalismus in Schweden, in: Kriminalsoziologische Bibliographie 17, 1990, Heft 69, S. 37-46

Keppler, Angela: Wirklicher als die Wirklichkeit? Das neue Realitätsprinzip der Fernsehunterhaltung. Frankfurt/M.: Fischer, 1994

Lamnek, Siegfried: Kriminalitätserichterstattung in den Massenmedien als Problem, in: Monatsschrift für Kriminologie und Strafrechtsreform 73,1990, Heft 3, S. 163-176

Lehne, Werner: Der Konflikt um die Hafenstrasse. Kriminalitätsdiskurse im Kontext symbolischer Politik. Pfaffenweiler: Centaurus, 1994

Luhmann, Niklas: Die Realität der Massenmedien (zuerst 1995). Opladen: Westdeutscher Verlag, 1996

Löschper, Gabi/Trotha, Trutz von: Statt einer Einleitung: Ein Interview mit Fritz Sack, in: Trotha, Trutz von (Hrsg.): Politischer Wandel, Gesellschaft und Kriminalitätsdiskurse. Beiträge zur interdisziplinären wissenschaftlichen Kriminologie. Festschrift für Fitz Sack zum 65. Geburtstag, Baden-Baden: Nomos, 1996, S. 1-29

Quensel, Stephan: Gewaltspiele oder: Wie weit reicht unser Konstruktivismus? In: Schmitd-Semisch, Henning/Lindenberg, Michael (Hrsg.): Gewaltwelten. München: Packeispresse, 1995, S. 84-112

Reuband, Karl-Heinz: Die Polizeipressestelle als Vermittlungsinstanz zwischen Kriminalitätsgeschehen und Kriminalitätsberichterstattung, in: Kriminologisches Journal 10, 1978, Heft 3, S. 174-186

Ruhrmann, Georg: Ereignis, Nachricht und Rezipient, in: Merten, Klaus/Schmid, Siegfried J./Weischenberg, Siegfried (Hrsg.): Die Wirklichkeit der Medien. Eine Einführung in die Kommunikationswissenschaft, Opladen: Westdeutscher Verlag, 1994, S. 237-256

Sack, Fritz: Gegenstand und Methoden der Analyse, in: Sack, Fritz/Steinert, Heinz (Hrsg.): Protest und Reaktion. Analysen zum Terrorismus 4/2, Opladen: Westdeutscher Verlag, 1984, S. 24-103.

Scheerer, Sebastian: Der politisch-publizistische Verstärkerkreislauf. Zur Beeinflussung der Massenmedien im Prozess staatlicher Normgenese, in: Kriminologisches Journal 10, 1978, Heft 3, S. 223-227

Schubarth, Wilfried (1998): Jugendprobleme in den Medien. Zur öffentlichen Thematisierung von Jugend am Beispiel des Diskurses zur „Jugendgewalt", in: Aus Politik und Zeitgeschichte B 31/98, S. 29-36.

Schulz, Winfried: Die Konstruktion von Realität in den Nachrichtenmedien: Analyse der aktuellen Berichterstattung. Freiburg i.B., München: Alber, 1976

Schwacke, Bettina: Kriminalitätsdarstellung in der Presse. Frankfurt/M., Bern, New York: Peter Lang, 1983

Simon, Titus: Raufhändel und Randale. Sozialgeschichte aggressiver Jugendkulturen und pädagogischer Bemühungen vom 19. Jahrhundert bis zur Gegenwart. Weinheim und München: Juventa, 1996

Trotha, Trutz von: Zur Entstehung von Jugend, in: Kölner Zeitschrift für Soziologie und Sozialpsychologie 34, 1982, S. 254-277

Waldenfels, Bernhard: Michel Foucault: Ordnung in Diskursen, in: Spuren, Sonderheft Michel Foucault. Materialien zum Hamburger Kolloquium, 2.-4. Dezember 1988, 1988, S. 45-49.

Cornelia Mansfeld

Komplexität und Polarisierung – Funktionen symbolischer Diskurse am Beispiel Jugendkriminalität

Ein wichtiges Moment, um sich einem Verständnis von Jugendkriminalität anzunähern, ist, die darin enthaltene Komplexität anzuerkennen. In der Thematik treffen das Handeln des als kriminell bezeichneten jugendlichen Subjekts, seine Lebenslage, mögliche und notwendige pädagogische Interventionen, strafrechtliche Aktionen und ein politischer Diskurs, der sich um diese vielfältigen Aspekte nicht zu kümmern scheint, zusammen.

Als ich begann, an diesem Thema zu arbeiten, benutzte ich die Synonym-Funktion meines Schreibprogramms[1], um zu sehen, ob sie ein passendes anderes Wort für Komplexität enthalten würde. Meine Definition – eine Vielfalt von Elementen, die aufeinander bezogen sind und sich wechselseitig beeinflussen – empfand ich als etwas umständlich und ich wollte das Wort Komplexität nicht immer wiederholen. Das Programm empfahl u.a. folgende Wortentsprechungen für Komplexität: Problem, Haupt-, Streit-, Zentralfrage, Misere, Konflikt, Crux, Dilemma, Haken, Klippe, Not. Die völlig andere Bedeutung und Definition, die *Komplexität* durch die Synonyme erhält, die dieses Programm vorschlägt, verwunderten und irritierten mich.

Was bedeutet es, wenn ein akademisch ausgebildeter Programmschreiber Komplexität mit Problem, Misere, Konflikt, Crux, Dilemma und Not gleichsetzt?

Was bedeutet es, wenn eine Firma, die den Software-Markt monopolisiert, diese Gleichsetzung in ihrem Programm vermittelt, propagiert und damit kulturell wirksam auf Denkstile Einfluß nimmt? Einem Nachschlagewerk[2] habe ich dann entnommen, daß die spezielle Bedeutung von Komplexität in der Informatik tatsächlich dem nahe kommt, was im Synonym-Programm mit Problem, Konflikt, Dilemma bezeichnet wird. Wenn jedoch die Bedeutung des Wortes Komplexität in der Informatik die einzige ist, die als Synonym in diesem Programm angeboten wird, so heißt dies, daß der Denkstil einer gegenwärtig einflußreichen Wissenschaft verallgemeinert und auf andere Bereiche übertragen wird.

---

1   Microsoft, Word 1997.
2   Brockhaus-Enzyklopädie, Bd. 12, 19. Aufl., 1990.

Berger, Berger und Kellner haben sich aus wissenssoziologischer Sicht mit solchen Übertragungsprozessen auseinandergesetzt. Sie interessierten sich für den Denkstil, der durch die technologische Produktion hervorgebracht wird (vgl. Berger/Berger/Kellner 1987). Wissenssoziologisch betrachtet bedeutet ein solcher Prozess, daß bestimmte Logiken, die mit der technologischen Produktion entwickelt und angewendet werden und mit ihr intrinsisch verbunden sind, auf andere Lebensbereiche übertragen werden. Auf diese Weise wird ein der technologischen Produktion adäquater Denkstil lebensweltlich benutzt in der Art, wie „der einzelne die Politik betrachtet, die Erziehung seiner Kinder betreibt oder mit etwaigen psychologischen Schwierigkeiten fertig wird" (Berger/Berger/Kellner 1987: 33). Dies bedeutet umgekehrt, daß die Wahrnehmung von Lebensbereichen, die der technologischen Produktion fremd sind, nicht ihrer Eigenart entsprechend stattfindet, sondern durch die Übertragung der Logik der technologischen Produktion alles, was damit nicht erfaßt werden kann, auch unerkannt bleibt. Berger, Berger und Kellner gehen nicht nur von spezifischen Formen der Wahrnehmung aus, die durch einen solchen Prozeß ausgelöst werden, sondern sie sehen auch, dass ein solcher Denkstil spezifische Strategien impliziert: „Ein strategisches Element des in Frage stehenden Denkstils ist die Komponentialität. Die Komponenten der Wirklichkeit sind in sich abgeschlossene Einheiten, die mit anderen solchen Einheiten verbunden werden können – die Wirklichkeit wird *nicht* als ein ständiger Fluß von Verknüpfungen und Auflösungen einzigartiger Entitäten gedacht" (ebd.: 30). Obwohl der durch die Informatik bisher evozierte Denkstil meines Wissens noch nicht in einem wissenssoziologischen Rahmen untersucht wurde, kann man annehmen, daß Komponentialität ein Element davon ist, weil er eine Weiterentwicklung des technologischen Denkstils ist. Ein sozialwissenschaftliches Verstehen und Analysieren von Komplexität dagegen – im Sinne einer Vielfalt von auf einander bezogenen und sich wechselseitig beeinflussenden Elementen – enthält als Denkstil und Methode jedoch das Verknüpfen, Erwägen und Prüfen von Zusammenhängen. Dies ist ein Mittel differenzierender Betrachtung.

Die Folge einer Übertragung des Bedeutungsgehaltes von Komplexität aus der Informatik auf ein allgemeines Verständnis dieses Begriffes ist keine Versachlichung, wie man bei einem aus den Naturwissenschaften stammenden Wort vielleicht vermuten würde.

Wenn Komplexität in diesem Software-Programm mit Misere, Konflikt, Dilemma und Not übersetzt wird, findet eine Verwandlung der Wertigkeit statt. Was eigentlich neutral ist, aber eine bestimmte Haltung und Sichtweise verlangt – nämlich einen differenzierenden Blick – wird nun negativ bewertet. All diese genannten Bezeichnungen für Komplexität sind auf der Ebene des Empfindens hochgradig negativ besetzt, sie verlangen nach Problemlösung und haben einen Gegensatz, der positiv konnotiert ist: Glück, Frieden, Klarheit, Eindeutigkeit, Sicherheit.

Unter der Hand also bekommt der Begriff Komplexität durch solche Synonyme eine Bedeutung, in der Polarisierung enthalten ist, eine differenzierende Perspektive wird durch eine polarisierende ersetzt. Diese Polarisierung ruft eindeutige Bewertungen hervor, während Komplexität als Bedingungs- und Bezugsgeflecht verstanden eher wertneutral ist.

Solche Formen polarisierter Wahrnehmung und polarisierender Deutung alltagsweltlicher Phänomene ist weit verbreitet. In der politischen Diskussion scheint die Arbeit mit Gegensätzen, mit Polarisierungen zum Alltagsgeschäft zu gehören. Dafür ist der Umgang mit dem Begriff Jugendkriminalität ein Beispiel. In der Wortbildung sind Gegensatzpaare implizit enthalten: Das Wort Kriminalität löst die Assoziationen legal – illegal aus. Jugend enthält implizit alt und jung und damit die Frage nach dem Generationenverhältnis. Beides – Legalität wie auch Lebensalter – ist kulturell mit starken Bewertungen verbunden.[3] Die Komplexität eines Sachverhaltes wie Gefährdung von Jugendlichen und eines öffentlichen Diskurses wie der über Jugendkriminalität verlangt aber nach differenzierender Betrachtung und Analyse. Komplexität und Differenzierung sind komplementär und gehören zusammen.

Welche Funktion hat es, Gegensatzpaare in die politische Diskussion einzubringen bzw. überhaupt Gegenstände, Situationen und Erscheinungen polarisiert wahrzunehmen? – Aus zwei Perspektiven möchte ich diese Frage im folgenden beleuchten:

Die Funktion von Polarisierungen zur Absicherung hierarchischer Strukturen in einer Gesellschaft ist aus soziologischer Sicht empirisch und theoretisch von Bourdieu entwickelt worden, und hilfreich zu einem Verständnis der dargestellten Mechanismen.

Eine polarisierende Perspektive hat für das Individuum, das eine solche Sicht einnimmt, eine spezifische Bedeutung. Dies läßt sich durch empirische Untersuchungen zeigen, deren Ergebnisse ich darstellen werde. Einmal beziehen sich die Befunde auf die Orientierungen von einzelnen Personen, die andere Untersuchung bezieht sich auf polarisierte Haltungen in Gruppen.

Gegensatzpaare als Ausdruck und Absicherung symbolischer Macht

In seiner umfassenden empirischen Untersuchung *Die feinen Unterschiede* erläutert Pierre Bourdieu die soziale Funktion von Polarisierungen, er spricht von Gegensatzpaaren (Bourdieu 1982: 730ff.).

Er geht – als ein Ergebnis seiner Studie – davon aus, daß alle Mitglieder einer Gesellschaft über einen gemeinsamen Stamm von Wahrnehmungsmu-

---

3   Ein anderes Beispiel für solche Polarisierungen im Dienste politischer Auseinandersetzungen ist der Terminus *Leitkultur*, der im Herbst 2000 durch Leitartikel, Feuilletons und politische Talkshows geisterte. Er ist konnotiert mit Führen und enthält damit als Gegensatz geführt werden, unterwerfen. Er wird verbunden mit Zivilisierung und beinhaltet damit den Gegensatz Barbarei.

stern verfügen. Diese Wahrnehmungsmuster sind an Adjektive, an Eigenschaften gebunden, die ihrerseits durch deutliche Bewertungen gekennzeichnet sind. Er nennt beispielsweise *hoch – niedrig, fein – grob, schön – häßlich, leicht – schwer, frei – gezwungen, weit – eng, einzigartig – gewöhnlich, glänzend – matt, Elite – Masse.* Die Herkunft dieser Gegensatzpaare rührt aus der Trennung des Sozialen in Klassen: In Altersklassen, Geschlechtsklassen und Gesellschaftsklassen. Die Wahrnehmungs- und Bewertungsschemata wirken in den gesellschaftlichen Akteuren unabhängig von Bewußtsein und diskursivem, erwägendem Denken. Man kann dies an sich daran bemerken, daß solche Worte körperliche Gefühle auslösen von z.B. Wohlbefinden und Abneigung.

Weshalb aber übernehmen Akteure diese Wahrnehmungs- und damit auch Bewertungsmuster? Bourdieus Erklärung ist, daß die soziale Ordnung die Gegensatzpaare immer wieder bestätigt. Dies liegt daran, daß man entsprechend der eingeübten Wahrnehmung Gegensatzpaare sieht und deshalb das Wahrgenommene auch immer wieder erwiesen findet. Zentral ist dabei, daß die Gegensatzpaare stets das Element von dominant und dominiert enthalten.

Jugendkriminalität als öffentlich verhandelter Topos ist ein Beispiel, an dem sich die von Bourdieu entwickelten Thesen gut illustrieren lassen. Es ist ein Thema, das besonders von den großen Parteien in der Bundesrepublik immer wieder in die öffentliche Diskussion eingebracht wird und zwar in ungewohnter Einigkeit.[4]

Dies bedeutet, daß beide politischen Akteure (Opposition und Regierung) mit dem Thema Jugendkriminalität arbeiten und es nutzen. Sie nutzen es, um die polarisierte Wahrnehmung von *Legalität* im Gegensatz zu *Illegalität* sowie *jung* im Gegensatz zu *alt* immer wieder aufzufrischen.

Beide Gegensatzpaare enthalten Machtfragen. Legalität – Illegalität enthält den Aspekt, wer die Norm dessen, was legal ist, setzt. Wenn von Politikern diese Thematik vorgebracht wird, so machen sie damit auch deutlich, daß sie die Wertmaßstäbe prägen. Gleichzeitig machen sie als Angehörige der älteren Generation klar, daß sie ihre Vorstellungen mittels Strafandrohungen durchsetzen wollen. Strukturell gesehen entspricht dies einer autoritären Eltern-Kind-Beziehung, an die die gesellschaftlichen Akteure durch einen solchen Diskurs auch auf einer latenten Ebene erinnert werden. Dies bedeutet, daß durch den öffentlichen Diskurs zu Jugendkriminalität Wahrnehmungs- und Bewertungsmuster allgemein – über Jugendkriminalität hinaus – stabili-

---

4   Beispielsweise stellte die CDU/CSU-Bundestagsfraktion im Jahr 2000 eine Anfrage an die Bundesregierung, die nach der Entwicklung von Jugendkriminalität fragte. Dies geschah zu einem Zeitpunkt als die CDU noch mitten in der öffentlichen Diskussion ihres Spendenskandals war. Die Antwort der Bundesregierung bestätigte ein Ansteigen der Jugendkriminalität, eine These, die später von Christian Pfeiffer widerlegt wurde. Er zeigte, daß statistisches Material falsch interpretiert wurde. Opposition und Regierung waren sich einig, daß eine Strafrechtsverschärfung anvisiert werden müsse.

siert werden, die immer wieder verdeutlichen, was und wer in einer Gesellschaft dominant ist und wer dominiert wird.

Dieser für die Menschen, die gesellschaftlichen Akteure nicht erkennbare Mechanismus von Machtausübung ist für Bourdieu ein Element der Ausübung symbolischer Gewalt. Als symbolische Macht bezeichnet er „eine (ökonomische, politische, kulturelle oder sonstige) Macht, die in der Lage ist sich Anerkennung zu verschaffen, das heißt, die in ihrer Wahrheit als Macht, als willkürliche Gewalt verkannt werden kann. Die eigentliche Wirksamkeit dieser Macht vollzieht sich nicht auf der Ebene physischer Stärke, sondern auf der des Sinns und der Erkenntnis" (Bourdieu 1989: 42f.).

Damit entsteht die Frage, wie die Ebene des Sinns und der Erkenntnis der gesellschaftlichen Akteure von symbolischer Macht erreicht werden kann, ohne daß die Ausübung symbolischer Gewalt von ihnen darin erkannt wird. „Alle Macht hat eine symbolische Dimension" schreibt Bourdieu an anderer Stelle,

„Sie muß von den Beherrschten eine Form von Zustimmung erhalten, die nicht auf der freiwilligen Entscheidung eines aufgeklärten Bewußtseins beruht, sondern auf der unmittelbaren, vorreflexiven Unterwerfung der sozialisierten Körper. Die Beherrschten wenden auf jeden Sachverhalt der Welt, insbesondere aber auf die Machtverhältnisse, denen sie unterliegen, und auf die Personen, die deren Träger sind, mithin auch auf sich selbst, nicht reflektierte Denkschemata an, die das Produkt der Inkorporierung dieser Machtbeziehungen sind" (Bourdieu 1997: 165f.).

Ein im Alltag stattfindender symbolischer Diskurs in diesem Sinn ist einer, in dem Verkennung stattfindet: Die Funktion und Intention des Diskurses ist für die Beteiligten nicht erkennbar, jedoch haben sie seine Wirkungsmechanismen inkorporiert. Sie reproduzieren Wahrnehmungs- und Bewertungsmuster, die ihnen vorgegeben werden und deren Funktion es ist, unerkannt Machtverhältnisse zu stabilisieren.

Die entlastende Funktion eines symbolischen Diskurses für die gesellschaftlichen Akteure

Bourdieu geht davon aus, daß Wahrnehmungs- und Bewertungsmuster inkorporiert, also Teil des Leibes geworden sind. Wenn man die teilweise sehr starken Gefühle an sich wahrnimmt, die Gegensatzpaare wie Not – Glück, Streit – Frieden auslösen können, leuchtet diese These ein. Bourdieu wird jedoch häufig vorgeworfen, daß mit einer solchen Erklärung Veränderung gar nicht mehr denkbar sei und tatsächlich bleibt ja die Frage, weshalb sich Menschen verschieden zu solchen Mechanismen symbolischer Macht stellen, denn nicht alle beteiligen sich an polarisierenden Alltagsdiskursen.

Mit Ergebnissen aus zwei empirischen Untersuchungen, die ich durchgeführt habe, möchte ich nun zeigen, unter welchen Bedingungen solche Wahr-

nehmungs- und Bewertungsmuster von Menschen übernommen werden und
wann sie dies nicht tun. Weiter leitet mich die Frage, welche Funktion es für
sie als Individuen hat, solche Muster zu übernehmen.

In der ersten Untersuchung befragte ich Frauen zwischen 33 und 50 Jahren, es waren überwiegend Mütter mit Kindern über zehn Jahren. Die Frage
leitete mich, ob es einen Zusammenhang gibt zwischen schwierigen, nicht
bewußtseinsfähigen Erfahrungen in der Biographie der Frauen und ihrer
Haltung zu Fremden (vgl. Mansfeld: 1998)[5]. Der symbolische Diskurs über
Fremde, Ausländer und Einwanderung ist ebenso polarisiert wie der über Jugendliche und wird – oft miteinander verbunden[6] – auf gleiche Weise aus der
Politikerschublade gezogen, wenn es um die Macht innerhalb des politischen
Feldes geht. Deshalb kann der Bezug auf diese Untersuchung Aufschlüsse
darüber geben, wie Menschen subjektiv mit den im öffentlichen Diskurs angebotenen Bewertungsmustern umgehen. Interessant ist dies auch deshalb,
weil die Debatte über Fremde ein weiteres Gegensatzpaar enthält, das verbunden ist mit vielfältigen menschlichen Erfahrungen: Fremd-sein und Aus-
länderIn-sein ist konnotiert mit *Innen – Außen, Dazugehören – Ausschluß*.
Deshalb können hier noch weitere Erkenntnisse erwartet werden über die
Wirkungen symbolischer Diskurse auf die gesellschaftlichen Akteure.

Die befragten Frauen grenzten sich nicht allgemein von Ausländern oder
Fremden ab, wie dies die öffentliche Rede darüber vielleicht vermuten läßt,
sondern sie suchten sich ganz bestimmte Gruppen aus, die sie entwerteten
oder aber mit denen sie sich identifizierten. Dies hatte jeweils eine Entsprechung zu konflikthaften biografischen Erfahrungen. An Beispielen möchte ich
dies kurz erläutern:

Frau Halter hat heftige Aggressionen gegen Aussiedler und gegen unbe-
gleitete Kinderflüchtlinge. Sie stammt aus einer Familie, in der jede Handlung
ökonomisch legitimierbar sein mußte. In den Urlaub zu fahren war z.B. ver-
schwendetes Geld, statt dessen kaufte die Familie eine Ferienwohnung, die
dauerhaft nutzbar war. Der Bruder, der sieben Jahre jünger war als sie, wurde
ihr gegenüber vorgezogen, indem er Ausbildungen machen durfte, die ihr
nicht zugestanden wurden, weil sie ja doch heiraten würde. Sie wurde dagegen freundlich gedrängt, Ballettunterricht zu nehmen. Die Entwertung als
Mädchen gegenüber dem lang ersehnten *Stammhalter*-Bruder wie auch die
Verweigerung des Reisens und damit der Weltentdeckung und Erprobung
wurden nicht offen verhandelt in der Familie, sondern geschahen *unter einem
Mantel der Liebe*, des Nur-das-Beste-für-die-Kinder-Wollens, und ist damit
kaum bewußtseinsfähig, denn es wäre von Frau Halter ja undankbar, sich darüber zu beschweren, was ihr alles vorenthalten wurde, wenn ihr so viel Mate-

---

5   Es handelt sich um eine qualitative Untersuchung, die narrative Interviews und Leit-
     fadeninterviews zur Erhebung nutzt. Die entstandenen Texte wurden tiefenhermeneu-
     tisch ausgewertet (vgl. Lorenzer 1986).
6   vgl. den Beitrag von Frank Bettinger in diesem Band.

rielles gegeben wurde. Die Wut gegen Aussiedler begründet sie damit, daß die spät kommen – Spätaussiedler – und dann aber gleich alles geboten bekommen, z.B. schöne Dörfer würden für sie gebaut, Heimat geschaffen. Sie charakterisiert damit die Ankunft ihres Bruders, der ihr vorgezogen wurde. Es besteht eine Strukturgleichheit zwischen ihrer Schilderung der Behandlung von Spätaussiedlern durch die Regierung und ihrer Situation als Kind in ihrer Familie. Die unbegleiteten Kinderflüchtlinge rühren an eine andere verdrängte Erfahrung von Frau Halter: Sie haben sich ohne ihre Eltern einfach so auf eine Reise gemacht, sie scheinen sich gelöst zu haben und Welt zu entdecken. Ihre Not kann Frau Halter nicht sehen, sondern nur, daß die etwas wagen, was sie sich selbst nie zugetraut hätte, was jedoch einer ihrer unterdrückten Träume war.

Frau Eppstein identifiziert sich mit Flüchtlingskindern, die von ihren Eltern einfach in eine fremde Welt gebracht werden, und ist aggressiv und fremdenfeindlich gegenüber deren Eltern, die ihre Kinder in eine gefährliche, vielleicht todbringende Welt *verpflanzen*. Außerdem empfindet Frau Eppstein starke Empathie mit den Juden, die ohnmächtig auf eine Reise ins KZ geschickt wurden, während alle zusahen und nicht halfen. Frau Eppstein wurde nichtehelich geboren und im Alter von fünf Jahren von ihrer Mutter und ihrem Vater, zu dem sie bis dahin kaum Kontakt hatte, aus der gewohnten und geliebten Umgebung bei ihrem Großvater herausgerissen. Die Eltern wollten endlich eine reguläre Familie gründen, in der für Frau Eppstein, die die Eltern immer an ihr Fehlverhalten in einer sehr konservativen Umgebung erinnerte, aber kein emotionaler Platz war. Für Frau Eppstein war dies ein traumatisierender Verlust an Geborgenheit und Heimat. Die Flüchtlingseltern repräsentieren ihre eigenen Eltern und in den Flüchtlingskindern sieht sie sich gespiegelt.

Frau Seel war als Kind und älteste Schwester für die Versorgung ihrer jüngeren Geschwister und den Haushalt zuständig, während ihre Mutter erwerbstätig war. Von ihrem Stiefvater bekam sie dafür keinerlei Anerkennung, von ihrer Mutter nur etwas und dann heimlich, während ihre Halbgeschwister bis heute offen mit elterlicher Liebe verwöhnt werden. Heute identifiziert sie sich mit den Problemlagen von Arbeitsmigranten, „denn die wollen arbeiten, arbeiten auch richtig, werden aber schlecht entlohnt und bekommen keine Anerkennung dafür." Diese Darstellung entspricht ihrer Situation, in der sie als älteste Schwester lebte, die ihre Geschwister versorgen mußte und es den Eltern nie recht machen konnte. Sie bringt Jugendlichen, selbst den gewalttätigen Jugendlichen mit Migrationshintergrund ihres Stadtteils sehr viel Verständnis entgegen, das sie mit deren schwieriger Lebenslage begründet, in die sie sich einfühlen kann. Besonders mit einsamen Jugendlichen empfindet sie starke Empathie. Wut hat sie auf Sozialhilfeempfänger, die *Vater Staat* belügen, um nicht erarbeitete und damit nicht verdiente Zuwendungen zu erhalten. Dies entspricht der Aggression, die sie gegen ihre Geschwister empfindet, die bis heute von den Eltern mit Geschenken versorgt werden, während Frau Seel nichts erhält.

Die befragten Frauen, deren Erzählungen ich hier beispielhaft zusammengefasst habe, haben Erfahrungen, die sie – weil sie kränkend oder traumatisierend waren – nicht oder nur teilweise bewußt halten können. Sie nutzen den öffentlich angebotenen polarisierten Diskurs über Eingewanderte, Jugendliche, Sozialhilfeempfänger, um diese schwer erträglichen Erfahrungen symbolisch vermittelt zum Ausdruck bringen zu können.

Mit Alfred Lorenzer (1986) kann man diesen Vorgang so verstehen: Die Vorstellungen von Aussiedlern, Kinderflüchtlingen, Arbeitsmigranten, Sozialhilfeempfängern und Juden stellen Szenen dar, die den erlebten Szenen als entwertete Tochter, als Tochter, der kein Entscheidungsspielraum zugestanden und die nicht gehört wurde, entsprechen. Die Szenen der schwer auszuhaltenden Erfahrung kann also durch Szenen, die der öffentliche Diskurs über Medien vermittelt und die deshalb akzeptiert sind und die außerdem eine strukturelle Gleichheit zeigen mit dem unangenehmen Erlebten, bezeichnet werden. Lorenzer nennt die Verbindung von zwei Szenen, die es ermöglichen eine unbewußt gehaltene Erfahrung zum Ausdruck zu bringen, Symbol.

Das Gemeinsame des Symbolbegriffs von Lorenzer und Bourdieu ist, daß etwas unerkannt bleibt und es besonderer Anstrengungen bedarf, die dem Symbol zugrunde liegende Struktur zu verstehen. Bei Lorenzer geht es um persönliche Erfahrungen, die nicht bewußter Reflexion zugänglich ist, weil sie als kränkend erlebt wurden und gleichzeitig durch die damit verknüpfte Erfahrung von Ohnmacht oder durch eine nicht formulierbare Ambivalenz dem Bewußtsein nicht zugänglich sind. Diese biografischen Erfahrungen sind allerdings oft gesellschaftlich geprägt. Die Kränkungen, die die hier beschriebenen Befragten beispielsweise erlebt haben, dürften Männer der gleichen Generation so kaum erfahren haben. Sie werden sich mit anderen Arten von Traumatisierungen auseinandersetzen müssen. Subjektive Erfahrung ist nicht unabhängig von gesellschaftlichen und historischen Situationen zu denken.

Bourdieu geht es ebenfalls darum, Verkennungen zu benennen. Es bezeichnet Machtstrukturen als symbolisch, die nicht durch offenes Agieren deutlich werden, sondern die durch Setzungen, Bezeichnungen und dadurch ausgelöste inadäquate Wahrnehmungen und deren Wiederholungen und Bestätigungen von den gesellschaftlichen Akteuren inkorporiert und Bestandteil des Eigenen werden, ohne daß ihr Wirken verstanden wird.

Die beschriebenen wie auch die anderen Interviews der Untersuchung zeigen, daß ein öffentlicher, im Sinne Bourdieus symbolischer Diskurs – in diesem Fall über Fremde – Menschen die Möglichkeit gibt, eigene unbewältigte und deshalb unbewußte Konflikte darin aufzuheben. Dabei gestalten die Interviewten die Vorgaben, die ihnen durch den öffentlichen, symbolischen Diskurs gemacht werden. Sie wählen aus, setzen Akzente, wer fremd und wer einheimisch ist, wird differenziert. Für Frau Halter und weitere Interviewpartnerinnen, die Wut auf andere Einwanderergruppen hatten, ist es entlastend, durch den öffentlichen, symbolischen Diskurs Angebote zu bekommen, die ihnen ermöglichen, ein inneres Gleichgewicht herzustellen. Sie können ihr Problem, das aus unterschiedlichen Gründen nicht bezeichnet werden kann, einbringen in eine öffentlich anerkannte Rede: Die kränkende Benachteiligung gegenüber dem *Stammhalter*-Bruder kann in der Wut auf Aussiedler, denen umstandslos Heimat angeboten wird, ausgedrückt werden. Dies stabilisiert die so agierenden Menschen und ihr so entstehendes inneres Gleichgewicht ist die Funktion und der Gewinn, sich an einem polarisierenden Diskurs zu beteiligen.

Jugendkriminalität wurde von fast allen Frauen in diesen Interviews erwähnt, aber nur von der einzigen, die keine Kinder hatte, polarisierend und mit aggressivem Unterton dargestellt. Mütter älterer Kinder kennen die Schwierigkeiten des Jugendalters meistens zu genau, sie sind mit ihren Kindern oft zu sehr identifiziert, als daß sie in diesem Diskurs etwas finden könnten, was ihnen die Symbolisierung eigener unbewußt gehaltener Erfahrungen erlauben würde. Die Debatte über Fremde, über Dazugehören oder Ausgeschlossen-sein ist dazu besser geeignet.

Dennoch ist Jugendkriminalität ein ideales Thema, um Symbolisierungen im Lorenzerschen Sinne für eigene Erfahrungen zu finden. Sich an Gesetze zu halten, bedeutet immer auch zahlreichen Versuchungen zu widerstehen und Anpassungsleistungen zu vollbringen. Auf die Jugend kann projiziert werden, was man selbst nicht gewagt hat und Jugend wird unterstellt, daß sie diesen Versuchungen nachgibt. Jung zu sein und zu bleiben ist zudem ein Ideal westlicher Gesellschaften. Die Jugend ist es, während es die Alten gerne noch wären, ein Gefühl des Neides entsteht, das nicht zugegeben werden kann. Jugend erinnert an vergangene Chancen und die Endlichkeit des Lebens, was in unserer Kultur tabuisiert wird.

In der zweiten Untersuchung, die ich darstellen werde, wurden nationale und nationalistische Haltungen von Frauen, die in verschiedenen Kontexten ehrenamtlich politisch engagiert waren, erfaßt (vgl. Mansfeld/Behrensen 1999). Gruppendiskussionen, die im Rahmen von Seminaren der politischen Bildung durchgeführt wurden, waren die Methode der Erhebung. Am Beispiel einer Diskussion läßt sich zeigen, welche Funktion ein – im Sinne Bourdieus – symbolischer Diskurs über Jugendkriminalität für Gruppen haben kann. Diese Diskussion wurde mit in der evangelischen Kirche engagierten Frauen durchgeführt. Der Auswahl dieser Gruppe lag die Überlegung zugrunde, daß sie durch ihre Zugehörigkeit zu einer Universalität beanspruchenden Gemeinschaft (z.B. „Alle Menschen sind Kinder Gottes") eine spezifische Haltung zur Grenzen setzenden und ausgrenzenden Nation haben könnten. Die Diskussion war durch eine besondere Dynamik gekennzeichnet, in der der Diskurs über Jugend eine spezifische Bedeutung bekam.

Die Ausgangsfrage, zu der die Gruppen diskutieren sollten, war: „Was bedeutet mir die Nation, zu der ich gehöre? Gehöre ich zu ihr?"[7] An der

---

7   Dieser Frageformulierung liegen die Forschungsergebnisse von Carole Pateman (1988) zugrunde: Frauen haben in Konzepten von Staat und Nation einen paradoxen

Gruppendiskussion nahmen acht Frauen teil, die sich in zwei Untergruppen teilten, was zufällig und für alle Teilnehmerinnen einschließlich meiner Kollegin und mir irritierend war:

Anne, Angelika, Astrid und Agneta waren nicht nur in der Kirche aktiv, sondern auch bei der SPD, den Grünen und in der GEW. Kirchlich waren sie beim Weltgebetstag, im Eine-Welt-Laden und bei der Frauendekade engagiert.

Christa, Cordula, Corinna und Christiane waren Mitglieder der CDU, zwei waren kommunalpolitisch aktiv, eine sympathisierte mit den Republikanern. Eine war Mitglied einer evangelikalen Gemeinde, eine andere leitete eine hierarchisch organisierte evangelische Jugendorganisation.

Diese Diskussionsgruppe war ständig von Spaltung bedroht – man kann es sich leicht denken. Andererseits bestand auf beiden Seiten der Anspruch auf der Basis der engagierten Zugehörigkeit zur evangelische Kirche miteinander zurechtzukommen.

An der Abfolge der Gesprächsthemen während der Diskussion möchte ich nun zeigen, wie die Gruppe mit der Gefahr des Auseinanderfallens umging.[8]

Die erste Sprecherin, die auf die Ausgangsfrage antwortete, war Anne, eine 48-jährige Hauswirtschaftslehrerin, die in einem Dorf mit regem Vereinsleben wohnt. Sie brachte eine lebendige Schilderung ihrer Erfahrungen als Entwicklungshelferin in einem Land der dritten Welt, wo ihr deutlich wurde, wie deutsch sie ist, wo sie aber auch andere Kulturen und Ethnien schätzen gelernt habe.

Dabei erläutert sie ihr Deutsch-sein, indem sie Bezug nimmt auf Symbole und Sprache, die konkrete Lebenserfahrung und persönliche Bindungen zu anderen Menschen und somit eher Heimatgefühle als nationale Gefühle ausdrückten. Sie fühle sich als Europäerin und sehr vorsichtig sagt sie, daß ihr Rituale des Vereinslebens, die sie an die deutsche Vergangenheit erinnerten, suspekt seien. Diese Vorsicht ist angesichts der Zusammensetzung der Gruppe ein Weg, einen Konflikt zu vermeiden. Mit ihrem Beitrag inspiriert sie die 55-jährige CDU-Kommunalpolitikerin Cordula zu einer Darstellung, in der diese einerseits bedauert, daß deutsche Jugendliche auf internationalen Jugendtreffen nicht zu ihrer Herkunft stehen könnten, weil sie sich der Vergangenheit ihres Landes schämten und andererseits aber ein Beteiligt-sein ihrer Eltern und Großeltern am NS-Regime eingesteht. Aus dem Schuld- und Schamdilemma, was daraus für sie entsteht, löst sie sich – so die tiefenherme-

---

Status, der gleichermaßen von Einschluß (zur Reproduktion der Gesellschaft) wie auch von Ausschluß (von politischer Gestaltung) gekennzeichnet ist.

8   Die Interpretationsmethode nutzt gruppenanalytische Erkenntnisse zu Gruppenprozessen (vgl. Foulkes 1992). Zentrale Annahme ist dabei, daß jeder Beitrag einer Person in einer Gruppe unter drei Gesichtspunkten zu betrachten ist: Es ist eine Aussage über die sich äußernde Person, darüber, wie sie sich in Bezug zur Gruppe setzt und über ihre Wahrnehmung der Gruppensituation.

neutische Analyse der latenten Ebene ihres Beitrages – indem sie Gott, den Schöpfer, zu ihrem eigentlichen Vater macht. Mit der darin enthaltenen moralischen Kritik an ihren Eltern und Großeltern löst sie heftige Äußerungen von Christa und Corinna aus, die scheinbar in keinem thematischen Zusammenhang zum vorher Gesagten stehen: Corinna, eine 33-jährige Mutter dreier Kinder, die mit den Republikanern sympathisiert, verweist darauf, daß, wem es hier nicht passe, wer zu seinem Land nicht stehen könne, ja weggehen könne. Dabei stellt sie eine Gleichsetzung von *Land* mit Familie her. Christa, eine 59-jährige Selbständige, erzählt von einer Erfahrung aus Tunesien, wo die Bevölkerung zu ihrem Staatspräsidenten wie zu einem Vater stehe, während in Deutschland *Kohl raus* gerufen würde. Dies könne sie nicht akzeptieren. Die Analyse der latenten Ebene der Wortmeldungen zeigt, daß sie nicht nur zu verstehen sind als Reaktion auf das Thematisieren der NS-Vergangenheit, sondern auch als Antwort auf die Distanzierung gegenüber ihrer Herkunftsfamilie, die Cordula vermittelt hat. Die Formulierung *Kohl raus*, die an Jugendrevolten erinnert, zeigt, daß Cordulas Abrücken von Ihren Eltern und Großeltern als nicht akzeptables Jugendverhalten verstanden wird und ihr auf der latenten Ebene mit Ausschluß gedroht wird. Cordula beteiligt sich nun längere Zeit nicht mehr an der Diskussion, während Christiane – ebenfalls Kommunalpolitikerin für die CDU und Mitglied einer evangelikalen Gemeinde – das Wort ergreift. Ebenfalls thematisch scheinbar unzusammenhängend schildert sie an einem Beispiel aus dem Jugoslawien-Konflikt, wie gefährlich es ist, wenn Freunde sich streiten und zu Feinden werden. Auf der latenten Ebene spricht sie damit den Konflikt innerhalb der Gruppe der C-Frauen an wie auch die Spaltungsgefahr, die für die ganze Gruppe gilt. Es gelingt ihr für eine Weile Dialogfähigkeit herzustellen, die jedoch bald wieder für die Gesamtgruppe zerbricht. Nun werden verschiedene Themen von den C-Frauen in der Gruppe daraufhin geprüft, ob sie eine tragfähige Gemeinsamkeit herstellen können:

Der Islam dient als Beispiel für die Gefahr einer gewaltsamen Missionierung, mit der eine muslimische Weltherrschaft durchgesetzt werden soll. Wenn da die abendländischen Christen nicht zusammenhalten, stärkt dies den Feind, drohen die Frauen der C-Gruppe und meinen damit auf der latenten Ebene die Gruppensituation. Die Reaktionen der A-Frauen auf solche metaphernreichen Beiträge sind inhaltliche Auseinandersetzungen und konkrete Erfahrungen. Beispielsweise folgt auf eine Bedrohungsphantasie durch den Islam eine Schilderung von Anne, deren Tochter zum Zeitpunkt der Diskussion (1997) als Austauschstudentin bei einer palästinensischen Familie in Israel lebt und die dort nicht missioniert wird. Wenn an solchen Stellen die Argumente der C-Frauen ausgeschöpft sind, fängt Cordula mehrmals einen sehr abstrakten Diskurs an, mit dem sie das Thema wechselt und der im Duktus der Alleswissenden und der Überblick-habenden erläutert, wie schwer die soziale Situation in der Gesellschaft gegenwärtig sei, und daß man dies als gemeinsam anzugehendes Problem sehen müsse. Sie beansprucht dabei Autorität und Definitionsmacht, sie übernimmt den Habitus männlicher Politiker und kann aber die Frauen der A-Gruppe damit nicht beeindrucken.

Beim Thema Jugend findet schließlich ein Einigungsprozeß statt: Die meisten Teilnehmerinnen finden, daß die Jugend heute Kultur nicht weitergeben kann, weil sie nichts von ihr weiß. Dabei argumentiert aber die Kommunalpolitikerin unter den C-Frauen wieder sehr abstrakt damit, daß die Jugend die abendländische Kultur und Religion nicht kenne und sie deshalb gegenüber anderen Religionen nicht vertreten und wertschätzen könne. Sie bezieht sich also auf schwer faßbare Werte, während Angelika sagt, daß Jugendliche zwar alles mit dem Computer können, nicht aber Handfeger und Kehrschaufel zu benutzen wissen.

Die Gesprächstechnik der C-Frauen ist eine Form von Polarisierung, bei der ein gefährliches oder feindliches Außen bzw. ein Anderes konstruiert wird. Dies geschieht mit großen, abstrakten Worten und Begriffen, die beliebig mit Phantasien gefüllt werden können, während die Frauen der A-Gruppe mit konkreter Erfahrung und Schilderungen realen Erlebens reagieren und sich dabei um Differenzierung bemühen. Dies fällt nicht immer leicht. Sie sind nicht eingeschüchtert, aber oft scheinen ihnen die Worte zu fehlen. Sicherlich haben ihre Geschichten und Erfahrungen nicht die Grandiosität, die ein Reden über Kultur, Weltpolitik, Sinn und Werte für sich beansprucht. Trotzdem verunsichern sie mit ihren aus erlebten Begebenheiten gewonnenen Argumenten die C-Gruppe und entziehen ihnen Boden. Ratlos im Argumentieren sind die C-Frauen immer dann, wenn die A-Frauen authentisch ihre Lebenserfahrungen schildern, mit denen sie die abstrakten Argumente der anderen Gruppe als absurd darstellen oder ihre Inkonsistenz kennzeichnen. Trotz aller Differenzierung sind auch die A-Frauen nicht gefeit gegen die Übernahme eines symbolischen Diskurses, der Bezug auf die Jugend erlaubt kurzfristig ein Gefühl von Gemeinsamkeit in der Gruppe, der aber weiterentwickelt zu Jugendkriminalität schon nicht mehr trägt.

Die Beispiele zeigten, daß Polarisierungen bzw. Gegensatzpaare hervorstechendes Merkmal symbolischer Diskurse sind. Sie rufen Emotionalisierungen hervor, weil die Eigenschaftspaare Wahrnehmungs- und Bewertungsmuster darstellen, die das Schema des Guten und Schlechten und damit des Dominanten und Dominierten enthalten. Als weiterer Mechanismus ist deutlich geworden, daß Eigenschaftspaare mit Substantiven verknüpft werden, die einerseits abstrakt sind, andererseits aber mit Grandiosität verbunden werden, so daß sie beliebig entsprechend der Bedürfnisse der Beteiligten mit Bildern und Phantasien gefüllt werden können. Für die einzelne Person hat ein Diskurs, der sich solcher Mechanismen bedient, die Funktion nicht bewußtseinsfähige Erfahrungen zum Ausdruck zu bringen und so zu einem inneren Gleichgewicht beizutragen. In einer Gruppe kann er benutzt werden, um Spaltungsmechanismen entgegenzuwirken. In diesem Fall werden die Substantive verbunden mit Eigenschaften der Bedrohung und des Gefährlichen, gegen das man sich zusammenschließen muß.

Der öffentliche symbolische Diskurs zu Jugendkriminalität nutzt diese Wahrnehmungs- und Bewertungsmuster und aktiviert und stärkt sie immer wieder.

Die Analyse der Gruppendiskussion hat auch gezeigt, daß durch Beharren auf konkreter Erfahrung ein symbolischer Diskurs – wenn es möglich ist, das Gespräch fortzuführen – sachlicher werden kann, mindestens aber seine Wirkungsmächtigkeit verliert. Es ist ein erster Schritt zu einem analytischen Durchdringen eines Sachverhaltes und eine Methode, mit der die Emotionalisierungen eines symbolischen Diskurses einschränkt und begrenzt werden können. Dies gilt für alle Formen von Bildungsarbeit wie auch für die öffentliche politische Auseinandersetzung.

Wörter tragen dazu bei, die soziale Welt zu gestalten, so ein Gedanke von Bourdieu. Wenn von Jugendkriminalität gesprochen wird, stellen sich Menschen darauf ein, daß sie existiert.

Es ist möglich soziale Welt zu gestalten, zu verändern, indem man etwas anders bezeichnet als es im symbolischen Diskurs geschieht. Wird etwas beim Namen genannt, so wird ihm Anerkennung gegeben, statt es zu verleugnen. Ein jugendpolitisches Ziel könnte sein, daß Wort Jugendkriminalität zu ersetzen. Vielleicht ist *Gefährdete Jugendliche* dazu geeignet, weil es beinhaltet, daß die ältere Generation eine Verantwortung gegenüber der jüngeren hat.

Literatur

Brockhaus-Enzyklopädie, Band 12, 19. Auflage, 1990

Berger, P. L./Berger, B./Kellner, H.. Das Unbehagen in der Modernität. Frankfurt/New York: Campus, 1987

Bourdieu, P.: Die feinen Unterschiede. Kritik der gesellschaftlichen Urteilskraft. Frankfurt/M.: Suhrkamp, 1982

Bourdieu, P.: Politischer Fetischismus, in: Satz und Gegensatz, Berlin, 1989, S. 42f.

Bourdieu, P.: Die männliche Herrschaft, in: Dölling, I./Krais, B. (Hrsg.): a.a.O., Frankfurt/M., 1997, S. 153-217

Dölling, I./Krais, B. (Hrsg.): Ein alltägliches Spiel. Geschlechterkonstruktionen in der sozialen Praxis. Frankfurt/M: Suhrkamp, 1997

Foulkes, S.H.: Gruppenanalytische Psychotherapie. München: Pfeiffer, 1992König, H.-D. u.a. (Hrsg.): Kultur-Analysen, Frankfurt/M.: Fischer, 1986

Lorenzer, A.: Tiefenhermeneutische Kulturanalyse, in: König, H.-D. u.a. (Hrsg.): Kultur-Analysen, Frankfurt/M., 1986, S. 11-98

Mansfeld, C.: Fremdenfeindlichkeit und Fremdenfreundlichkeit bei Frauen. Eine Studie zur Widersprüchlichkeit weiblicher Biographien. Frankfurt: Brandes + Apsel, 1998

Mansfeld, C./Behrensen, B.: Friedenspraxis gegen Alltagsgewalt – Die Bedeutung nationaler und nationalistischer Orientierungen für Frauen. Projektabschlußbericht im Rahmen des Projektverbundes „Friedens- und Konfliktforschung in Niedersachsen". Osnabrück, 1999

Pateman, C.: The sexual contract. Stanford: Univ. Press 1988

Johannes Stehr

Welche Funktion haben staatliches Strafen und der Ruf nach Bestrafung der Jugend?

Wir erleben gegenwärtig eine Renaissance des punitiven Denkens. Es vergeht kaum ein Tag, an dem dieses Denken sich nicht in der Berichterstattung der Medien manifestiert, in der vom Auftreten neuer Gefahren für die Gesellschaft die Rede ist, und in der diese Gefahren im abweichenden Verhalten bestimmter sozialer Gruppen festgemacht werden. Nicht zum ersten Mal wird gerade die Jugend als eine solche *gefährliche Gruppe* definiert, der gegenüber es gelte, hart zu sein, Grenzen zu ziehen und bereits bei kleineren Verfehlungen mit der ganzen Strenge des Gesetzes zu antworten. Der schon relativ alte, aber gerade wiederbelebte Topos „die Täter werden immer mehr, immer jünger und immer brutaler" schließt mittlerweile selbst die Kinder mit ein. Die Gefährdung der Gesellschaft geht den Medien zufolge nun auch von unseren Kindern aus, die als *Schreckenskinder* und *kleine Monster* betitelt werden (vgl. Spiegel vom 6.4.98).

Zur Gefahrenabwehr wird nach staatlicher Strafe gerufen: die Strafmündigkeitsgrenze müsse gesenkt, das Strafmaß erhöht und die Toleranz im Umgang mit Kriminalität aufgegeben werden. Immer wieder ist auch zu hören, dass die Strafe dem Verbrechen *auf dem Fuß* folgen sollte, damit die Delinquenten den Zusammenhang von Normbruch und Sanktion, von Kriminalität und Strafe auch *verstehen* und daraus für die Zukunft lernen könnten. Die staatliche Strafe wird folglich als ein besonders effektives Mittel der sozialen Kontrolle propagiert. Strafe, so wird gesagt, muss sein, um die Gesellschaft vor dem Zusammenbruch zu retten; Strafe muss sein, weil sonst das Chaos ausbricht und jeder macht, was er will; Strafe muss sein, damit die anständigen Bürger vor kriminellen Schädigungen sicher sind.

Der neuerliche Ruf nach Bestrafung der Jugend soll an dieser Stelle hinterfragt werden. Im ersten und zweiten Teil des Beitrags soll der Stand der Forschung zu den Wirkungen der staatlichen Strafe zusammengetragen und die Frage beantwortet werden, ob das Strafen überhaupt soziale Funktionen erfüllt bzw. erfüllen könnte. Die bei der Beantwortung der Frage zutage tretenden Probleme und Widersprüche der staatlichen Strafe scheinen erst lösbar, wenn der Ruf nach ihr gesondert untersucht wird – als eine Strategie symbolischer Politik mit dem Strafrecht. Im dritten Teil des Beitrags wird der Ruf nach Bestrafung in einer *Kultur der Punitivität* verortet, die weniger auf soziale Kontrolle als auf soziale Ausschließung bezogen ist. Zu beantworten ist dann – im vierten Teil des Beitrags – die Frage, weshalb gerade die Jugend von dieser *Kultur der Punitivität* betroffen ist und welche problematischen Folgen der Ruf nach Strafe für ihre gesellschaftliche Position hat.

1. Ist Strafe ein wirksames Instrument sozialer Kontrolle?

Wenn ich hier von sozialen Funktionen spreche, dann ist damit die Aufgabenbestimmung gemeint, die dem Strafrecht seitens der Gesellschaft zugeschrieben wird. Es geht also zunächst um die offiziellen Zielsetzungen des Strafrechts[1]. Das Strafrecht wird heute instrumentell definiert: Seine Anwendung soll bestimmte Zwecke erfüllen, die der Gesellschaft dienlich sind. Diese Zwecke lassen sich unter dem Oberbegriff *soziale Kontrolle* zusammenfassen. Unter diesen Begriff fasse ich hier Versuche, unerwünschtes und als Normverletzung und Abweichung definiertes Verhalten präventiv auszuschließen, also zu verhindern, dass eine Norm überhaupt gebrochen wird, und – falls das doch geschieht – mit einer Sanktion auf den Normbruch zu reagieren, um dadurch die Normgeltung zu verteidigen. Das Strafrecht formuliert zwei Zielsetzungen der sozialen Kontrolle: Durch seine Anwendung sollen einzelne Personen von Normverletzungen abgehalten werden, einmal generalpräventiv – im Sinne der Abschreckung aller potentieller Normbrecher – und zum anderen spezialpräventiv – im Sinne der Resozialisierung von Tätern, durch Erziehung, Besserung und Behandlung[2].

Das Strafrecht soll den Schutz der Bürger vor dem Verbrechen gewährleisten. Dazu soll es eine auf den einzelnen Täter gerichtete abschreckende Wirkung entfalten. In der Strafe wird ein Mittel gesehen, durch Erziehung und Besserung den Täter selbst zu resozialisieren. Doch alle empirischen Befunde zur Rückfallwahrscheinlichkeit bestätigen die bereits 1905 geäußerte Vermutung von Franz von Liszt, der formulierte:

„... der Hang zum Verbrechen (wächst) auch bei den Jugendlichen mit jeder neuen Verurteilung ... je härter die Vorstrafe nach Art und Maß gewesen ist, desto rascher der Rückfall

---

1   Diese offiziellen Zielsetzungen können allerdings nicht mit seinen gesellschaftlichen Funktionen gleichgesetzt werden (vgl. dazu weiter unten).
2   Diese Zweckorientierung des Strafrechts ist historisch relativ neu. Franz von Liszt hat diese Definition des Strafrechts Ende des 19. Jahrhunderts erstmalig artikuliert. Kriminalstrafen sind nicht erfunden worden, um soziale Kontrolle zu gewährleisten, sie waren zunächst eine reine Form der Demonstration von Herrschaft (vgl. Hess/Stehr 1987). Ab Ende des 19. Jahrhunderts lagern sich Zweckorientierungen des Strafrechts an: Nun bekommt es soziale Funktionen zugeschrieben: Über die Androhung oder Vollziehung von Strafe soll es soziale Ordnung gewährleisten.

erfolgt. Wenn ein Jugendlicher oder auch ein Erwachsener ein Verbrechen begeht und wir lassen ihn laufen, so ist die Wahrscheinlichkeit, dass er wieder ein Verbrechen begeht, geringer, als wenn wir ihn bestrafen" (von Liszt 1905: 338f.).

Heute lässt sich nicht mehr von einem *Hang zum Verbrechen* sprechen, wir können aber sagen, dass die staatliche Bestrafung die von ihr betroffenen Jugendlichen eher in einer *kriminellen Karriere* fixiert, als dass sie diese davor bewahrt. Fasst man die einschlägigen Befunde der Rückfallforschung zusammen, lässt sich festhalten:

„Je früher und konsequenter auf einen bestimmten Delikttyp strafend reagiert wird, desto größer ist die Wahrscheinlichkeit, dass die kriminelle Karriere verlängert wird. Bestimmte, rein strafende Sanktionsfolgen erhöhen das Risiko, dass es nach einer dritten noch zu einer vierten Straftat kommt, auf das Dreifache" (Albrecht 1990: 110).

Und es zeigt sich sogar durchweg, dass weder beim Ersatz freiheitsentziehender Sanktionen durch solche, die die Freiheit beschränken (wie etwa die Strafaussetzung durch Bewährung, ambulante Erziehungsmaßregeln oder ambulante Zuchtmittel) noch selbst bei der Verfahrenseinstellung die Rückfallraten höher sind als nach der Verurteilung (vgl. Heinz 1995).

Es kann also gar kein Zweifel daran bestehen, dass das Strafrecht im Hinblick auf seine spezialpräventive Aufgabe nicht nur systematisch scheitert, sondern regelmäßig entgegengesetzte Effekte zeigt. Die Kriminologie hat seit den frühen 70er Jahren ausführlich dokumentiert, dass die stigmatisierenden Effekte der Strafverfolgung die legalen Handlungschancen von verurteilten Straftätern einschränken, dass sie einen Identitätswandel in Richtung eines Selbstverständnisses als *Krimineller* fördern, dass sie die von ihr Betroffenen in kriminelle Rollen hineindrängen und eine vielfältige sog. sekundäre Devianz (stabilisierte Formen der Abweichung im Sinne einer Verfestigung krimineller Handlungen) erzeugen können.

Wie steht es nun mit der generalpräventiven Aufgabe, der Abschreckung potentieller Normbrecher, der abschreckenden Wirkung auf die Allgemeinheit? – Nach dem derzeitigen Forschungsstand sind die Abschreckungswirkungen, die von der Strafandrohung und Strafvollziehung auf die Allgemeinheit ausgehen, äußerst gering. Insbesondere von der Strafschwere und von der Drohung mit Freiheitsentzug gehen kaum abschreckende Wirkung aus. Bedeutsamer ist eher die subjektive Einschätzung des Entdeckungs- und Bestrafungsrisikos. Schumann u.a. (1987) haben zeigen können, dass Jugendliche, die ein hohes Maß der Strafverfolgung unterstellen, vor allem im Bagatellbereich (Ladendiebstahl, einfache Körperverletzung, Sachbeschädigung, Fahren ohne Fahrerlaubnis, Leistungserschleichung) seltener deviante Handlungen begehen. Im übrigen bewerten Jugendliche die mit der Strafe verbundenen negativen Konsequenzen nicht so schwerwiegend, wie etwa Frauen und ältere Menschen. Bei dem Faktor der subjektiven Einschätzung des Entdeckungs- und Bestrafungsrisikos bleibt aber immer noch unklar, in welchem Verhältnis informelle und formelle Sanktionen stehen. Schumann u.a.: „Es kann ja sein, dass die Tatentdeckung auch ohne strafrechtliche Folgen, allein wegen Reaktionen in Familie und Freundeskreis, als Peinlichkeit gilt und abschreckt" (ebd.: 162). Jedenfalls kann den formellen Konsequenzen alleine keine maßgebliche Wirkung unterstellt werden.

Die erwähnte Untersuchung zeigt aber weiter, dass für die Mehrzahl der untersuchten Formen delinquenten Verhaltens kein Zusammenhang zwischen der Risikoeinschätzung und der Zahl der Strafnormverletzungen nachzuweisen ist. Das gilt etwa für verschiedene Arten des Diebstahls, für Gebrauchsanmaßung, Raub, gefährliche Körperverletzung, Betrug und Drogenkonsum. Jugendkriminalität hängt demnach von anderen Faktoren viel stärker ab als von der Strafverfolgung. Das sind Faktoren der Existenzbedingungen Jugendlicher: ihrer Einbindung in Gruppen (differenzielle Assoziation), die Art ihrer Freizeitgestaltung (wie nah oder fern steht sie zu strafrechtlich Verbotenem), die Geschlechtszugehörigkeit (über die Verhaltensmuster geprägt und männlichen Personen Normübertretungen nahegelegt wird). Und auch die individuelle Moral spielt eine entscheidende Rolle: die Frage, ob strafrechtsrelevante Verhaltensweisen normativ gebilligt werden oder nicht.

Um es noch mal festzuhalten: Es kann als gesichert gelten, dass harte Strafen (wie etwa die Todesstrafe oder die lebenslange Freiheitsstrafe, wie sie bei uns als Reaktion auf den Mord verhängt wird) bei schwerwiegenden Delikten (wie gefährlicher Körperverletzung oder Tötungsdelikten) keine Abschreckungswirkung entfalten. Ein Abschreckungseffekt tritt lediglich im Bagatellbereich auf, bei Delikten, deren Begehung relativ rational kalkuliert wird. Aber hier ist es, wie gesagt, nicht die Strafschwere, die zu Buche schlägt, sondern die Erhöhung des Entdeckungsrisikos. Nun kann diese Wirkung nicht als Argument dienen, sich auf Abschreckungsstrategien im Strafrecht zu stützen, denn die Strafe ist überhaupt nicht darauf zugeschnitten, ihre Abschreckungswirkung zu perfektionieren. Woran liegt das? – Vier Gründe sind hier zu nennen:

1. Eine objektive Erhöhung des Entdeckungs- und Bestrafungsrisikos hätte keinen großen Abschreckungseffekt, weil bereits gegenwärtig das Risiko strafrechtlicher Sanktionierung weit überschätzt wird, so dass das subjektiv empfundene Risiko hochwahrscheinlich nicht eingeholt werden würde. Allerdings müsste schon unter Kosten- und Nutzengesichtspunkten die erwartbaren marginalen Abschreckungseffekte zu gravierenden Bedenken führen.

2. Strafrechtlicher Zweckorientierung werden durch andere strafrechtliche wie auch verfassungsmäßige Prinzipien Grenzen gesetzt. Das Prinzip einer schuldgerechten Strafzumessung würde es als absurd erscheinen lassen, wenn Affekttötungen straffrei ausgingen, Verkehrssünder dagegen – weil sie relativ gut abschreckbar sind – mit der Todesstrafe zu rechnen hätten. Unsere Gerechtigkeits- und Fairnessvorstellungen würden eine Restrukturierung des Strafrechts wohl als ziemlich pervers ansehen,

durch die jemand für ein kleines Bagatelldelikt hart, andere aber für ein schweres Delikt milde bestraft werden würden, weil dies die Abschrekkungswirkung optimieren könnte. Es ist klar, dass diese Optimierung der (ohnehin marginalen) Abschreckungseffekte den Rahmen einer demokratisch und rechtsstaatlich verfassten Gesellschaft sprengen würde. Das Prinzip der Verhältnismäßigkeit, dass immerhin den Rang einer Verfassungsnorm innehat, gebietet es, dass das Strafrecht nur dort eingesetzt wird, wo keine milderen und besseren Mittel zur Verfügung stehen, um dieselbe Wirkung zu erzielen (ultima ratio Prinzip). Diese anderen Mittel bzw. funktionalen Äquivalente sind durchaus vorhanden. Es ist unter den Experten heute unumstritten, dass das Strafrecht das ungeschliffenste und ineffektivste Kontrollmittel ist, und dass andere (auch rechtliche) Steuerungsmittel weitaus effektiver Personen von Tatbegehungen abzuhalten in der Lage sind. Es muss heute auch mehr als irritieren, dass die Aufgabe der Abschreckung überhaupt noch als Zweck der staatlichen Strafe diskutiert wird, verdankt sie diese Bestimmung doch der völlig inadäquaten Staatsorganisation ihrer Entstehungszeit: „Es war damals eben eines von wenigen überhaupt verfügbaren Mitteln – und darin terroristischem Handeln ähnlich – mit geringen Ressourcen größte symbolische Wirkung zu erzeugen. Gäbe es die Strafe nicht, würde man heute wohl gar nicht erst auf den Gedanken verfallen, ausgerechnet sie zur Verhaltenssteuerung einzusetzen" (Scheerer 2000: 5).

3. Ein drittes Argument zielt in eine andere Richtung, die der unerwünschten bzw. paradoxen Nebeneffekte: Das Strafrecht ist vor allem auch deshalb ein untaugliches Mittel der Abschreckung, weil mit der Optimierung des Abschreckungseffekts und der damit zusammenhängenden Ausbreitung der Kontrolldichte die – von Popitz (1968) beschriebene – *Präventivwirkung des Nichtwissens* wegfallen und die Normakzeptanz dadurch sinken würde. Wie Popitz gezeigt hat, ist eine lückenhaft bestehende Kontrolle der Normakzeptanz gar nicht abträglich, da hierdurch der tatsächliche Umfang von Normbrüchen verdeckt wird und so an der Norm weiter festgehalten werden kann. Würden diese Kontrolllücken geschlossen und dadurch sichtbar werden, wie verbreitet und (im quantitativen Sinne) *normal* Normverletzungen sind, so würde dies die Geltung der Normen gefährden.

4. Verbrechen und Normabweichungen sind gesellschaftlich als Ausnahmen definiert. Das Strafrecht demonstriert und bestätigt dies, indem es soziale Selektivität praktiziert. Aus der Gesamtmenge an Straftätern wählen die Instanzen des Strafrechts immer nur ein Teilmenge aus, die sie ihren Maßnahmen unterwerfen. Diese Selektion spielt sich auf allen Ebenen von der Strafanzeige bis hin zur gerichtlichen Verurteilung ab. Es geht dabei nicht um eine bewusste Manipulation, sondern um das Zusammenwirken von pragmatischen Devianztheorien, Verbrecherstereotypen, Erfolgswahrscheinlichkeiten und Konfliktvermeidungsstrategien. Als Re-

sultat produziert die strafrechtliche Intervention eine stigmatisierte Minorität, eine besondere *Verbrecherpopulation*, die auch in der Medienöffentlichkeit sichtbar gemacht wird. Die *Kriminellen* sind folglich die *ganz anderen*, denen die breite Mehrheit der anständigen Bevölkerung gegenübersteht (vgl. Hess 1983). Würde nun versucht werden, durch Erhöhung der Kontrolldichte und konsequenter Anwendung der Strafverfolgung auf alle sozialen Schichten die Abschreckungswirkung der staatlichen Strafe zu erhöhen, so müsste Abweichung und Kriminalität zu Normalphänomenen erklärt werden. Dieser Punkt führt also in dieselbe Richtung wie der zuletzt erwähnte: die Geltung der strafrechtlich verankerten Normen würde eher gefährdet als gestützt werden.

Als Ergebnis bleibt festzuhalten, dass das Strafrecht nicht konstruiert ist, um Abschreckungseffekte zu erreichen, und dass eine Restrukturierung in diesem Sinne gleichsam die Legitimation von Strafe angreifen und damit die Strafrechtsnormen aufweichen würde. Letztlich zeigt sich hier eine paradoxe Situation, die die staatliche Strafe aus sich heraus nicht in der Lage ist aufzulösen: Sollen ihre Abschreckungseffekte erhöht werden, wird zugleich riskiert, das zu verstärken, was Strafe eigentlich verhindern soll: die Auflösung der Normakzeptanz. Man kann das gut am Beispiel der Kontrolle im Straßenverkehr beobachten. Die massenhafte Sanktionierung von Parksündern und Geschwindigkeitsübertretungen hat keineswegs zur gestärkten Normakzeptanz geführt, sondern zu einer Infragestellung und Moralisierung der Sanktion als *Abzockerei* und *Geldmacherei*. Und bei der direkten Konfrontation mit Polizisten und Polizistinnen wird von kontrollierten und sanktionierten Verkehrsteilnehmern sinngemäß oft der folgende Gegenvorwurf erhoben: „Fangt lieber die richtigen Verbrecher, statt mir anständigem Bürger das Leben schwer zu machen!".

2. Kann Strafe die moralischen Grenzen der Gesellschaft markieren?

Wir kommen damit zu einer anderen Aufgabenbestimmung. Das Strafrecht hat sich mittlerweile auf eine offizielle Aufgabe zurückgezogen bzw. verlagert, die schwerer empirisch nachzuweisen ist, und die es wieder in die Metaphysik zurücktreibt: die Aufgabe der sittenbildenden Kraft, der expressiven Markierung der moralischen Grenzen der Gesellschaft. Diese Aufgabe wird *positive Generalprävention* (manchmal auch *Integrationsprävention*) genannt. Durch Strafandrohung soll die Übertretung strafrechtlich geschützter Normen und Werte missbilligt und ihre Schutzwürdigkeit betont werden. Es geht also nicht mehr um die Herstellung von Verhaltensänderung, um Verhaltenssteuerung, sondern um die Darstellung von Handlungsbewertungen.

Impliziert wird natürlich bei der Darstellung von Handlungsbewertungen, beim Ziehen moralischer Grenzen, dass diese Funktion sich letztlich irgendwie auf das Verhalten der Bevölkerung auswirkt, aber die Verhaltenssteuerung wird nicht mehr als explizite Aufgabe definiert.

Obgleich mit der Aufgabe der sittenbildenden Kraft dem Strafrecht eine Funktion zugeschrieben wird, die kaum noch empirisch überprüfbar ist, geben einige Untersuchungen, denen dies dennoch gelungen ist, Anlass, auch gegenüber dieser symbolischen Funktion mehr als skeptisch zu sein. Schumann (1989) etwa hat Gelegenheit gehabt, die Auswirkungen der Änderung des Betäubungsmittelgesetzes am 1.1.1982 (Strafe für den Anbau von Rauschmitteln, wobei schwere Verstöße mit Freiheitsstrafe belegt werden), die zu einer Intensivierung und Ausweitung des strafrechtlichen Zugriffs auf den Drogenkonsum geführt hat, auf die Allgemeinheit (Jugend!) zu überprüfen. Er kommt dabei zu dem interessanten Ergebnis, dass mit dieser Strafrechtsverschärfung ein Bumerang-Effekt ausgelöst wurde, dergestalt, dass sie nicht zu verstärkter, sondern zu verminderter Normakzeptanz geführt hat. Er identifiziert insgesamt eine Gegenläufigkeit von Kriminalisierung und moralischer Toleranz bzw. Entkriminalisierung und moralischem Rigorismus. Als weiteres Ergebnis zeigt er, dass die Normverschärfung den Gebrauch von Drogen (wie Haschisch) nicht beeinflusst. Herausgearbeitet werden eine ganze Reihe von Paradoxien, die zeigen, dass die Zusammenhänge zwischen dem Strafrechtssystem und der Moral der Bevölkerung wesentlich komplexer sind als in den Denkmodellen der *positiven Generalprävention.* Änderungen des Strafrechts bilden sich sehr widersprüchlich in den moralischen Bewertungen der Bevölkerung ab. Verschärfungen haben entweder keinen Einfluss und bleiben folgenlos oder führen gar zur Abwertung der (Verbots-) Norm; umgekehrt kann beim Wegfall der Straffälligkeit die moralische Missbilligung wachsen[3]. – Wie lässt sich das erklären?

Den Normen des Strafrechts stehen divergierende Gruppennormen gegenüber, die mit größerer Verbindlichkeit das Handeln beeinflussen. „Entscheidend sind die peer-groups, für Verhalten und Normakzeptanz gleichermaßen" (Schumann 1989). Auch andere Untersuchungen zeigen, dass divergierende Verhaltensmaximen von Bezugsgruppen die Normanforderungen in Handlungsbereichen überlagern und eine Verwirklichung dieser Forderungen erschwert wird, wenn es an einem unterstützenden System sozialer Wertvorstellungen fehlt. – Die Idee, dass das Strafrecht in der Lage wäre, die grundlegenden moralischen Grenzen der Gesellschaft zu markieren, baut auf der Fiktion der Eindeutigkeit gesellschaftlicher Normensysteme auf. Angenommen wird, dass diese Grenzmarkierung in bestimmten sozialen Bereichen und Orten notwendig wird, in denen eine Normenverinnerlichung nicht (oder nicht ausreichend) zustande gekommen ist, so dass die Normen nicht in entsprechendes Handeln durchschlagen. Folglich sei Moralerziehung über das

---

3   Auch andere Untersuchungen bestätigen diese Befunde (vgl. Heiland/Schulte 1993).

Strafrecht im Sinne nachholender Sozialisation notwendig. Tatsächlich lässt sich aber zeigen, dass das grundlegende Kontrollproblem ganz woanders liegt. Unsere Gesellschaft sendet nämlich sehr widersprüchliche Signale aus, wie wir uns verhalten sollen (vgl. Abel 1991). Die Normabweichung in bestimmten Bereichen ist auch keine *totale* Normabweichung, sondern eine Abweichung, die gesetzt wird, um in anderen sozialen Bereichen die gesetzten Normen und Werte erfüllen zu können. Ich möchte das Gesagte mit einigen Beispielen verdeutlichen.

Betrachten wir den Straßenverkehr. Auf der einen Seite gibt es im Straßenverkehr Geschwindigkeitsbegrenzungen, auf der anderen Seite werden Autos gebaut, die es nicht nur möglich machen, die Begrenzungen mühelos zu durchbrechen, sondern auch Gelegenheit bieten, Konkurrenz, Wettbewerb und Leistung in diesem Handlungsbereich – über das *sportliche, rasante, schnittige* Fahren – zu demonstrieren (was etwa in der Werbung explizit herausgestellt wird), und es gibt eine Zeitdisziplinierung, die es nahe legt, sich zu beeilen, um wiederum pünktlich zur Arbeit, zur Familie oder zu Freizeitaktivitäten zu gelangen und so zuverlässig sein zu können – die im Straßenverkehr jedoch Rücksichtslosigkeit provoziert.

Wettbewerbs- und Leistungsnormen gelten auch im Bildungssystem, Sport und in der Kunst und fördern z.B. den Prüfungsbetrug von Schülern und Studenten, Plagiate von Künstlern, auch den Betrug in der Wissenschaft und den Drogenkonsum im Sport. Wir können an einem jüngeren Skandalisierungsbeispiel, am sog. *Fall Daum*[4], sehr gut sehen, wie schmal die Grenze zwischen Anbetung und Verdammung ist: Wer gestern noch als Vorbild der Nation galt, muss heute bereits als abschreckendes Beispiel herhalten.

Noch ein letztes Beispiel: das Thema Rechtsextremismus und Ausländerfeindlichkeit. Die Asyl- und Ausländergesetzgebung ist in den letzten Jahren massiv verschärft worden; auf allen offiziellen und rechtlichen Ebenen wird Zuwanderung als Problem formuliert und werden Zuwanderer moralisch verdammt (*Wirtschaftsflüchtlinge*); wir erleben staatliche Zwangsabschiebungen mit Todesfolge; auf der anderen Seite werden gerade diejenigen, die die herrschende politische Problembeschreibung ernst nehmen (nicht erst seit dem Legitimationsbegriff der *Leitkultur*) und etwas gegen Flüchtlinge und Ausländer unternehmen, indem sie etwa *national befreite Zonen* herzustellen versuchen, jenseits der moralischen Grenzen der Gesellschaft gestellt. – Die Beispiele ließen sich mühelos weiter ausdehnen.

Das Markieren der moralischen Grenzen der Gesellschaft durch die staatliche Strafe ist folglich mit Widersprüchen und Paradoxien befrachtet, die durch das Strafrecht selbst nicht aufgelöst werden können. Solange die of-

---

4   Der erfolgreiche Fußballtrainer Daum war Kandidat für das Amt des Trainers der deutschen Fußball-Nationalmannschaft. Zum Verhängnis wurde ihm der Versuch, über eine *Haarprobe* den gegen ihn vorgebrachten Vorwurf des Konsums illegaler (leistungssteigernder) Drogen zu entkräften.

fiziellen Normen und Werte durch Heuchelei, Scheinheiligkeit und Doppelmoral gekennzeichnet sind, wird sich die symbolische Funktion des Strafrechts jedenfalls nicht verwirklichen lassen.

Ein weiteres Problem dabei ist das besondere Merkmal der Strafe als Mittel der Normverdeutlichung. Wenn wir von den Norm-Inhalten einmal absehen und uns die *Form* der Strafe anschauen, dann wird Strafe als eine höchst undemokratische, eher feudal organisierte Darstellungsform erkennbar, in der es um Einschüchterung, Lähmung und Brechung geht. In ihrem Kern ist die Strafe eine autoritäre Technik, sie erfolgt von *oben* nach *unten*, sie dient der Einschüchterung, der Machtdemonstration und der Degradierung. Dem Strafenden geht es dabei in erster Linie um Selbstbestätigung; der entscheidende Kern der Technik ist die Zuschreibung individueller Verantwortlichkeit und Schuld. Es ist also ein moralisierender Mechanismus, der die Strafe prägt. Die beabsichtigte Normverdeutlichung und Normbewertung geschieht auf höchst autoritäre Art und Weise; es gibt eine Befehls- und Gehorsamsstruktur, die keine egalitäre Diskussion darüber zulässt, warum welche Normen gelten sollen. Die Normverdeutlichung soll über die erzwungene Anerkennung der (staatlichen) Autorität erreicht werden. Damit aber befindet sich die Strafe im Widerspruch zu grundlegenden Prinzipien einer demokratischen Gesellschaft, in der der Respekt vor dem Gegenüber und konsensuelle Konfliktregelung im Zentrum stehen sollten. – Es lässt sich folglich zusammenfassend sagen, dass die staatliche Strafe kein geeignetes Instrument der sozialen Kontrolle darstellt. Die bisherige Argumentation bezog sich dabei eher auf die Frage möglicher Verhaltenssteuerung und Normdemonstration im Hinblick auf (potentielle) Täter. Wie sieht es aber mit der Opferposition aus?

Die skizzierte symbolische oder expressive Funktion der Strafe kommt völlig ohne das Opfer aus. Das Opfer stört eher, denn die staatliche Strafgewalt definiert sich als das eigentliche Opfer. Das Interesse des Opfers ist im Strafprozeß ohne Belang; tatsächlich machen Opfer eher gegenteilige, negative, die Schädigung noch vertiefende Erfahrungen. Wie wir aus vielen kriminologischen Untersuchungen wissen, sind die Folgen der strafrechtlichen Bearbeitung der Tat für das Opfer oft belastender, als das Delikt selbst. Das Strafrecht demonstriert den staatlichen Machtanspruch auf Kosten der Opfers. Auch – aber nicht nur – als Folge dieser, für das Opfer problematischen Bearbeitung der Taten wird das Strafrecht ja überhaupt nur selten mobilisiert. So selten, dass von seiner Mobilisierung keinerlei unmittelbare Kontrolleffekte ausgehen können, und zu selten, als dass der staatlichen Strafe eine Relevanz als normstabilisierende Sanktion zukäme (vgl. Hanak/Stehr/Steinert 1989)[5].

Soziale Kontrolle wird viel unmittelbarer durch soziale Strukturen gewährleistet, in die die Menschen integriert sind. Die meisten Abweichungen

---

5   Das gilt nicht nur für formelle, sondern auch für informelle Sanktionen: Sie werden viel zu selten gesetzt, als dass sie in der Lage wären, Normstabilität zu gewährleisten.

von anerkannten Normen und Regeln werden mit anderen Mitteln als durch Sanktionen und staatliches Strafen bearbeitet, und erstaunlicherweise sogar besonders häufig durch Nichtbeachtung, durch Sanktionsverzicht – wenn man so will – und durch unmittelbare Kompensation. – Man kann das Argument noch verstärken. In vielen Fällen, wie etwa im Umweltschutz, in der Frage der Qualitätskontrolle von Lebensmitteln und anderen Waren, im Falle von Steuerhinterziehung, Korruption oder Subventionsbetrug, wird von Seiten der Politik das Strafrecht bemüht, um gerade keine wirksamen Kontrollen – die der Produktion Schwierigkeiten bereiten und für die betreffenden Firmen die Kosten erhöhen würden – einzuführen. Diskussionen über Kindesmissbrauch und -Misshandlung, Ankündigungen von Kinderschutzgesetzen und verstärkter Strafverfolgung demonstrieren Schutzbereitschaft, ohne aktiv eine Familien- und Sozialpolitik anzugehen, die tatsächlich die problematischen Seiten der Kleinfamilie und der Intimität kompensieren könnte (vgl. Cremer-Schäfer/Steinert 1998). Es gibt umgekehrt auch Bereiche, in denen bereits vorhandene Kontrollmöglichkeiten explizit abgeschafft wurden, weil sie von Firmen als profitschmälernd erkannt worden sind. Dies gilt etwa für viele jugendspezifische Delikte, wie etwa den Ladendiebstahl oder die Leistungserschleichung. Hier haben Untersuchungen gezeigt, dass gerade wirksame Kontrollmittel, nämlich das Personal in der unmittelbaren Situation, wie die Ladenbedienung oder der Schaffner im öffentlichen Verkehrsmittel, zugunsten einen kostengünstigeren Technik (und mit dem Ziel der Profiterhöhung) abgeschafft wurden (vgl. Brusten/Hoppe 1986). Wir können folglich festhalten: Je unwirksamer die Strafe als Kontrollmittel ist, desto attraktiver wird sie als Form *symbolischer Politik*, die die Politik davon entlastet, eine wirkliche Problempolitik zu betreiben, eine strukturierende Politik, die Gelegenheiten zur Abweichung und zu Schädigungen tatsächlich reduzieren könnte.

3. Die Kultur der Punitivität

Wenn steigende Jugendkriminalität oder erhöhte Gewaltbereitschaft von Jugendlichen skandalisiert und ein härteres staatliches Strafen gefordert wird, dann geht es nicht so sehr um eine wirkliche Reduzierung von Gelegenheiten zur Abweichung oder um eine effektivere soziale Kontrolle, sondern um symbolische Politik, um Propaganda gegen Jugendliche, die zum Feindbild definiert und dadurch legitimiert aus der Gesellschaft ausgeschlossen werden können[6]. Wir können also Strafe nicht im Zusammenhang mit sozialer Kon-

---

6   Unter Ausschließung verstehe ich hier die Reduzierung sozialer Chancen und die Beschneidung sozialer Ressourcen (vgl. auch Cremer-Schäfer/ Steinert 1998). In diesem Sinne sind Skandalisierungen von Armut und Arbeitslosigkeit als Ursache von Kriminalität hoch problematisch, denn was als durchaus fürsorgliche Skandalisierung in-

trolle begreifen, sondern müssen den Ruf nach ihr erklären, im Kontext einer *Kultur der Punitivität*, die den Kern symbolischer Politik mit dem Strafrecht ausmacht. Die wichtigsten Merkmale der *Kultur der Punitivität* sind folgende:

1. Das ist zunächst die Sprache der Strafe, ihre Rhetorik und Grammatik. In dieser Sprache sind Menschen (hier: Jugendliche) zu bekämpfende *Kriminelle*. Die Sprache ist moralisierend und verdammend. Jugendliche werden mit ihr zu einer *Problemgruppe* und zu einer *gefährlichen Kategorie* geformt. Das Vokabular der Strafe verweigert Jugendlichen Ansprüche an die Gesellschaft. Wenn Jugendkriminalität diskutiert wird und gar von einer steigenden Kriminalität die Rede ist, oder von einer neuen Qualität der Gewaltbereitschaft, dann wird *nicht* über Jugendliche als anspruchsberechtigte Bürger gesprochen.

   In unserer Gesellschaft bemisst sich die soziale Teilhabe in erster Linie an vorhandenen Rechten. Diese Rechte reichen vom Wahlrecht, über die Bereiche ökonomischer und sozialer Absicherung, bis hin zu Selbstbestimmungsrechten. Die Sprache der Punitivitätskultur thematisiert diese Rechte nicht, sie erkennt sie nicht an. Nicht die Probleme der Jugendlichen in unserer Gesellschaft werden thematisiert, nicht ihre Abdrängung in die Marginalität und auch nicht ihre Verletzbarkeit, die sich als Folge ihrer Marginalität einstellt.

   Zur Sprache der Punitivität gehört auch das *Motivvokabular*. Es werden im öffentlichen Reden immer auch *Ursachen* von Kriminalität artikuliert. Über die *Ursachensuche* und *Motivkonstruktion* werden unterprivilegierte Lebenslagen zum Anlass und zur Rechtfertigung von Kriminalisierungen. Die betreffenden Jugendlichen werden zu einer *Problemgruppe*, vor der die Bevölkerung zu schützen ist.

2. Ein weiteres Merkmal sind *Rituale*. Die Kultur der Punitivität hat ein Ritual etabliert, das es ermöglicht, das Drama von Bedrohung und Sicherung, von Normabweichung und Sanktionierung, von Ordnungsstörung und Wiederherstellung der Ordnung zu inszenieren. So ist es besonders in Zeiten der Reduzierung der Politik auf rein symbolische Politik in der Lage, den Eindruck zu vermitteln, dass die Welt prinzipiell in Ordnung gebracht werden kann. Dazu bedarf es nur der entschlossenen Bereitschaft aller anständigen Kräfte der Gesellschaft (oder der zuständigen Politik).

3. Im Kern dieser Rituale befindet sich das moralische Lehrstück, das Drama. Ein drittes Merkmal ist folglich die *Moralverkündung*, denn diese Rituale sind *moralische Dramen*. Der Kampf von Gut und Böse wird inszeniert. Und die Rituale sind ein Vehikel, das moralisch Gewollte herauszustellen und als Bollwerk gegen das Böse zu deklarieren. So wird im Zusammenhang mit Jugendkriminalität vor allem die Erziehung proble-

---

tendiert ist, kann leicht in eine Rechtfertigung des Ausschlusses von *gefährlichen Jugendlichen* umschlagen.

matisiert und eine autoritäre Wende eingeschlagen. Es ist die Rede vom *Bequemlichkeitsliberalismus.* Und es wird ein neues Verhältnis zwischen jungen Menschen und Erwachsenen austariert, das maßgeblich auf Autorität basiert. Dabei werden auch neue Anforderungen an Erwachsene gestellt: „Wer seinem Kind nicht jeden Tag vorliest, verdient es nicht, ein Kind zu haben" (Die Zeit, 7.5.1998). Die Slogans *Mut zur Erziehung* und *Grenzen setzen* akzentuieren nur mehr die Autorität von Erwachsenen gegenüber Kindern und Jugendlichen.

4. Wie ist die Kultur der Punitivität auf die Jugend bezogen?

Der Diskurs über die Jugend pendelt, seit deren historischer Erfindung, zwischen zwei Polen. Auf der einen Seite sind Jugendliche Hoffnungsträger der Gesellschaft, die Garanten der Zukunft, auf der anderen Seite symbolisieren sie die Bedrohung der Zukunft. In diesem Pendeln artikulieren sich die Hoffnungen auf gesellschaftliche Veränderungen, wie auch Wahrnehmungen von gesellschaftlichen Krisen und daraus resultierenden Befürchtungen. Die Jugend wird also jeweils zur positiven wie negativen Projektionsfläche für Annahmen von Erwachsenen.

Mit dem Bild der Jugend als Bedrohung wird *soziale Angst* bearbeitet. *Jugendkriminalität* dient vor allem dazu, öffentlich Unbehagen und Angst über ökonomische und gesellschaftliche Entwicklungen zu artikulieren. Mit der öffentlichen Problemdefinition findet eine Verschiebung der Diskussion statt. Es wird nicht mehr weiter danach gefragt, *was* an gesellschaftlichen Verhältnissen Unbehagen verursacht, und stattdessen die Frage formuliert, *wer* denn gegenwärtig Angst macht.

Über die Benutzung von Bildern der gefährlichen (aber auch gefährdeten) Jugend werden Veränderungen sowohl von Generationen- als auch von Klassenverhältnissen bearbeitet. Die Rede von der steigenden Kinder- und Jugendkriminalität, von der Verrohung und Brutalisierung der Kinder und Jugendlichen, ist eine Form der Bearbeitung des Generationenverhältnisses durch Erwachsene. Die Angst der Erwachsenen, den *Generationenvertrag* nicht mehr einhalten zu können, die Zukunft der Kinder und der Jugend nicht mehr gewährleisten zu können, führt zu *Spiegelungen* und Projektionen auf die Nachkommenschaft. Die Bilder und Vorstellungen, die dabei entwickelt werden, sind vielfältig. Ausgangspunkt ist die Unsicherheit und Ambivalenz der Erwachsenen, die unterschiedlich bearbeitet werden kann. Wenn das Bild der *kriminellen Jugend* gezeichnet wird, bietet das die Möglichkeit, das Unbehagen der eigenen Situation im Konkurrenzkampf auf die *gewaltbereiten und kriminellen Jugendlichen* zu projizieren, die die Eigenschaften verkörpern, die Erwachsene besitzen müssen, wenn sie zu den *Gewinnern* zählen wollen. Das Bild bietet aber auch die Möglichkeit, die Angst vor der unsicher gewordenen Zukunft zu bearbeiten: Das Unbehagen über das eigene Unvermögen, die Zukunft der eigenen Kinder zu sichern, lässt dann die Kinder gefährlich werden: Es wird befürchtet, dass sie sich das nehmen, was ihnen nicht (mehr) gegeben werden kann. Der Ruf nach Bestrafung der Jugend sagt folglich sehr wenig über die Jugend, dafür um so mehr über die unsicher gewordene soziale Position von Erwachsenen aus.

5. Fazit: Zur Notwendigkeit der fortgesetzten Suche nach (und Aufwertung der bestehenden) Alternativen zur Strafe

Kriminalpolitisch gibt es keinen rationalen Grund, von der Suche nach Alternativen zur Strafe abzukommen. Angesichts der systematischen Überforderung des Strafrechts als Instrument der sozialen Kontrolle ist der Weg zur Suche nach *funktionalen Äquivalenten* fortzusetzen, wie er in den 70er Jahren eingeschlagen wurde. Es ist bislang keine andere Qualität von Jugendkriminalität belegt, die einen repressiven Umschlag rechtfertigen könnte. Jugendkriminalität ist immer noch ubiquitär und eine Episode im Lebenslauf, also ein passageres Phänomen, das sich *auswächst*. Auf Jugendkriminalität verschärft mit staatlicher Strafe zu reagieren, verschärft lediglich das Problem, ohne auch nur einen Schritt weiter in Richtung soziale Kontrolle und Ordnungssicherung zu gelangen. Und schließlich gilt es immer wieder darauf hinzuweisen, dass eine Ordnung, die bestimmten Personengruppen gleiche Rechte und elementare soziale Ressourcen vorenthält, grundsätzlich problematisch ist.

Literatur

Abel, R.L.: The Failure of Punishment as Social Control, in: Israel Law Review, Vol. 25, No. 3-4, 1991, S. 740-752

Albrecht, G.: Möglichkeiten und Grenzen der Prognose „krimineller Karrieren", in: DVJJ (Hrsg.): Mehrfach Auffällige – Mehrfach Betroffene. Bonn: Forum-Verlag, 1990, S. 99-116

Brusten, M./Hoppe, R.: Greifen unsere Theorien noch? Entwicklung und Struktur der Kriminalität als Folge „betriebswirtschaftlicher Entscheidungen" am Beispiel von Ladendiebstahl und „Schwarzfahren", in: Kriminologisches Journal, 1. Beiheft 1986, S. 45-73

Cremer-Schäfer, H./Steinert, H.: Straflust und Repression. Zur Kritik der populistischen Kriminologie, Münster: Westfälisches Dampfboot, 1998

Hanak, G./Stehr, J./Steinert, H.: Ärgernisse und Lebenskatastrophen. Über den alltäglichen Umgang mit Kriminalität, Bielefeld: AJZ, 1989

Heiland, H.-G./Schulte, W.: Strafe und Verhalten – oder: Wieviel Strafe ist nötig? In: Peters, H. (Hrsg.): Muß Strafe sein? Zur Kritik und Analyse strafrechtlicher Praxis, Opladen: Westdeutscher Verlag, 1993

Heinz, W.: Jugendkriminalität und strafrechtliche Sozialkontrolle in der Bundesrepublik Deutschland, in: Kühne, H.-H. (Hrsg.): Festschrift für Koichi Miyazawa, Baden-Baden: Nomos, 1995, S. 93-140

Hess, H.: Probleme der sozialen Kontrolle, in: Kerner, H.-J./Göppinger, H./Streng, F. (Hrsg.): Kriminologie – Psychiatrie – Strafrecht, Festschrift für Heinz Leferenz zum 70. Geburtstag. Heidelberg: Müller, 1983, S. 3-24

Hess, H./Stehr, J.: Die ursprüngliche Erfindung des Verbrechens, in: Kriminologisches Journal, 2. Beiheft 1987, S. 18-56

von Liszt, F.: Die Kriminalität der Jugendlichen, in: ders.: Strafrechtliche Aufsätze und Vorträge, Band 2. Berlin, 1905, S. 338f.

Popitz, H.: Über die Präventivwirkung des Nichtwissens. Dunkelziffer Norm und Strafe. Tübingen: Mohr, 1968

Scheerer, S.: Kritik der strafenden Vernunft, in: Ethik und Sozialwissenschaften, Jg. 12, Heft 1, 2001, S. 1-15

Schumann, K.F.: Positive Generalprävention. Heidelberg, 1989

Schumann, K.F./Berlitz, C./Guth, H.-W./Kaulitzki, R.: Jugendkriminalität und die Grenzen der Generalprävention. Neuwied/Darmstadt: Luchterhand, 1987

Christian Büttner

Jugend und Gewalt – Über den Sinn von Grenzen und Strafen im Erziehungsprozeß

Jugendgewalt in der Diskussion

Jugend und Gewalt ist ein Thema, das nicht erst in den letzten Jahren wissenschaftliche und öffentliche Resonanz findet. Immer schon hat man sich in nahezu allen Kulturen und Gesellschaftsformen Gedanken gemacht, wie man den heftigen Spannungen beim Übergang vom Kind zum Erwachsenen so begegnen könne, daß es etwa mit Hilfe von Ritualen bei den Jugendlichen zu einem Minimum an destruktiver Gewalt und einem Maximum an Anpassung an die gegebenen Lebensverhältnisse und Normen komme.

Gleichwohl wird die heutige Aufregung über das *ständige Anwachsen von Jugendgewalt* und die Ideen zu ihrer Begrenzung wahrscheinlich verstärkt durch Tendenzen, die sich in den letzten 20 Jahren in nahezu allen westlichen Industrieländern abgezeichnet haben:

– die außerordentlichen Beschleunigungen gesellschaftlicher Veränderungen (am deutlichsten sichtbar an den Auswirkungen globaler wirtschaftlicher, technologischer und kommunikativer Entwicklungen),
– die Veränderungen der Familienformen und die damit einhergehenden Verunsicherungen, ob die bislang durch die traditionelle Familie erbrachten Sozialisationsleistungen noch erwartet werden können;
– die weltweiten Wanderungsbewegungen mit neuen Konfrontationen höchst unterschiedlicher Lebensformen und Vorstellungen zu Kindheit und Jugend;
– die Veränderungen in der Arbeitswelt, die keine klare Orientierung auf ein bestimmtes Berufsleben nach einer entsprechenden Ausbildung mehr geben, wie dies noch vor wenigen Jahrzehnten der Fall war, und die die Kompetenz verlangen, sich auf Flexibilität und damit einen Verlust von Sicherheit einzustellen und
– die mediale Beeinflussung, die inzwischen einen Großteil der Ansichten über gesellschaftliche Wirklichkeit bestimmen, unabhängig davon, ob die dazu verwendeten Informationen einer Realitätsprüfung standhalten.

Gerade zum letzten Punkt muß man in der Debatte um *Jugend und Gewalt* feststellen, daß die in den Medien verbreiteten Schreckensmeldungen häufig nicht den Statistiken entsprechen, mit der um der Glaubwürdigkeit willen die Meldungen angereichert werden. Dennoch hat es wahrscheinlich tatsächlich eine Zunahme von Gewalthandlungen bei Jugendlichen gegeben, allerdings nur bei einzelnen, die ihre bisherige Lebensgeschichte lang immer schon durch Gewalttaten aufgefallen sind. Beispiele, die in in der Öffentlichkeit heftig und kontrovers diskutiert wurden, sind: der türkische Jugendliche Mehmet aus München, der nach einer Unzahl von Straftaten und Gewalthandlungen für unerziehbar gehalten wurde und deshalb mit seinen Eltern wegen deren Weigerung zur Kooperation das Land verlassen sollte, oder Chris, der Jugendliche aus Darmstadt, dessen einzige und zweifelhafte Chance, von der Karriere eines Gewalttäters herunterzukommen, nach Meinung von Pädagogen in einer begleiteten Abenteuer-/Erlebnisreise nach Südamerika bestand.

Die Tendenz vieler Medienkonsumenten, an schlechten Nachrichten von *bösen* Menschen besonders interessiert zu sein, macht es schwer, Jugendgewalt anders als aus einer Täterperspektive und anders als eine allein individuell begründete Gewalt wahrzunehmen. Dabei haben Wissenschaftler schon seit langem immer wieder darauf hingewiesen, daß gewalttätige Jugendliche meist Menschen sind, die selbst unter gewaltsamen Beziehungsverhältnissen aufwuchsen. Und einige wenige Journalisten haben diese Erkenntnisse auch aufgegriffen, so z. B. Anton Andreas Guha in der Frankfurter Rundschau:

„Wer sich dem Problem Jugend und Gewalt ernsthaft annähern will, muß eine Grundwahrheit anerkennen, wie schwer sie ihm auch fallen mag: Aggressive und gewalttätige Jugendliche werden nicht als solche geboren, sondern im Laufe ihrer Lebensgeschichte (Sozialisation) zu Gewalttätigen gemacht – abstrakt von den Verhältnissen und Umständen, dem Milieu, der Gesellschaft (mit ihren Werten und Normen), konkret aber immer von Menschen. Diese Einsicht ist in der Individual- und Sozialpsychologie, in der Aggressionsforschung und Soziologie ein Gemeinplatz, sie ist unumstritten. Doch ihr fehlt die Akzeptanz durch die Gesellschaft, ihre differenzierenden Begründungen und die sich daraus wiederum ergebenden Konsequenzen finden nicht genügend öffentlichen Wiederhall. Das hat zur Folge, daß die Diskussion im zwanzigsten Jahrhundert nach Christus von genau denselben Vorurteilen, Klischees und Ängsten geprägt wird, wie man sie bereits auf altägyptischen Papyrusrollen im 20. Jahrhundert vor Christus findet – und dann so weiter durch die Kulturgeschichte" (A. Guha in: Frankfurter Rundschau vom 24.7.1991, S. 3).

Gerade in jüngerer Zeit haben namhafte Erziehungswissenschaftler, Kriminologen und Psychologen wieder einmal vor der Vernachlässigung der Jugend durch Öffentlichkeit und Politik gewarnt:

„Unsere Gesellschaft bricht den Generationenvertrag mit den Jüngeren. Vor allem die Gruppe der unter 15- bis 20-Jährigen wird an den Rand, wenn nicht sogar aus der Gesellschaft gedrängt. Die sozial schwächeren, die intellektuell nicht ganz so Fitten in den Haupt- und Sonderschulen, viele Einwandererkinder und die Kinder von Spätaussiedlern stehen in Gefahr, den Anschluß zu verlieren" (Kahl 1998: 88).

Ein wachsender Anteil der Jugendlichen wähle perverse Formen, sich Anerkennung zu verschaffen. Kriminalität und Gewalt blieben die bevorzugten Formen, wenn sich ihnen andere Möglichkeiten der Selbstverwirklichung entzögen.

Was nützen diese Botschaften aber praktizierenden Pädagoginnen und Pädagogen? Was könnte helfen, die Auswirkungen fehlender sozialer und materieller Unterstützung zu kompensieren? Gibt es überhaupt eine Alternative zu repressiv eingrenzenden Interventionen und zu Strafe bzw. Vergeltung bei Grenzüberschreitungen? Ich werde zunächst auf einige zentrale Probleme des Jugendalters eingehen, um mich dann der Frage nach pädagogischen Maßnahmen zu widmen.

Jugend und Familie

Geht man davon aus, daß der Übergang vom Kind zum Erwachsenen in allen Kulturen und zu allen Zeiten ein, die gesamte soziale Gemeinschaft bewegendes Ereignis war und ist, dann lassen sich daran eine Reihe von Einsichten gewinnen. Sie könnten dem Thema *Jugend und Gewalt* eine möglicherweise weniger beängstigende Perspektive und zugleich Anregungen geben, wie man als für Jugendliche Verantwortlicher oder in politischer Verantwortung für die Lebensbedingungen von Jugendlichen der Jugendgewalt begegnen könnte.

Jugend ist eine Lebensphase, der andere Phasen vorangegangen sind und der weitere Lebensphasen folgen. Sie unterscheidet sich von anderen Phasen allerdings dadurch, daß sie – gemessen an äußeren Faktoren, wie Gesetzen und gesellschaftlichen Erwartungen – auf eine Grenzüberschreitung zuläuft, auf den Übergang vom Kind zum Mann bzw. zur Frau. Es ist nicht die erste Grenzerfahrung, die Menschen im Laufe ihres Lebens machen müssen, und nicht die letzte. Die erste ist wahrscheinlich die Geburt, die Trennung von Mutter und Kind. Sie verläuft meist hoch dramatisch und kann in manchen Fällen sogar die Form eins Kampfes auf Leben und Tod annehmen.

Eine weitere Phase, in der es um ernsthafte Auseinandersetzungen von Mutter, Vater und Kind geht, ist die sogenannte Trotzphase, die Phase der manchmal heftigen Auseinandersetzungen mit den Zwei- bis Fünfjährigen. Der Widerstand und Eigenwille des Kindes, das inzwischen laufen gelernt hat und sich nicht bremsen lassen möchte, bricht sich an dem, was in höchst unterschiedlicher Interpretation elterliche Erziehung genannt wird. Diese Auseinandersetzung zwischen Eltern und Kindern läuft oft nicht ohne Verletzungen ab. Kinder können mit diesen Erfahrungen auch Erlebnisse elterlicher Gewalt verbinden, die sie ihrerseits zu gewaltsamem Handeln anregt. Die Energie, den Omnipotenzimpulsen des Kindes Stand zu halten, scheinen viele Eltern heute nicht mehr aufzubringen. „Das Kind müßte seine Grenzen erfahren", beklagen sich immer wieder Pädagogen in ihrer Kritik an aktuellem elterlichem Verhalten. Und Eltern erhoffen sich nicht selten von den professionellen PädagogInnen, daß diese solche Grenzerfahrungen vermitteln mögen.

Schließlich die Pubertät: Sie ist in der familiären Auseinandersetzung durch z. T. endlose Kämpfe um Grenzziehungen zwischen den elterlichen Ge- und Verboten und den Wünschen der Jugendlichen nach ungehemmter Freiheit gekennzeichnet. Die in den 60er Jahren aufgekommene antiautoritäre Bewegung der Adoleszenten, also der der Familie bereits Entwachsenen, enthielt viele Impulse gegen einstmalige elterliche Autorität, die nun in der Rolle als Eltern umgesetzt werden sollten. Das mußte u. a. auch deshalb scheitern, weil eine vielleicht richtige Einsicht am falschen Objekt (dem eigenen Kind) zu leben versucht wurde. Aber es hat den Anfang vom Ende der traditionellen Familienformen, in der die Partner sich für ein Leben lang versprechen, gesellschaftlich zum Ausdruck gebracht.

Um sich von einem Zustand zu einem anderen weiter zu entwickeln, ist immer eine Trennung vom alten und eine Hinwendung zum neuen Zustand nötig. Trennungen enthalten die Trauer des Verlustes und die Verheißungen des Neuanfangs. Sie sind also zumeist ambivalent: Sie provozieren einen Gefühlsanteil, der dazu drängt, sich die Vorteile des Vertrauten noch eine Weile zu erhalten, und einen anderen Gefühlsanteil, der die Abkehr von etwas Überlebtem fordert. Je radikaler Trennungen empfunden werden, desto heftiger können diese Gefühlsambivalenzen sein. D.h., sie erfordern vom einzelnen ein hohes Maß an Energie, Gefühlsschwankungen aushalten zu können. Die Kehrseite ist meist ein Sich-Verlieren in dem jeweils einen oder anderen Gefühls*ghetto*. Man bleibt (mit verdrängter Wut) Kind oder wird mit Grandiosität Erwachsener. Je weniger jemand in dieser Situation in der Lage ist, Trennungen zu ertragen, desto mehr werden sie sich in polaren Reaktionen artikulieren: als (meist destruktiver) Kampf gegen alles und jeden, oder als Flucht vor allen Versuchen Dritter, Bindungen herzustellen oder Verbindlichkeiten einzufordern. *Bambule* oder Abhauen sind immer schon die typischen Extremreaktionen Jugendlicher gewesen, die den Übergang nicht aus eigener Kraft bewältigen konnten bzw. denen keine entsprechende Hilfe gegeben wurde. Ob die Lösung dieses Trennungskonflikts *Hotel Mama* (Herms-Bohnhoff 1992) heißt, oder ob der Jugendliche vorzeitig die Familie verläßt (vgl. Stierlin 1980) – dazwischen liegen vielfältige Formen des Übergangs, die wahrscheinlich von den aktuellen Umständen abhängen, in denen Jugendliche aufwachsen.

Eine wesentliche Voraussetzung zum konstruktiven Umgang mit der Grenze ist die innere, die psychische Ausstattung eines Jugendlichen: Hat er in seinem bisherigen Lebensweg kräftigende Erfahrungen machen können? Wo gab es Widerstand, der ihn hat Erfolge erringen lassen, ihn aber auch vor Gefahren geschützt hat? Wie steht es um seine innere Festigkeit, den anstürmenden ambivalenten Gefühlen standzuhalten? Je angenehmer die Erfahrungen des Wechsels von einem früheren Lebenszustand in einen nachfolgenden waren, desto leichter wird es wahrscheinlich einem jungen Menschen fallen, auch den nächsten Wechsel zu überstehen. Je massiver die Schwächung durch Vernachlässigung, fehlende Hilfestellung oder ausreichende Versorgung –

und vor allem: je früher sie erlebt wurde, desto größer können die Enttäuschungen sein, wenn Entwicklungsanforderungen nicht gemeistert werden. Bei Kindern und Jugendlichen aus materiell und sozial problematischem Milieu ist diese destruktive Reaktion auf frustrierende Ereignisse oder auf Selbstenttäuschungen gegen Personen und Sachen schon lange bekannt und entsprechend als Dissozialität etikettiert worden.

Schwieriger zu beurteilen ist die Gewalt gegen die eigene Person. Formen der Magersucht werden u. a. auch auf den Protest der Jugendlichen gegen die verinnerlichte Autorität der Mutter zurückgeführt, die die Kontrolle über das Kind nicht abgeben will und – meist unbewußt – den Schritt der Jugendlichen über die Grenze in die Eigenständigkeit mit allen Mitteln zu verhindern sucht. Die Verweigerung von Essen (i.e. Mutterbrust) ist – aus der Perspektive des Kleinkindes, das nicht groß werden darf – eine harte Strafe für die Mutter.

Hinzu kommt der Übergang von den Beziehungen zu Familienangehörigen zu den Cliquen der Gleichaltrigen bzw. Gleichgesinnten. Auch dieser gleicht einem Überschreiten von Grenzen, nämlich denen der häuslichen Werte und Normen hin zu neuen *Ufern* einer eigenen Identität. Anders zu werden als die Eltern ist heute wie damals die Alternative zu der Identifikation mit den Vorfahren. Es gibt ganz verschiedene Varianten, wie dieser Wechsel von einer Beziehungskultur in eine andere vonstatten gehen kann. Wenn er von den Eltern nur schwer oder gar nicht ertragen wird, kann dies die Spannungen bis hin zur gewaltsamen Auseinandersetzung erhöhen (*bis die Fetzen fliegen*).

Auch in der neuen Bezugsgruppe der Gleichaltrigen oder Gleichgesinnten sind neue Anforderungen zu bestehen: Wer präsentiert am besten die geltenden neuen Normen und Werte? Wer ist im Überschreiten von Grenzen der Wagemutigste? Schließlich gilt es ja, in diesen neuen Zirkeln zu bestehen, denn anders als in der Familie, in der der eigene Platz längst gesichert ist bzw. feststeht – auch wenn er nicht immer den eigenen Vorstellungen entspricht –, muß er in neuen sozialen Zusammenhängen erst erworben werden. Die Jugendkultur kennt unzählige Rituale und Verhaltensweisen, die persönliche Satisfaktionsfähigkeit zu testen und die Zugehörigkeit zu demonstrieren.

Verständlicherweise geraten Eltern und professionelle Pädagogen leicht in Sorge, wenn sie nicht über- oder durchschauen, welche Normen unter den Jugendlichen gelten und ob sie möglicherweise gefährlich sind. Die Jugendpädagogik unterstützt sie darin, in dem sie Szenarien anbietet, die den Jugendlichen ungefährliche Vorgaben machen. Es ist aber möglicherweise nicht immer das richtige Angebot, und es stehen nicht immer geeignete Angebote zur Verfügung. Oder Jugendliche suchen gerade außerhalb der elterlichen Koalition mit professionellen Erwachsenen die *richtige* Identität. Dies können dann Hobbys wie U-Bahn-Surfen, Umgangsformen in Jugendsekten oder Mittel wie z. B. Drogen sein, die gefährlich werden oder sind. Und es hängt wiederum von den Umständen ab, welcher Jugendliche welche Bezugsgruppe wählt. Auf einen Nenner gebracht: Haltlose Kinder sind von dem Halt in einer Gruppe fasziniert, die sich mit aller Gewalt von den herrschenden Verhältnissen abgrenzt (Skins).

Schwierig wird die Identitätsentwicklung eines Jugendlichen aus der Perspektive des Gemeinwesens, wenn frühzeitig die Weichen für eine negative Identität gestellt werden. Dann verknüpfen sich u. U. die kindlichen Phantasien dessen, was hinter der Grenze elterlicher Wertvorstellungen liegt, mit deren purem Gegenteil: „Wenn ich schon schlimm, böse und verdorben bin" – so ein von seinen Eltern schwer mißhandelter Sonderschüler, der dem Lehrer Jürg Jegge nach einer langen Phase der Vertrauensbildung von seinen innersten Gefühlen erzählte – „dann, so war meine Idee, wollte ich wenigstens ein guter Krimineller werden" (Jegge 1976: 74). Es gibt genügend, auch diese Haltungen stabilisierende Gruppen und Milieus, ja es gibt ganze Familienclans und kriminelle Vereinigungen, an denen sich eine solche Identitätsuche festmachen kann.

Soweit einige Gedanken zu den Entwicklungsvoraussetzungen, bei denen die Lebensphase Jugend in vielfältiger Weise auch mit Grenzen und Gewalt zu tun hat – sei es aus der jeweiligen Psychodynamik, sei es aus aus der Familiendynamik oder sei es aus der Soziodynamik des Umfeldes heraus. Ich möchte nun noch einige Gedanken zum Spannungsverhältnis zwischen Jugend und Gesellschaft ausführen, bevor ich mich den pädagogischen Perspektiven zuwende.

Jugend und Gesellschaft

Jugend ist nicht nur ein privat-familiäres Erlebnis. Im Gegenteil, es ist ein exquisit gesellschaftliches. In dem Maße, in dem Jugend den Anfang vom Übergang in die Gesellschaftswelt bedeutet, stellt sich die Frage, wie man sich in der Gesellschaft dazu verhält, daß ständig neue Mitglieder aufgenommen werden müssen. Das Bild von Jugend und noch mehr das vom Erwachsensein ist zu diffus, als daß – im Vergleich zu den sog. *kalten Kulturen* etwa archaischer oder sogenannter primitiver sozialer Gemeinschaften (Erdheim 1982) – eindeutig feststünde, was Erwachsensein ausmacht. Vor allem können Beschreibungen erwachsenen Verhaltens, erwachsener Lebensziele und Wünsche – heute formuliert – morgen schon *Schnee von gestern* sein. Gerade in Demokratien, die eine höchstmögliche Freiheit der Identitätswahl im Rahmen des Grundgesetzes erlauben und in der Veränderungen zum Prinzip gehören, kann die Orientierung selbst Erwachsenen durchaus schwer fallen. Der gesellschaftliche Diskurs über einen Minimalkonsens an demokratisch tolerierbarer Individualität ist selbst für Intellektuelle bzw. psychisch gut ausgestattete Erwachsene mitunter so komplex, daß man kaum eine Linie erkennen kann.

Es gibt also keine einheitliche verbindliche Form von Erwachsensein (Rechte, Pflichten, soziale Verantwortung gegenüber der vorigen und der nachfolgenden Generation), in die hinein Jugendliche wachsen könnten, sollten oder müßten. Im Gegenteil – man legt ihnen diese Orientierungslosigkeit als Vorteil der Demokratie und der Konsumgesellschaft aus, ein Vorteil, den allerdings nur jemand wahrnehmen kann, der sich nicht in der Verwirrung ungeahnter Möglichkeiten bis hin zu kriminellen Phantasien zu verlieren droht. Möglicherweise sind – neben anderen Faktoren – Phantasien rechtsradikaler, gewaltbereiter Jugendlicher auch ein Ausdruck dieser Überforderung, ebenso wie einst ja auch die linksradikale Szene eine einheitliche Orientierung in neuen Sozialformen gesucht hat.

Ein weiteres kommt hinzu: Eine Grenze läßt sich nur überschreiten, wenn sie auch als Grenze markiert ist. Markierung aber bedeutet Widerstand gegen den, der versucht, eben diese Grenze unbefugt zu überschreiten. Diesen einheitlichen Widerstand gibt es schon lange nicht mehr. Vielmehr ist die Markierungslinie zwischen Kindern und Erwachsenen vor allem in den kulturellen Konsumbereichen in vielfacher Weise aufgeweicht, unscharf oder gebrochen. Deutlich wird dies am Jugendschutz. Wer sich dort engagiert, steht in dem Versuch, eine solche Grenze zu definieren – meist gegen den erheblichen Widerstand derer, für die Jugend lediglich eine Konsumentengruppe unter vielen ist. Den Eltern hingegen fehlen für ein aktives Engagement häufig die unmittelbaren Beziehungen zu gesellschaftlich-kulturellen Bereichen der Produktion oder Distribution. Es scheint kaum möglich, aus individuellen Familienverhältnissen heraus Einfluß auf eine solche Grenzziehung zu nehmen.

Andere Bereiche wiederum sind nach wie vor mit traditionellen Übergängen – ritualisiert z.B. durch Prüfungen – ausgestattet. Diese erscheinen allerdings wenig oder gar nicht aufeinander abgestimmt und auf eine unendliche Vielfalt lebensgeschichtlicher Verläufe ausgerichtet. So läßt sich beim besten Willen keine allgemein verbindliche gesellschaftliche Grenze erkennen, die zwischen einem Jugendlichen und einem Erwachsenen unterscheiden ließe. Man kann sich leicht vorstellen, daß dies Größenphantasien bei Jugendlichen beflügeln kann, vor allem bei solchen, die Gefühle von Ohnmacht aus früheren und frühesten Lebenserfahrungen mit Grandiositätsvorstellungen zu überdecken versuchen.

Vergleicht man demokratische Verhältnisse mit totalitären Systemen, dann gilt für letztere, daß sie viel Wert auf organisierte Jugend legen, und im Rahmen einer Jugendarbeit auch vielfältige Rituale installiert haben, die Übergangscharakter besitzen. Der Wunsch nach Bindung an eine soziale Gemeinschaft – ob er von den Herrschenden oder von haltsuchenden Mitgliedern ausgeht – führt über kontrollierte Initiation und sanktionierte Abweichung von den geltenden Verhaltensnormen mit nur sehr geringen oder überhaupt keinen individuellen Wahlmöglichkeiten. Beide sind u.U. von heftiger Gewalt begleitet, sei es die Initiation, die ja eine Unterwerfung verlangt, sei es die Sanktion, die um so drakonischer ausfallen kann, je stärker der Bindungsdruck ist. Hier ähneln sich im Hinblick auf den Gewaltaspekt fatalerweise Normen und Wertvorstellungen totalitärer Systeme und gewaltbereiter Jugendbanden, -cliquen, -sekten oder -vereine.

Möglicherweise ist in westlichen Demokratien das Kreisen der Gedanken um Jugendgewalt auch ein Ausdruck dessen, daß sich damit etwas artikuliert, was z. B. durch politische Aufklärung überwunden geglaubt ist: willkürliche oder organisierte Gewalt als konstituierendes Merkmal einer sozialen Gemeinschaft. Möglicherweise ist es eine auch Illusion zu glauben, man könne ein solches Gemeinwesen im ständigen Prozeß des Übergangs von Kindern zu Erwachsenen ganz ohne irgendwelche Gewalt realisieren. Immerhin ist Gewalt als Modell eines Aspektes menschlichen Verhaltens wahrscheinlich auch im 21. Jahrhundert etwas ganz Alltägliches wie schon Jahrtausende zuvor – und zwar nicht nur Gewalt von Jugendlichen, sondern auch Gewalt gegen Jugendliche, und nicht nur gegen diese! Um eine Grundtatsache menschlicher Existenz, die der Wiener Psychoanalytiker Ernst Federn treffend formuliert hat, kann man sich nämlich nicht herummogeln:

„Der Mensch ist das bösartigste und gewaltsamste Wesen, das auf dieser Erde zu finden ist. Er ist vor allem das einzige Wesen, das an der Anwendung der Gewalt größte Freude empfindet, so großes Vergnügen in der Tat, daß er lange und mühevolle Gedankenarbeit nur dazu verwendet, wie Gewalt besser, länger, vergnüglicher und vor allem wirksamer angewendet werden kann. Die Gewalttätigkeit und Bösartigkeit der Spezies Mensch ist so offensichtlich und so alt, daß die Erzählungen von friedlichen Zeiten dem Bereich der Legenden und Märchen angehört und unter diesen nur eine ganz kleine Minderheit darstellt... Es ist erstaunlich, daß trotz überwältigender Beweise für die Gewalttätigkeit der Spezies Mensch die Forschung Aggression und Gewaltanwendung als etwas Abzulehnendes, ja sogar Pathologisches betrachtet... ,, (Federn 1985: 10ff.).

Pädagogische Perspektiven

Aus der individuellen Lebensgeschichte eines gewalttätigen Jugendlichen heraus läßt sich u.U. ablesen, welche Faktoren zu Grenzenlosigkeit und Gewalt geführt haben mögen, und was zur Gewaltminderung getan werden müßte: die Bereitstellung einer haltenden Beziehung (containing; vgl. Bion 1962), in der auch solche Verhaltensanteile integrierbar sind, die die Gesellschaft normalerweise bestraft – wie in einer *guten* Eltern-Kind-Beziehung. Aber wer stünde dafür zur Verfügung? Wer wäre in der Lage, Jugendlichen in einem *fördernden Dialog* (Leber 1988) zu begegnen, in dem sich für den einzelnen – als Wiederholung des (einst fehlgeschlagenen) Sozialisationsprozesses – eine neue Chance des Wachstums hin zu einer neuen Stabilität gegenüber wachsenden Forderungen bietet? Wer wäre bereit, einem Haltlosen soviel Halt zu geben, daß sich die Chance der Herausbildung eines inneren Haltes, d. h. einer inneren Strukturbildung und einer Impulskontrolle ergibt? Wer könnte die nicht enden wollenden Belastungen aushalten (vgl. Clos 1982), mit denen Jugendliche prüfen, ob der Halt auch wirklich hält? Welche Hilfestellung könnte die soziale Gemeinschaft in ihren Strukturen, Institutionen und Beziehungen im Rahmen einer solchen Arbeit geben?

„*Grenzen setzen*", so Regina Clos, die lange und intensiv mit Jugendlichen aus randständigem Milieu gearbeitet hat, „und Stabilität zu garantieren bedeutet für Kinder, die Funktion eines *Hilfs-Ich* dort wahrzunehmen, wo die Organisation von Ich und Selbst noch nicht ausreichend entwickelt ist. Nur in einer solchen Beziehung kann ein Kind tatsächlich stark und lebendig sein und das, was zunächst äußere Stabilität war, als innere Stabilität entwickeln" (Clos 1982: 124). Diesen Halt zu geben kann nicht selten bis an die eigenen Grenzen der Belastbarkeit, die *Feuerprobe*, gehen:

„Im Verlauf eines sehr vehementen Konflikts während eines Zeltlagers war Susanne ‚außer sich vor Wut‘. Die Betreuer hatten sie aus nichtigem Anlaß zurecht gewiesen, woraufhin Susanne sehr gekränkt und wütend war. Unsere gedankenlose Zurechtweisung berührte offenbar frühe Erfahrungen der Kränkung und Wut. Susanne versuchte daraufhin, ihre Selbstachtung wieder herzustellen, indem sie uns durch enorme Aggressionen mehrere Stunden lang in Atem hielt. Sie hieb z.B. mit aller Kraft eine große Axt einen halben Meter hinter meinem Rücken in den Boden. Ich wußte, daß ich in dieser Situation gemeint war, und ich wußte, daß ich keine Angst zeigen durfte, ruhig am Lagerfeuer sitzen mußte, um die Situation nicht noch zu verschlimmern – aber ich hatte große Angst" (Clos 1982: 134f.).

Ich werde später auf die Härte und die Bedeutung solcher Begegnungen noch einmal zurückkommen.

Wenn man die psychische und physische Energie in Rechnung stellt, die eine nachsozialisierende Beziehung verlangt, dann wird schnell klar, warum so viele Jugendliche bereits eine lange Serie von Beziehungsabbrüchen hinter sich haben. Hinzu kommt, daß eine Nachsozialisation sich erst einmal gegenüber dem Mißtrauen eines Jugendlichen bewähren muß, das sich im Laufe seines Lebens in ungeahnte Ausmaße gesteigert hat. Die meisten traditionellen Erziehungseinrichtungen, sowohl die Bildungseinrichtungen als auch diejenigen, in die Jugendliche kommen, wenn sich privat niemand mehr ihrer annimmt, sind mit diesen Aufgaben angesichts des umgebenden und leider wenig haltenden gesellschaftlichen Kontextes schnell überfordert. Wenn aber den (gefährdeten) Jugendlichen dort kein Halt geboten werden kann, vergrößert dies ihre Haltlosigkeit bis hin zum Phantasma: Nichts kann mich aufhalten! Die Flucht – in die Gewalt – wird dann zum Kern persönlicher Identität.

Wenn die Eltern oder primären Bezugspersonen nicht in der Lage sind, die der Familie zugedachten Aufgaben des Haltens und der Grenzziehung zu erbringen, müßte man dann nicht für Jugendliche Verhältnisse schaffen, in der die Artikulation von Gewalt ungefährlich ist und die trotzdem Grenzerfahrungen ermöglichen? Notwendig wäre allerdings eine entsprechende situativ-pädagogische Optimalstrukturierung, aus der die Energie für eine solche Arbeit geschöpft werden kann:

„Hierzu gehört auch, daß die Institution für die Mitarbeiterinnen und Mitarbeiter gleichsam eine haltende Umwelt bereitstellt, die es ihnen wiederum ermöglicht, die Reinszenierungen traumatischer Erfahrungen (der Jugendlichen, C.B.) und deren gescheiterte Verarbeitungsversuche (...) zu ‚überleben', also nicht mit Beziehungsabbruch, Vergeltung oder Rückzug zu reagieren" (Trescher/Finger-Trescher 1992: 111).

Am Beispiel eines *pädagogischen Einzelkämpfers* in einer nicaraguanischen Dorfkultur möchte ich zeigen, daß selbst unter den vorab genannten Bedingungen das Mittel der Strafe versagen kann und die Lösung ganz woanders liegt. In einem vor einiger Zeit im Fernsehen ausgestrahlten Film von Uli Kick über eine Erziehungsmaßnahme für drogenabhängige Jugendliche in Nicaragua wird gezeigt, wie jenseits der kulturellen Verführungen der westlichen Industriegesellschaft Jugendlichen das Angebot einer neuen Orientierung einschließlich aller zu erwartenden Konsequenzen, bis hin zu drakonischen Strafmaßnahmen gemacht wird, und dennoch auch unter diesen Bedingungen die Eingrenzung und das Mittel der Strafe scheitern kann. Die Versetzung des Jugendlichen Christian in eine seinen bisherigen Lebenserfahrungen vollständig fremde Beziehungskultur und eine Umgebung, die ihn körperlich extrem herausfordert und der er sich nicht entziehen kann, ermöglicht ihm Erfahrungen jenseits der gewohnten Grenzen seines bisherigen Lebens und diesseits der eigenen Kraft aus der Begegnung mit einem starken Menschen, dem Diplom-Pädagogen Dieter. Im folgenden ist eine Episode aus dem Film wiedergegeben, in der etwas von diesem Kräftespiel (und der Lust, die auch dahinter steckt) sichtbar wird:

Christian: „In den Heimen konnte sich kein richtiges Vertrauensverhältnis zwischen den Betreuern, den Erziehern und den Jugendlichen entwickeln, weil, die waren immer nur schichtweise da. Und wenn du mal mit einem Stress gehabt hattest, konntest du das nicht austragen, weil dann zwei Stunden später der andere kam, und so hast du dann...Wenn der eine gesagt hat, Christian, du bleibst heute im Haus und der andere wußte davon nichts, dann hast du den anderen beschissen und bist einfach rausgegangen. Und so hat sich das noch weiterentwickelt mit Lügen bei mir. Danach war mittlerweile Lügen für mich so normal, daß ich jeden und alles eigentlich angelogen habe".

Dieter: „Mein längster Betreuer, der hat drei Jahre gedauert. Dann hat er aufgegeben. Und nach dem Prinzip ist der Christian auch mit uns verfahren. Das war einfach seine Lebenserfahrung. Wenn man nur lange genug nervt, dann geben die Betreuer schon auf. Und ich muß zu Christians Ehre sagen, daß wir schon ab und zu mal davor gestanden sind, daß wir nicht mehr weiter gewußt haben. Da habe ich z.B. gesagt, Christian, wenn du Marihuana rauchst, da gibt es eine gute Methode zur Körperreinigung. Wenn du deinen Körper da versaust mit Marihuana, da machen wir einen Gesundheitsmarsch. Und dann habe ich ihn mit Marihuana erwischt und gesagt, geh her, setz dich aufs Motorrad. Wir fahren jetzt in Richtung Porto Varbresa, eine Stunde Fußmarsch. Dann laß ich dich darunter, und dann läufst du wieder zurück ins Dorf. Dann denkst du dann ein bißchen drüber nach, über den ganzen Krempel. Und wenn das dann nicht reicht, dann fahren wir beim nächsten mal eine Strecke von zwei Stunden.

Dann ist er dahergegangen, nach einer Stunde, er hat sich sehr beeilt, weil er vor der Dunkelheit ein bißchen Angst hat, da ist er also in der Dämmerung dahergerauscht, an mir vorbei. Ich habe eine ein bißchen empfindliche Nase und gesagt, Christian, du hast ja schon wieder Marihuana. Nein, nein, nein, nein. Da sag, ja gut, zieh mal dein Hemd aus, schaun wir mal nach. Da hat er das Hemd ausgezogen, und ich hab gesagt, im Hemd hast du's nicht, aber ich merk's, du hast Marihuana. Ja gut, da hat er aus der Unterhause einen Plastikbeutel mit Marihuana herausgezogen. Da ist er von diesem Marsch zurückgekommen und mußte an drei Häusern im Dorf vorbei, da hat er sich schon wieder etwas besorgt.

Da hab ich gesagt, okay Christian, du brauchst deine Schuhe gar nicht auszuziehen, gleich wieder nauf aufs Motorrad, wir fahren sofort wieder los. Nein, jetzt wird's gleich dunkel. Ja, das hast du dir selber ausgesucht. Und wenn du jetzt nachts um zehn daher kommst und wieder was hast, dann fahren wir wieder los. Das entscheidest du. Gut, ich habe ihn noch einmal losgefahren, er ist dann zwei Stunden marschiert, ist heim gegangen nach einem gesunden Fußmarsch, ist beim Finn ins Haus und hat gesagt, nie wieder, nie wieder will ich diese Scheiße Marihuana sehen. Er hat sich dann schlafen gelegt. In der Frühe sagt die Anette (Betreuerin), schaun wir mal beim Christian nach, ob er Marihuana hat. Da sage ich, nein, sage ich, der hat nichts, der ist gestern so viel gewandert, da brauchen wir nicht nachschauen, der hat nichts. Das glaub ich dir nicht. Und die Anette hat da einen sehr untrüglichen Instinkt und die sagt, ich wette mit dir, daß der was hat. Die geht zu ihm rüber ins Zimmer und in zwei Minuten hat sie wieder das Marihuana. Der ist in der Früh schon aufgestanden und hat sich im Dorf Marihuana besorgt. Gut, dann sind wir gleich wieder losmarschiert mit ihm. Dann haben wir gemerkt, daß diese Wanderungen auf den Straßen ihm überhaupt nichts ausmachen. Gut, dann machen wir andere Märsche, dann machen wir Märsche durchs Gelände. Und wir sind ja auch nicht schlecht zu Fuß. Dann haben wir gesagt, also, dann gehen wir mal vier Stunden durch den Sumpf, das ist noch mal eine Lage anstrengender. Dann gehe ich halt voraus und der Christian geht hinterher. Am Anfang ist der Christian natürlich sehr fit, und dann läßt es langsam nach. Da sage, Christian, jetzt schau her, jetzt bist du 16 oder 17 und ich bin ja für dich ein alter Mann. Und warum bin ich jetzt viel fitter als du? Und jetzt paß auf, bleib dicht dran, ich gehe zügig weiter. Und dann wirds Nacht, und dann sag ich, du mußt dranbleiben. Hier in den Flüssen gibt's Alligatoren. Das ist natürlich ein bißchen das System, wie früher die Großeltern die Märchen erzählt haben, aber ich habe das halt als pädagogische Hilfe, dann schafft er das nicht mehr und dann schreit er mir nach, du Arschloch, du dumme Sau, ich schlag dich tot. Und ich hab gesagt, das macht nichts, geh nur weiter, geh immer zügig weiter, geh immer zügig weiter (lacht dabei). Und da bringen wir also eine gescheite Wanderung von drei oder vier Stunden durch den Schlamm zustande. Und dann sind wir daheim und ich sage, Christian, beim nächsten mal gehen wir sechs Stunden. Und unweigerlich, am nächsten Tag hat der Christian wieder Marihuana. Und so sind wir dann ein lustiger Wanderverein geworden, wir waren bloß noch mit dem Christian unterwegs. Wir hätten also irgendwie eigene Wandervögel anstellen müssen, damit wir den jungen Mann beschäftigen.

Da hab ich gesagt, so kommen wir nicht weiter, der Bub läuft uns in Grund und Boden. Und der Christian hat erklärt, der hat den anderen Jungen gesagt, ich führ mich hier so lange auf, bis die mich zurückschicken. Ich will zurück nach Lübeck in die Fußgängerzone.

So, dann haben wir das mit dem Wandern abgeschlossen gehabt. Was ist denn dann als nächstes gekommen? Dann haben wir mit Arbeiten angefangen, dann haben wir ihm also für Rauchen Arbeitsauflagen gegeben. Da hat dann der Christian eine total gute Taktik. Der schluckt Arbeitsauflagen weg, dann hat er irgendwann so viel, daß sie gar nichts mehr wert sind. Da müßte er 200 Jahre alt werden, um alle die Arbeitsauflagen zu erfüllen. Der inflationiert einfach die Auflagen. Eine ganz geschickte Taktik.

Da sind wir da auch wieder gescheitert. Da haben wir uns gefragt, was machen wir jetzt? Also gut, jetzt machen wir etwas ganz anderes. Jetzt stellen wir jemand an, der ihn unter Tags begleitet einfach. Und dann haben wir einen alten Mann aus dem Dorf gesucht, ein sehr sympathischer alter Mann, ein guter Handwerker, ein guter Jäger, der auf seine alten Tage ein bißchen Geld verdienen möchte. Und da haben wir gesagt, paß auf, du paßt uns auf den Christian auf. Und alle Arbeiten, die er macht, macht er mit dir zusammen".

Christian: „Der heißt der Mesquito-watchie-man, weil der guckt halt und der paßt auf. Der ist dann morgens früh mit mir in die Lagune geheizt mit Paddel und Kanu, völlig anstrengend. Da sollte ich 30 pallitos schlagen, das sind so kleine Stämme, also im Mangrovensumpf über die Lagune rüber zwei Stunden, bis man dann da war und noch mal drei Stunden zurück voll beladen. Da hat sich daraus ein Verhältnis entwickelt, weil ich sehe ihn jetzt so wirklich als meinen Opa an".

Dieter: „Und der Opa hat den Christian auch sehr gern. Und der Christian ist ein ganz lieber Bub. Und dann hat ihm der Opa hin und wieder mal einen Joint zugesteckt, wie wir später erfahren haben (lacht). Der Christian hat also uns wirklich alles in der Hand umgedreht. Gleichzeitig hat er dann angefangen, nachts abzuhauen. Da haben wir dann für nachts noch einmal eine Person besorgt, eine ältere Frau, die dann bei ihm im Haus geschlafen hat und aufgepaßt hat, daß er nachts nicht abhaut".

Christian: „Dann ging die zum Glück nach zwei Monaten weg, weil das lief dann. Ich habe das nicht länger ausgehalten, noch eine Person hier, und dann auch noch eine ältere Frau, die noch ein Kind anbringt und das dann in der Nacht schreit und brüllt. Das ist nicht so das Ding gewesen".

Dieter: „Nach sieben Monaten, wo wir schon gesagt haben, da kommen wir nicht durch bei dem, da hat er gesagt, Didi, jetzt habe ich die Nase voll, ich höre mit dem Marihuana auf, ich habe die Nase voll. Und wenn ich noch mal rauche, dann sage ich dir das." (*Bisuma – Ein Abenteuerfilm*, gesendet am 2.10.1999 um 17.15 in arte)

Es war mitentscheidend Christians *eigener* Entschluß, den Übergang zum selbstverantwortlichen Erwachsenen zu vollziehen und den pubertären Widerstand zu beenden – und nicht allein die Angst vor der *Strafe* oder die Strafe selbst. Und es war ausgerechnet die Erfahrung einer familiär prototypischen Situation, die nun nicht mehr Christians *Ding* war und die ihn diese Entscheidung hat treffen lassen. Aus diesem Beispiel kann man ablesen, daß ein solcher pädagogischer Umgang mit grenzenlosen Jugendlichen die Grenzen des gesellschaftlich Machbaren unter *normalen Verhältnissen* bei Weitem überschreitet. Bleibt es deshalb bei der Alternative der Resignation gegenüber der antisozialen Kraft, der an den moralischen Anforderungen der Gesellschaft scheiternden Jugendlichen?

Anknüpfend an das zu Beginn erwähnte Manifest der Erziehungswissenschaftler gehe ich davon aus, daß ein Signal des Wert-Schätzens und des Sich-Kümmerns in der Lage ist, Gewaltbereitschaft zu reduzieren und positive Kräfte bei Jugendlichen frei zu setzen, denn – so Ernst Federn:

„Für diejenigen, die sich mit der These schwer tun, daß der Mensch ... ein vor allem gewalttätiges Wesen ist, darf als Trost gesagt werden: gewalttätig nur gegen den ... als minderwertig eingestuften. Gegen den Gleichwertigen besitzt oft der Mensch jene Gewalt- und Tötungshemmung, die wir aus dem Tierreich kennen. Wer diese These anerkennt, wird damit auch erkennen, daß nicht Gewaltlosigkeit das realisierbare Ziel einer humanen Gesellschaft ist, sondern das Prinzip der 'Gleichheit all dessen, was Menschenantlitz trägt'..." (Federn 1985: 10ff.)

Ohne diesen Respekt in der pädagogischen Beziehung zu Jugendlichen wird man deshalb vergebens auf Wirkungen von Grenzziehungen und Strafen rechnen.

Literatur

Bion, W.R.: Learning from experience, London 1962

Clos, R.: Delinquenz – Ein Zeichen von Hoffnung, Frankfurt: Fachbuchhandlung für Psychologie, 1982

Erdheim, M.: Die gesellschaftliche Produktion von Unbewußtheit, Frankfurt: Suhrkamp, 1982

Herms-Bohnhoff, E.: Hotel Mama. Warum erwachsene Kinder heute nicht mehr ausziehen, Stuttgart 1992

Federn, E.: Psychologie der Gewalt, in: AG der leitenden Strafvollzugsbeamten Österreichs (Hrsg.): Gewalt im Gefängnis, unveröffentlichte Vorträge und Berichte, Pichl: 1985, S. 7-25

Jegge, J.: Dummheit ist lernbar. Erfahrungen mit Schulversagern, München: Koesel, 1976

Kahl, R.: Jugend- und Bildungsforscher verlangen: einen neuen Generationenvertrag, in: Pädagogik 7-8/1998, S. 88-89

Leber, A: Zur Begründung des fördernden Dialogs in der Psychoanalytischen Pädagogik, in: Iben, G. (Hrsg.): Das Dialogische in der Heilpädagogik. Mainz: Matthias-Gruenewald-Verlag, 1988, S. 41-61

Stierlin, H.: Eltern und Kinder. Das Drama von Trennung und Versöhnung im Kindesalter, Frankfurt: Suhrkamp, 1980

Trescher, H.-G./Finger-Trescher, U.: Setting und Holding-Function. Über den Zusammenhang von äußerer Strukturbildung und innerer Struktur, in: Finger-Trescher, U./ Trescher, H.-G. (Hrsg.): Aggression und Wachstum, Mainz: Matthias-Gruenewald-Verlag, 1992

Olaf Emig

Macht und Ohnmacht der Jugendhilfe im Umgang mit *gefährdeten* Jugendlichen

1 Einleitung

Nicht nur in den Massenmedien, sondern auch in den Fluretagen der Jugendämter wird mittlerweile ein allgemeiner Werteverfall und die Desorientierung
von jungen Menschen beklagt. Demnach begehen Kinder und Jugendliche
immer mehr Straftaten, wobei eine zunehmende Brutalität und eine höhere
Aggressionsbereitschaft unterstellt wird.

Der Diskurs um Kinder- und Jugenddelinquenz umfasst inzwischen ebenso die Frage der geschlossenen Unterbringung sowie das Verhältnis der Kin-
der- und Jugendhilfe zur Polizei und zur Psychiatrie. Die Probleme und die
Komplexität, die hinter dem Begriff einer hohen und gewaltförmigen Kinder-
und Jugenddelinquenz stehen, berühren fundamentale Fragen und das Selbstverständnis der Kinder- und Jugendhilfe. Als notwendige Intervention und
Gegensteuerung werden die flächendeckende (Wieder-)Einführung der geschlossenen Heimerziehung, die Herabsenkung des Strafmündigkeitsalters auf
12 Jahre und die Verschärfung der Rechtsbestimmungen gemäß § 1666 BGB
(Gefährdung des Kindeswohls) gefordert. Der Legitimationsdruck auf die
Eltern sowie auf die Kinder- und Jugendhilfe wird größer.

In Bremen wurden zwei kleine Untersuchungen über Kinder- und Jugenddelinquenz durch das Amt für Soziale Dienste Bremen durchgeführt. Die
erste Untersuchung befaßte sich mit Kinderdelinquenz in Bremen sowie deren
institutionelle Verarbeitung. Die Anlage und die Ergebnisse der zweiten Studie, in der u.a. die Lebenslagen von 14- und 15jährigen Jugendlichen, die
1998 und 1999 in Bremen in Untersuchungshaft (U-Haft) gesessen haben,
untersucht wurden, werden in diesem Beitrag ausführlicher dargelegt und erläutert. Beide Untersuchungen zeigen auch, dass mit *Bordmitteln* und mit dem
knappen Zeitbudget eines Amtes Fachevaluation und Praxisforschung in Ansätzen betrieben werden kann.[1]

---

1 Beide Untersuchungen können über das Amt für Soziale Dienste Bremen bezogen
werden.

2 Die Vollstreckung von Untersuchungshaft gegen Minderjährige als heimliche Erziehungs- und Ordnungshaft

Die folgenden Aussagen beziehen sich auf die sozialen, schulischen, wirtschaftlichen und strafrechtlichen Hintergründe von 14- und 15jährigen Jugendlichen, die in Bremen in der Untersuchungshaft gesessen haben. Die Anordnung und Vollstreckung der Untersuchungshaft bei diesem Personenkreis wirkt allerdings eher kontraproduktiv, weil die Probleme, wie soziale Randständigkeit, Sozialhilfebezug oder Schule schwänzen durch die U-Haft nicht gelöst, sondern noch verstärkt werden.[2]

Im Zeitraum von 1998 bis 1999 (2 Jahre) haben in der Bremer Jugendstrafanstalt Blockland (JVA) 432 junge Menschen aus Bremen und Bremerhaven in der U-Haft bzw. Sicherungshaft gesessen. Hiervon waren 32 Jugendliche 14 bzw.15 Jahre alt. Auf 29 dieser 32 Jugendlichen, über die verwertbare Daten vorliegen, richtet sich der folgende Untersuchungsfokus, um herauszufinden, wie öffentliche Jugendhilfe mit problematischen und komplizierten Lebenslagen von Jugendlichen umgeht.

Bei dem Untersuchungstypus handelte es sich um eine Einzeldaten- und Mehrvariablenanalyse auf der Basis einer Sekundäranalyse. Diese Methode hat methodologische Grenzen und birgt sachliche Fehlerquellen. Der Rückgriff auf einige sozialstatistische Daten und andere persönliche Variablen der jungen Menschen sowie weitere zusätzliche Informationen lässt den komplexen Vorgang der selektiven Auslese einer Gruppe, gegen die U-Haft vollstreckt wird, nicht ausreichend erklären. Über die Bildung und Überprüfung von Thesen sowie durch die Auswertung von Interviews und die Einbeziehung von Aktenanalysen wurde versucht, Erklärungsansätze dafür zu finden, warum es bei diesen 29 Jugendlichen zur Vollstreckung von Untersuchungshaft kam.

In die Untersuchung wurde die Sicherungshaft gem. § 453 c StPO mit einbezogen, weil Sicherungshaft wie Untersuchungshaft vollstreckt wird und vor allem in ihrer Wirkungsweise für den Betroffenen – nämlich sehr abrupt von seinen Lebensbezügen isoliert zu werden – ähnlich wie Untersuchungshaft ist. Neben wirtschaftlichen und sozialen Daten wurden der Bildungsstatus und Angaben zur Schulbiographie erhoben, weil die Annahme eines Zusammenhangs zwischen Schulvermeidungsverhalten, niedrigem Schulstatus

---

2   So fordert der Bremer Jugendrichter Garthaus, der in seiner Funktion auch Pressesprecher des Amtsgerichts, Sprecher der Jugendrichter, stellvertretender Vorsitzender der DVJJ-Regionalgruppe Bremen und Strafvollstreckungsleiter der Jugendvollzugsanstalt in Bremen-Blockland ist, ganz spezifische Hilfen für einen sehr kleinen, aber schwierigen Personenkreis, weil er den *Heilsgedanken* der U-Haft für falsch hält. Im *Weser-Kurier* vom 01.07.01 wirbt der Jugendrichter für eine geschlossene Einrichtung für junge Intensivtäter.

und delinquentem Verhalten überprüft werden sollte. Soweit es ging, wurden weitere persönliche und familiäre Daten, wie z.B. der wirtschaftliche Status der Familie in die Recherche mit einbezogen. Besonderen Wert wurde auf die Rekonstruktion der Haftvermeidungsbemühungen der Jugendhilfe gelegt, um im Rahmen der Auswertung mögliche Schwachpunkte oder strukturelle Mängel erkennen zu können. Es wurden 21 Mitarbeiter und Mitarbeiterinnen der Sozialen Dienste, der Jugendgerichtshilfe und der Erziehungshilfe in Bremen und Bremerhaven schriftlich über einen standardisierten Fragebogen befragt. Der Fragebogen bezog sich im wesentlichen auf die Darstellung der JGH und der Erziehungshilfe, welche konkreten Schritte und Anstrengungen unternommen worden sind, um U-Haft für diesen Personenkreis zu vermeiden. In 15 Fällen fanden weitere persönliche Nachfragen und in einigen Fällen Kurzinterviews statt. Da es sich um eine Einzeldatenanalyse handelt, wurden die Daten, die über den Fragebogen und die Ergebnisse der Interviews hinausgingen, vornehmlich aus den Erziehungs- und Jugendgerichtshilfeakten entnommen. Gefragt wurde nach harten Daten, die nicht der subjektiven Einschätzung des fallführenden Sozialarbeiters unterlagen. Aus den einzelnen Datensätzen wurden jeweils kurze Falldarstellungen vom Verfasser erarbeitet.

Ergebnisse der Befragungen und Auswertung von Jugendhilfe- und Gerichtsakten

Der überwiegende Tatvorwurf bezog sich auf räuberischen Diebstahl und räuberische Erpressung (55%). Vorrangig wurden andere Jugendliche mit der Androhung oder der Ausübung von Gewalt gezwungen, Geld, Wertgegenstände oder Klamotten herzugeben. Raubdelikte bilden, gefolgt von Diebstählen, den weitaus überwiegenden Anteil der Deliktsvorwürfe. Allerdings muss zwischen dem räuberischen Diebstahl, der räuberischer Erpressung und dem Raub unterschieden werden. Aus den Gerichtsurteilen ist zu ersehen, dass die Bandbreite vom klassischen Straßenraub und der räuberischen Erpressung bis hin zu Beziehungsdelikten bei sogenannten *Abzieherdelikten* reicht, wo es u.a. auch um jugendtypische Machtdemonstrationen unter gleichaltrigen Jugendlichen ging. Oftmals ging es nur um geringe materielle Werte, und nicht selten kannten sich Täter und Opfer.

Die zweite größere Gruppe bilden die Jugendlichen, denen Diebstähle vorgeworfen werden. Nach den Raubdelikten (19 Fälle) bilden sie die zweite Hauptgruppe mit 11 Fällen. Versuchter Totschlag und Entführung mit je einer Nennung bilden Einzelfälle. Die Subsumtion der beiden Fälle, die wegen Nichterscheinens vor Gericht gem. § 230 StPO in U-Haft kamen, ist unter der Rubrik *Tatvorwurf* sachlich nicht richtig, weil die Untersuchungshaft unabhängig vom Tatvorwurf ausschließlich zum Zweck der Verfahrenssicherung vollstreckt wurde. Der überwiegende Anteil der Haftgründe wird mit dem der Wiederholungsgefahr begründet. Wenn die Haftgründe der Sicherungshaft und zur Verfahrenssicherung gem. § 230 StPO wegen Nichterscheinens zur Hauptverhandlung herausgerechnet werden, so erhöht sich der Haftgrund der Wiederholungsgefahr auf ca. 86% der Fälle.

Der Anteil der Jugendlichen, die von ihrem rechtlichen Status her Ausländer sind, liegt bei 60%. In der Gruppe der Jugendlichen mit einem deutschen Pass, befindet sich auch noch eine Untergruppe von Kindern aus binationalen Elternbeziehungen sowie Jugendliche, die einen anderen kulturellen Hintergrund aus anderen Herkunftsländern haben und inzwischen eingebürgert sind. Unberücksichtigt blieb auch die dritte Untergruppe der Spätaussiedler.

Ein knappes Drittel der Jugendlichen war zum Zeitpunkt der Inhaftierung im Rahmen einer Jugendhilfemaßnahme fremdplatziert. Diese intensive Betreuungsform hat die Vollstreckung eines U-Haftbefehls nicht verhindern können, so dass die Frage erhoben werden kann, welche Jugendhilfemaßnahmen geeigneter erscheinen, oder ob es den Jugendrichtern darum ging, losgelöst von der jeweiligen Hilfeform, ihre eigenen Straf- und Ordnungsbedürfnisse in Zusammenspiel mit der Jugendhilfe durchzusetzen.

Von den 29 betroffenen Personen befanden sich 23 in einer laufenden Erziehungshilfemaßnahme nach dem Kinder- und Jugendhilfegesetz. Zwei Jugendliche nahmen an einem halbjährigen Sozialen Trainingskurs nach dem Jugendgerichtsgesetz teil. Drei Jugendliche wurden durch Maßnahmen nach dem Bremer Schulgesetz, wie z.B. Einzelunterricht, gefördert. Zehn Jugendliche (28%) befanden sich in stationärer bzw. fremdplatzierender Unterbringungsform. Hierzu zählen in dieser Gruppe 5 Jugendhilfeeinrichtungen, zwei Notaufnahmen mit Krisenintervention, eine fremdplatzierende Intensive Sozialpädagogische Einzelfallmaßnahme, eine Unterbringung in einer Übergangspflegestelle sowie eine Unterbringung in der Kinder- und Jugendpsychiatrie.

Dreizehn (37%) Jugendliche wurden nach dem KJHG ambulant betreut. Hierunter befanden sich auch intensive Betreuungsmaßnahmen wie eine Erziehungsbeistandschaft, eine ambulante Intensive Sozialpädagogische Einzelbetreuung (ISE) sowie die Durchführung Sozialer Trainingsmaßnahmen nach dem JGG.

Der Anteil der Jugendlichen mit einem Migrationshintergrund in der Untersuchungshaft ist groß, und er wächst aufgrund demographischer Entwicklungen sowie neuer Zuwanderungen durch Flüchtlinge und Spätaussiedler, ist allerdings nicht nur durch diese Entwicklungen zu erklären. Weitere Gründe sind die soziale Unterschichtung von Ausländern (sowie die damit verbundenen Selektions- und Zuschreibungsprozesse durch eine höhere Konrolldichte und höherem Entdeckungsrisiko), die ihren Ausdruck in engen Wohnverhältnissen, geringer wirtschaftlicher Teilhabe und rechtlichen Benachteiligungen findet. Unterschichtsangehörige verfügen über wenige oder nicht ausreichende Ressourcen für eine Ab- oder Gegenwehrreaktion. Die Angehörigen der deutschen Mehrheitsgesellschaft bilden in unserer Untersuchungsgruppe mit 40% eine Minderheit. Jugendliche Spätaussiedler sind hier noch nicht mit eingeschlossen, da sie trotz ihres Migrationshintergrundes formal deutsche

Staatsbürger sind. Der starke Anstieg von ethnischen Minderheiten in der Untersuchungshaft kann also nicht alleine mit migrationsbedingten Anpassungsschwierigkeiten erklärt werden. Vielmehr ist eine fremdenfeindliche Grundeinstellung in breiten Teilen der deutschen Mehrheitsgesellschaft vorhanden. Es mangelt an überzeugenden interkulturellen Konzepten und Ansätzen in den verschiedenen gesellschaftlichen Funktionsbereichen wie Bildung, Erziehung oder den Sozialen Hilfen. In der Straffälligenhilfe für junge Menschen ist die interkulturelle Inkompetenz empirisch durch die personale Besetzung und die konzeptionellen Vorgaben nachweisbar. In der Jugendgerichts- und in der Jugendbewährungshilfe in Bremen arbeiten keine hauptamtlichen Mitarbeiter, die einen kulturell anderen Hintergrund, als den der deutschen Mehrheitsgesellschaft haben. Eine systematische, auf die Bedürfnisse und Probleme der ethnischen Minderheiten zugeschnittene Aus- und Fortbildung hat es in der Vergangenheit nicht gegeben, und sie ist auch nicht für die nahe Zukunft geplant.

Im Untersuchungszeitraum wurde Untersuchungshaft ausschließlich gegen männliche Jugendliche verhängt. Es wird allerdings – wenn auch nur in wenigen Fällen – U-Haft gegen minderjährige Mädchen verhängt. Im Jahr 2000 wurde beispielsweise gegen zwei Minderjährige ein U-Haftbefehl wirksam, der in der Frauen-Justizvollzugsanstalt Blockland vollstreckt wurde, da es aufgrund der geringen Anzahl keine eigenständige U-Haftabteilung für weibliche Jugendliche gibt.

Der hohe Anteil von Erziehungshilfefällen überrascht vor dem Hintergrund der problematischen Lebenslagen der Jugendlichen nicht. Viele von ihnen waren zu einem nicht unerheblichen Teil schon als junge Jugendliche unter 14 Jahren und als Kinder Klienten der Kinder- und Jugendhilfe, da sie zum Teil durch dauerhaftes Schulschwänzen und hohes Delinquenzverhalten im Strafunmündigkeitsalter auffielen. Über den Umgang mit externen Meldungen über Schulvermeidungsverhalten und Kinderdelinquenz gib es beim Amt für Soziale Dienste in Bremen keine einheitliche oder standardisierte Vorgehens- und Reaktionsweise. Der hohe Anteil der Erziehungshilfe an der Untersuchungsgruppe stützt die Annahme, dass mit steigendem Schwierigkeitsgrad der Fallbearbeitung auch potentiell der Anteil anderer Fachdienste steigt.

Die Gruppe der Sonderschüler bildet mit siebzehn Schülern die größte Gruppe, dicht gefolgt von den Hauptschülern. Zusammen machen diese beiden Schularten knapp 90% in der Untersuchungsgruppe aus. Bei neun Schülern gibt es offenkundige Hinweise auf Schulvermeidungsverhalten. Von dieser Untergruppe wiederum besuchten 5 Jugendliche, und das zum Teil seit Jahren, die Schule nicht mehr. Bei knapp 30% der Haupt- und Sonderschüler gibt es Probleme hinsichtlich eines regelmäßigen Schulbesuchs. Wenn Schule als wichtige außerfamiliale Sozialisationsinstanz, in der neben Wissensvermittlung auch Werthaltungen und eine adäquate Lebensführung vermittelt werden sollen, begriffen wird, dann wird deutlich, wie wichtig die Teilnahme und Teilhabe der Jugendlichen an dieser Institution ist.

Alternativen zur Untersuchungshaft

Alternativen zur Untersuchungshaft sind schwer zu vermitteln, wenn der Haftgrund *Wiederholungsgefahr* angegeben wird; und das war in immerhin knapp 2/3 aller Fälle so. Seit der Einführung des Verbrechensbekämpfungs-gesetzes 1994 ist die Möglichkeit der Anordnung von U-Haft erweitert wor-den. Der Haftgrund der Wiederholungsgefahr ist nicht mehr an eine rechts-kräftige einschlägige Vorverurteilung gebunden. In Folge dieser Haft-grunderweiterung[3] kam es in Bremen zu einer Zunahme von U-Haftvollstre-ckungen gegen Jugendliche. Selbst bei dem Personenkreis der 14- bis 15jährigen Jugendlichen, die weitgehend bis Mitte der neunziger Jahre auf-grund eines kriminalpolitischen Konsens und der strengeren Anordnungsbe-stimmung des JGG bei Verhängung von U-Haft weitgehend verschont wur-den, ist ein Anstieg der U-Haftzahlen zu verzeichnen. Auffallend ist, dass bei 35 Vollstreckungen von Untersuchungshaft in zwei Jahren[4], nur achtmal Al-ternativen zur Untersuchungshaft durch die Jugendhilfe vorgeschlagen wor-den sind. Von diesen Vorschlägen ist die Hälfte der JGH-Bremerhaven zuzu-rechnen, die in allen Fällen, in denen Untersuchungshaft drohte, konkrete Haftvermeidungsvorschläge dem Haftrichter unterbreitete. Fast ¾ aller Unter-suchungshaftvollstreckungen blieben bis zur Hauptverhandlung wirksam, ob-wohl die gesetzliche Möglichkeit besteht, auch nachträglich, nach einer In-haftierung, eine einstweilige Anordnung zur Unterbringung als Alternative zur U-Haft zu erlassen.

Der Anteil der alleinerziehenden Elternteile[5] ist mit 15 Personen (42%) sehr hoch. Aus den Interviews und Aktenanalysen geht hervor, dass die Fa-milien einen Hilfebedarf haben, da sie sich nicht oder nur unzureichend in der Lage sehen, ihren Kindern die notwendige Beratung und Unterstützung zu geben. Sinnvoll wäre der gezielte Einsatz familienstützender Hilfen, die sy-stemisch und netzwerkorientiert Hilfen und Unterstützung mit den Familien erarbeiten und zur Wirkung bringen. Eine, in bezug auf Hilfebedarfe beson-dere Gruppe, bilden die drei Jugendlichen, die aus kurdisch-libanesischen Großfamilien stammen. Neben den allgemeinen und notwendigen Integrati-onsprogrammen und -hilfen für Zuwanderer, die dieser Gruppe nur zögerlich

---

3   Pikant ist, dass der Haftgrund der Wiederholungsgefahr im Verbrechensbekämp-fungsgesetz mit der Begründung erweitert worden ist, wirksamer gegen die organi-sierte Kriminalität vorzugehen. Minderjährige Tatverdächtige mit z.T. jugendtypi-schen Straftaten waren vom Gesetzgeber ausdrücklich nicht gemeint.

4   Zur Erinnerung: insgesamt 32 Jugendliche im Alter zwischen 14 und 15 Jahren saßen zwischen 1998 und 1999 in Untersuchungshaft, drei von ihnen kamen zweimal in U-Haft.

5   Der Begriff *alleinerziehend* ist familiensoziologisch unscharf und eigentlich nicht brauchbar, weil er nichts über die Beziehungen und Interaktionen in der Familie aus-sagt und informelle Partnerschaften oder andere Lebens- und Wohngemeinschaft nicht reflektiert.

oder überhaupt nicht zugestanden werden, scheint es notwendig zu sein, mit interkultureller Fachkompetenz auf die Großfamilien einzuwirken. In diesem Prozess müssen interkulturelle Probleme zwischen der Außen- und Innenwelt der Familie sowie Differenzen und Schwierigkeiten innerhalb der Familie, wie u.a. unterschiedliche Erziehungsstile und Anforderungen von der Außenwelt erkannt und vermittelt werden.

Zwölf Jugendliche bekamen eine Haftstrafe von mindestens einem Jahr und drei Jugendliche wurden zu Haftstrafen unter einem Jahr ohne Bewährung verurteilt. Ein ausländischer Jugendlicher wurde abgeschoben. Gegen sechs Jugendliche wurde im Beschluss- oder Urteilsweg eine Heimunterbringung angeordnet bzw. als Bewährungsauflage verkündet. Für drei Jugendliche endete die U-Haft mit einem Einstellungsbeschluss gem. § 47 JGG, und zwei Jugendliche verbrachten im Anschluss an die U-Haft einen Jugendarrest, so dass der Freiheitsentzug durch die verbüßte U-Haft und den Jugendarrest einer kurzen Freiheitsstrafe gleich kam. Es kann die Annahme vertreten werden, dass bei einem Drittel der Jugendlichen, die von U-Haft betroffen waren, erzieherische und die Lebensführung betreffende Gründe ausschlaggebend für die Verhängung von Untersuchungshaft waren. Aus dem Material der Untersuchung gibt es Aussagen einzelner Mitarbeiter, die diese Annahme stützen, und die auch noch Verstärkung durch die Tatsache erfährt, dass die Jugendhilfe nur wenig Angebote zur Haftvermeidung den Haftrichtern unterbreitete.

Die (un-)heimliche Koalition der Jugendhilfe mit der Strafjustiz

Den weiteren Ausführungen liegt die These zugrunde, daß in *schwierigen* und *aussichtslosen* Fällen, einige Mitarbeiter der Jugendhilfe dazu neigen, das Strafrecht für die Durchsetzung ihrer erzieherischen Ziele zu instrumentalisieren. Diese These ist vor dem Hintergrund von Aussagen Bremer Jugendrichter entwickelt worden, die unterstellten, dass die Jugendhilfe dazu neige, ihre erzieherischen Interessen und Ziele mit dem Instrument der U-Haft als probatem Mittel durchzusetzen. Durch Akten-, Sekundäranalysen und durch Befragung in Interviews habe ich versucht, Hinweise für dieses Phänomen zu finden.

Auswertungsraster A: Datenrelevante Erfassung heimlicher und offener Erziehungsziele

Fall	Schule (Jugendlicher geht nicht mehr oder nur unregelmäßig zur Schule. In der Schule gibt es massive Auffälligkeiten.)	Erziehungsziele/-maßnahmen (Aussagen/Daten, die darauf hinweisen, dass der Fachdienst erzieherische Maßnahmen erzwingen will.)	Gerichtliche Anordnung der Lebensführung nach der U-Haft (Verhängte gerichtlich angeordnete erzieherische Maßnahmen und Auflagen, welche die Lebensführung betreffen.)
1	unregelmäßiger Schulbesuch		Betreutes Jugendwohnen
2		Eltern zeigen keine Bereitschaft zur Mitarbeit gem. KJHG	
3			Wildenessprojekt in Kanada
4	unregelmäßiger Schulbesuch		
5			
6			Fremdplatzierung außerhalb Bremens
7	unregelmäßiger Schulbesuch		Fremdplatzierung außerhalb Bremens
8			Fremdplatzierung außerhalb Bremens
9	Kein Schulbesuch mehr		Sozialer Trainingskurs. Ausbildung oder Schulbesuch
10		...„durch die U-Haft soll auf die Motivation für Jugendhilfemaßnahmen hingewirkt werden."	
11		U-Haft kann „Motivationshilfe" sein, da das KJHG keine „Grenzsetzungsmöglichkeit" zulässt.	Fremdplatzierung außerhalb Bremens
12	unregelmäßiger Schulbesuch		Arrest (durch U-Haft verbüßt), Betreuungsweisung
13	Keine Schule	Jugendliche „will keine Angebote der Jugendhilfe annehmen"	Arrest (durch U-Haft verbüßt), Nachweis des Schulbesuchs
14	unregelmäßiger Schulbesuch		
15			Betreuungsweisung
16	unregelmäßiger Schulbesuch		Fremdplatzierung
17	Keine Schule		2 Wochen Arrest
18	Keine Schule		
19	Keine Schule		
20	Keine Schule		
21	Keine Schule		Fremdplatzierung außerhalb Bremens
22			Fremdplatzierung
23	Besuch diverser Schulen		
24			Anordnung eines regelmäßigen Schulbesuchs
25			
26	unregelmäßiger Besuch der Schule		
27			
28			
29	unregelmäßiger Schulbesuch		
	16 Nennungen	4	15

Auffallend hoch ist der Anteil mit 16 Jugendlichen, der keine oder sehr unregelmäßig die Schule besuchten. Im Urteil oder Beschluss nach der Haft, wurde in drei Fällen ausdrücklich ein regelmäßiger Schulbesuch als Auflage oder Weisung ausgesprochen.[6]

Auswertungsraster B: Einflussnahme der Jugendhilfe auf die Haftentscheidung

Jugendhilfemaßnahme/Sozialer Trainingskurs Schulische Integrations- oder Sondermaßnahmen	Haben die Fachdienste vor der Vollstreckung Kontakt zu dem Jgdl. oder dem Haftrichter aufgenommen?	Gab es von der Jugendhilfe alternative Vorschläge zur U-Haft?	Gab es Bemühungen, die U-Haft zu verkürzen?
Achtzehn Jugendliche wurden nach dem KJHG entweder ambulant oder stationär betreut. Zwei Jugendliche absolvierten einen Sozialen Trainingskurs und 3 Jgdl. durchliefen besondere schulische Integrationsmaßnahmen. Bei lediglich 7 Jugendlichen waren keine Hilfen nach dem KJHG zuzuordnen.	Der überwiegende Teil der JGH und EH wurde über die Festnahme des Jgdl. unterrichtet. In 18 Fällen wurde kein Kontakt aufgenommen. Das betrifft mehr als die Hälfte aller Vorgänge. Die JGH Bremerhaven hat in allen vier Haftfällen Kontakt zu dem Haftrichter aufgenommen.	Konkrete Vorschläge wurden dem Haftrichter in acht Fällen unterbreitet, wovon 4 Fälle aus Bremerhaven waren. In 27 Fällen wurde kein Alternativvorschlag zur U-Haft unterbreitet. Bezogen auf die Bremer Untersuchungsgruppe, wurden in knapp 13 % aller Fälle Alternativen zur U-Haft unterbreitet.	25 Inhaftierungen endeten mit einer Hauptverhandlung. Nur in 9 Fällen fand eine Haftprüfung, und somit eine vorzeitige Entlassung, statt. Aus dem Material und aus den Aussagen des Fachdienstes ist nicht zu erkennen, ob und welche Bemühungen es zur Haftverkürzung gegeben gab.

Allerdings sind diese Ergebnisse für die Bestätigung der These nicht ausreichend. Schon die unterschiedliche Praxis zwischen der Arbeitsweise der JGH in Bremen und Bremerhaven lässt eine Verallgemeinerung nicht zu, da die Bremerhavener JGH Untersuchungshaft konsequenter als die Bremer JGH zu vermeiden bemüht ist. Aber auch in Bremen geht die Jugendhilfe unterschiedlich mit den einzelnen Verfahren um. Eine durchgängige Fachlinie, nach der Untersuchungshaft prinzipiell aus erzieherischen Gründen für diese Altersgruppe abzulehnen ist, ist in Bremen nicht erkennbar. Es gibt hingegen eindeutige Hinweise in mindestens vier Fällen, in der Untersuchungshaft aus pädagogischen Gründen unterstützt und gefordert wurde.

---

6   Ob es unter psychologischen Aspekten Sinn macht, Jugendliche und Heranwachsende per gerichtlichem Druck zum Schulbesuch zu drängen, da sie sonst mit Jugendarrest oder der Versagung der Bewährung rechnen müssen, wird hier nicht weiter expliziert. Für die Erwachsenenschule und für die Allgemeine Berufsschule in Bremen wurden unter Einbeziehung der Polizei und der Jugendrichter hierüber entsprechende Vereinbarungen erzielt. Ich stehe dem Zwangsmittel Schulbesuch mit strafrechtlichen Sanktionsandrohungen zu erzwingen, skeptisch und eher ablehnend gegenüber, obwohl ch die gutgemeinte Absicht, schulische Exklusion mit allen Mitteln zu verhindern, nachvollziehen kann.

Instrumentalisierung der U-Haft als Erziehungshaft

Es wurden gerichtlich 9 Fremdplatzierungen entweder bestätigt oder neu ausgesprochen. Ein gewollter (erzieherischer) Zusammenhang zwischen der gerichtlichen Anordnung zur geregelten Lebensführung einerseits und dem bisherigen Lebensalltag des Jugendlichen, stellt sich nur mittelbar dar. Aber aus
Gesprächen und Rückfragen bei den Mitarbeitern der Jugendhilfe im Strafverfahren, ist die Tendenz ersichtlich, durch das Mittel der U-Haft Lebens-
führungsfragen und erzieherische Ziele durchzusetzen. Die These, die mit der
Komplizenschaft der Jugendhilfe mit der Strafjustiz beschrieben werden
kann, erfährt zumindestens dahingehend eine Bestätigung, dass es eine nicht
kleine Gruppe von Sozialarbeitern und Sozialarbeiterinnen gibt, die den
Druck der Untersuchungshaft für die Durchsetzung ihrer erzieherischen Ziele
nutzt. Direkte Absprachen mit den Jugendrichtern hinsichtlich dieser Praxis
gingen aus dem Material nicht hervor.

Etablierte und Außenseiter

Wegen der sehr hohen Anzahl der jugendlichen Inhaftierten, die einen Migrationshintergrund haben, ist anzunehmen, dass es eine immanente und systematische Benachteiligung von Neueinwanderern gibt, und dass solche Benachteiligungen durch Unterschichtzugehörigkeit noch verstärkt werden. Der
hohe Anteil der Inhaftierten mit Migrationshintergrund, kann nicht alleine mit
ausländerfeindlichen Verhaltenseinstellungen erklärt werden. Die Vollstrek-
kung der U-Haft, die zur Freiheitsentziehung mit ihren negativen Folgen
führt, ist nur das (dicke) Ende eines vorausgegangenen Selektions- und Zu-
schreibungsprozesses vor dem Hintergrund autochthoner Einstellungen und
Verhaltensweisen der Mehrheitsgesellschaft. Die interkulturelle Konfliktlinie
liegt denn auch nicht nur zwischen der deutschen Bevölkerung und der hier
lebenden ausländischen Minderheit, sondern auch zwischen „eingesessenen
und etablierten" Migranten und Neuzuwanderern. Dieser zentrale Aspekt der
Nutzung und des Zugangs zu Macht- und Unterstützungpotentialen ist unabhängig von Fragen der rassischen und ethnischen Herkunft zu stellen, um
Etablierte- und Außenseiterbeziehungen zu erkennen (Elias 1990: 25).
    Die kumulative Wirkung der verschiedenen und unterschiedlichen Aus-
grenzungsprozesse in den verschiedenen gesellschaftlichen Teil- und Funktionsbereichen, wie z.B. Bildung, Recht oder Wirtschaft, generiert einen Typus, der dauerhaft von Ausgrenzung und Randständigkeit bedroht ist und der
im hohen Maße von staatlicher Hilfe abhängig ist. Verfestigen sich diese Problemlagen, verfestigt sich auch die staatliche Alimentation und die Gefahr
unerwünschten sozialen Verhaltens wie Delinquenz, Bettelei oder problematische Suchtabhängigkeit. Faktoren, wie geringerwertige oder fehlende Schul-
abschlüsse, Straffälligkeit, biografische Brüche oder Heimerziehung, be-

deuten erhebliche Chancenminderung bei der Integration in den Arbeitsmarkt. Nur sind diese Faktoren nicht Ursache von Arbeitslosigkeit, sondern sie wirken selektiv, wenn es um Chancenrealisierung geht. Jugendliche mit diesen Problemlagen reagieren denn auch oft desinteressiert oder ungehalten auf Angebote der Jugendberufshilfe oder sozialpädagogische Maßnahmen, weil sie aus zahlreichen Beispielen wissen, dass ihre Teilhabemöglichkeit am Arbeitsmarkt nur sehr gering bzw. aussichtslos ist. Benachteiligung in gesellschaftlichen Funktionsbereichen wie Bildung, Wirtschaft, Recht etc., evoziert Randständigkeit und Ausgrenzung. Wenn das weitere Merkmal *Strafauffälligkeit* zu den schon erwähnten Benachteiligungen hinzukommt, kann es zu weiteren sozialen Exklusionsprozessen kommen, wenn der Jugendliche in Untersuchungshaft kommt. Durch die Untersuchungshaft werden soziale Bindungen geschwächt und selbstwirksame Vorhaben in Bezug auf die Alltagsstrukturierung und perspektivische Lebensplanung stark eingeschränkt

Zusammenfassung und Ausblick

Der überwiegende Teil der Untersuchungshäftlinge ist männlich und kommt aus Familien, die mit der Erziehung und der Lebensberatung der Jugendlichen überfordert sind. Sie besuchen nur unregelmäßig und mit geringer Erfolgsaussicht die Haupt- und die Sonderschule. Eine große Gruppe sitzt wegen Wiederholungsgefahr und des Vorwurfs von Gewalttaten in der Haft. Die meisten Jugendlichen hatten schon Hilfen zur Erziehung nach dem KJHG in Anspruch genommen. Ein gutes Drittel aller inhaftierten Jugendlichen befand sich in einer fremdplatzierenden Jugendhilfemaßnahme. Fast alle Eltern oder Elternteile bezogen laufende Hilfe zum Lebensunterhalt.

In der Untersuchungshaft sitzen also 14- und 15jährige Jugendliche, die in verschiedenen sozialen, wirtschaftlichen, schulischen und rechtlichen gesellschaftlichen Funktionsbereichen Merkmale der Randständigkeit aufweisen, wie wir sie beispielsweise auch bei anderen Jugendlichen ihrer Altersgruppe vorfinden, die nicht in der Untersuchungshaft waren. Es ist also zu fragen, welche besonderen und spezifischen Prozesse dazu geführt haben, dass die beachtliche Zahl von 32 minderjährigen Jugendlichen im Zeitraum von 1998 bis 1999 in der Untersuchungshaft war.

Ein Merkmal, das schnell zur Identifizierung und Öffentlichmachung prekärer Lebenslagen benutzt werden kann, ist Strafauffälligkeit. Wenn Strafauffälligkeit in hohe Devianz eingebettet ist, und Staatsanwaltschaft und Haftrichter keine Möglichkeiten des Gegensteuerns in der Familie oder durch die Erziehungshilfe feststellen oder erkennen, so ist die Gefahr des Freiheitsentzuges durch die Vollstreckung einer Untersuchungshaft gegeben. Es steht dann weniger die Straftat und der Haftgrund, als die prekäre Lebenslage und Alltagssituation der Jugendlichen im Vordergrund. Untersuchungshaft wird zum sozialen Krisendienst umgedeutet. Die U-Haft mutiert zur Erziehungshaft, wenn die Vertreter der öffentlichen Erziehungshilfe ihre geheimen oder offenen Erziehungsziele in Allianz mit der Strafjustiz durchsetzen wollen. Für diese Tendenz gibt es auch in dieser Untersuchung ernstzunehmende Hinweise. Die kumulative Wirkung von struktureller Benachteiligung, wie wir sie im Ausländerrecht vorfinden sowie ein punitiver oder hilfloser Erziehungsstil, verbunden mit Gewalterfahrungen in der Familie vor dem Hintergrund wirtschaftlicher Armut, in Kombination mit Strafauffälligkeit, schafft ein erhöhtes Entdeckungsrisiko, wenn es zu delinquenten Handlungen kommt. So wird der Typus des Mehrfachauffälligen und Wiederholungstäters geschaffen, der auch überwiegend in dieser Untersuchungsgruppe vorkommt.

Eine Inhaftierung der Jugendlichen mit den beschriebenen Merkmalen, verschlechtert in der Regel die Möglichkeiten der sozialen Integration, der schulischen Förderung und der Einmündung in beruflich qualifizierende Maßnahmen. Bestehende soziale und schulische Bindungen, die oftmals nur noch fragmentarisch vorhanden sind, werden mit der Haft und vor allem mit längerer Haftdauer brüchiger oder gehen ganz verloren. Subkultureller und milieuspezifischer Einfluss durch den Gefängnisaufenthalt wirkt negativ im Identitätsaufbau und auf die Handlungsorientierung des jungen Menschen.

Gewalterfahrungen und Gewaltbereitschaft müssen diskursiv in Institutionen und im öffentlichem Leben thematisiert werden und präventiv durch geeignete Programme bekämpft werden. Ferner zeigt der hohe Anteil von jungen Gefangenen mit Migrationshintergrund auf, dass präventive und integrative Einwanderungsprogramme für Jugendliche entwickelt werden müssen. Interkulturelle Kompetenz und die Erarbeitung von Konzepten sind auf verschiedenen Ebenen, aber ganz besonders auf der Ebene der Jugend- und Bewährungshilfe im Strafverfahren notwendig. Die jahrzehntelange Ignoranz durch *Wegsehen* sowie die nur mäßig entwickelte interkulturelle Kompetenz und Ausrichtung sozialer Arbeit, lässt die Jugendhilfe zum Mittäter am negativen selektiven Ausleseverfahren von randständigen Jugendlichen werden. Der Wandel familialer Formen zu Partnerschaften auf Zeit, ungleiche geschlechtsspezifische Rollenverteilung bei der Aufgabe der Erziehung und des Unterhalts der Kinder zu Lasten der Mütter, verlangen weitere familienstützende Programme und stärkere Hilfen in Trennungs- und Scheidungssituationen für die Eltern und deren Kinder. Lehrer und Sozialarbeiter, die in der Haupt- und Sonderschule arbeiten, müssen materiell und konzeptionell in die Lage versetzt werden, Zumutungen, die das Leben für eine Gruppe von Minderjährigen bereit hält, aufzufangen. Das Prinzip der Halbtags- und Ganztagsschule ist nicht nur aus pädagogischen, sondern auch aus sinnhaften Gründen, wie z.B. Zeitstrukturierung, warmes Mittagessen, Schularbeitenhilfe etc. zu favorisieren. Schule muss sich als lebendiger und attraktiver Lebensraum für Kinder und Jugendliche entwickeln. Denn nach der erfolgreichen Bildungsexpansion der siebziger und achtziger Jahre müssen die Nebenfolgen dieser Entwicklung gesehen werden: die Negativkarrieren und die kumulierende Wirkung von Problemen und Mängellagen in den Hauptschulen, manchen

Berufsschulen, Sonderschulen und Gesamtschulen in belasteten Einzugsgebieten. Soziales Lernen, die Bereitschaft Konflikte mit adäquaten Mitteln zu lösen sowie die sinnhafte Strukturierung des Tages sind Aufgaben von Ganztagsschulen. Unterschiedliche kulturelle Milieus sowie eine fortschreitende Migration erfordert eine interkulturelle Pädagogik. Jugendhilfe/ Sozialarbeit und Schulpädagogik müssen gleichberechtigt aufeinander zugehen, um den geforderten „Lebensraum Schule" die notwendigen Impulse zu geben. Sozialarbeit in Schulen darf nicht als Kompensation schulischer schwarzer Löcher verstanden werden, sondern sie muss sich selbstbewusst und in Augenhöhe mit den Lehrern als eine soziale und professionelle Disziplin darstellen, die einen erheblichen Beitrag zur Lösung vieler Probleme im Schulalltag entwickeln und anbieten kann.

Die Gewalterfahrungen und die Gewalttätigkeit sind in der genannten Untersuchungsgruppe hoch. Das geschlechtsspezifische Phänomen dieser männlichen Gewalt verweist auf die Notwendigkeit der verstärkten Entwicklung und Implementierung rollenspezifischer Programme sowie das Vorhalten von Angeboten, beispielsweise geschlechtsspezifische Arbeit mit Jungen, die selbst in einer Großstadt wie Bremen nur wenig entwickelt ist.

Wenn ein Jugendlicher erst im Gefängnis landet, wird er die Schutzfaktoren des Erziehungs- und Bildungssystems entweder überhaupt nicht oder sehr eingeschränkt in Anspruch nehmen können. Im Gefängnis werden vielmehr die Risikofaktoren wie Gewalterfahrungen, Isolation und der Abbruch sozialer Beziehungen virulent. Wenn die Jugendhilfe auf diese Ex- und Inklusionsprozesse aus den verschiedenen Funktionsbereichen Einfluß nehmen will, um weitere Ausgrenzungen der Kinder und Jugendlichen zu vermeiden, dann muß sie diese Prozesse erkennen und analysieren, um dann in einem nächsten Schritt präventive und abgestufte Programme zur Vermeidung von Exklusion zu entwickeln. Für Exkludierte oder für Personen, die aus den Funktionssystemen herauszufallen drohen, sind wirksame und rehabilitative Interventionsprogramme vorzuhalten.

Wir müssen – ähnlich wie in den Niederlanden – für eine relativ kleine Gruppe ein Monitoringverfahren als Frühwarnsystem entwickeln und an geeigneter Stelle implementieren. Die Indikatoren und Cluster, die für ein solches Beobachtungssystem geeignet sein könnten, habe ich mit ethnischer Diskriminierung, Gewalterfahrungen, Delinquenz, Schulvermeidung sowie Bindungslosigkeit benannt. Es gibt sicherlich weitere und andere Indikatoren, aber wichtig ist die Herleitung und Begründung von Devianzfaktoren, die ein öffentliches Eingreifen in den Erziehungsprozess des Kindes und die Lebensgestaltung des Jugendlichen rechtfertigen. In einem Beobachtungsverfahren wären nicht die einzelnen Indikatoren, wie *Schule schwänzen* oder *Kriminalität* entscheidend, sondern die Koppelungs- und Kulminationseffekte aller Indikatoren ausschlaggebend. Wenn die Jugendhilfe den Diskurs über gefährdete Jugendliche beeinflussen will, dann muß sie aus der passiven Ringecke kommen und gezielte Argumente körpernaher als bisher unterbringen.

Literatur

Dietz, G.U./Matt, E./Schumann, K.F./Seus, L. : „Lehre tut viel..." Berufsbildung, Lebensplanung und Delinquenz bei Arbeiterjugendlichen. Münster: Votum-Verlag, 1997

Elias, N./Scotson, J.: Etablierte und Außenseiter. Frankfurt a.M.: Suhrkamp, 1990

Emig, O.: Die Vollstreckung von Untersuchungshaft gegen 14- und 15jährige Jugendliche im Bundesland Bremen. – Analyse der sozialen, schulischen, wirtschaftlichen und strafrechtlichen Hintergründe. Amt für Soziale Dienste Bremen. 2001

Emig, O.: Kinderdelinquenz zwischen Schule und Einkaufszentrum – Eine sozialräumliche und fallbezogene Analyse in einer Bremer Region auf der Basis von Polizei- und Jugendamtsdaten. Amt für Soziale Dienste Bremen 2001

Treibel, A.: Einführung in soziologische Theorien der Gegenwart. 4. Auflage. UTB für Wissenschaft, Leske + Budrich, 1997

Frank Bettinger

Der Kriminalitätsdiskurs – Bedeutung und Konsequenzen für eine kritische Soziale Arbeit

Ich werde im Rahmen meiner Ausführungen versuchen aufzuzeigen, wie im Kontext von Kriminalpolitik ohne großen Aufwand bestimmte Wirklichkeiten konstruiert werden, und darüber hinaus, welche Folgen solche Wirklichkeitskonstruktionen für die Soziale Arbeit, insbesondere für die Jugendarbeit haben. Zunächst aber beabsichtige ich zu erläutern, was ich mit *Diskurs* meine, wenn ich von *Diskurs* spreche.

Meinen Ausführungen zugrunde liegt das vom Duisburger Sprach- und Sozialwissenschaftler Siegfried Jäger – orientiert am Diskursverständnis Foucaults – verwendete Konzept des Diskurses. In diesem Kontext bedeutet *Diskurs* nicht lediglich *Erörterung, Gedankenaustausch, Unterhaltung* oder *heftiger Wortstreit*. Vielmehr ist Diskurs als eine Praxis zu begreifen, die Realität konstituiert, und zwar immer über die dazwischentretenden Subjekte in ihren gesellschaftlichen Kontexten. Das Individuum ist also im Diskurs tätig. D.h., menschliches Sprechen ist als Tätigkeit im Rahmen gesellschaftlicher Tätigkeit zu begreifen.

So sind die historisch-sozialen Gegenstände nicht etwa prädiskursiv vorhanden und werden dann lediglich durch einen Diskurs mehr oder weniger verzerrt oder exakt wahrgenommen; vielmehr muß die diskursive Praxis als materielles Produktionsinstrument aufgefaßt werden, mit dem historisch-soziale Gegenstände (wie z.B. *Kriminalität*) produziert werden (vgl. Jäger 1993: 149). Was also beispielsweise als *kriminell* oder *konform* zu betrachten ist, entspringt einem Prozeß von Auseinandersetzungen, in dem es um die Durchsetzung des jeweiligen Wissens und der entsprechenden Wirklichkeit geht. Und selbstverständlich beansprucht das Konzept des Diskurses *grundsätzlich*, und nicht nur im Kontext von Kriminalpolitik, Gültigkeit: so bietet sich m.E. der (Politik-) Bereich *Jugendhilfeplanung* für eine Diskursanalyse geradezu an. Denn obwohl mit Jugendhilfeplanung nach wie vor beabsichtigt wird, einen – im positivistischen Sinn – *objektiven* Bedarf zu ermitteln, handelt es sich hierbei doch um einen Aushandlungsprozeß, an dessen Ende sich eine bestimmte Wirklichkeit durchsetzt.

Das bedeutet in der Konsequenz aber, daß es nicht nur *eine* Wirklichkeit gibt, sondern mehrere, und auch nicht wahre oder falsche Wirklichkeiten.

Vielmehr werden in Prozessen der Auseinandersetzung eine bestimmte Sicht von Welt durchgesetzt. Das Forschungsinteresse ist somit auf den Prozeß der Konstitution von *Wirklichkeit* und auf den Prozeß der Konstitution von Deutungs- und Handlungsmustern gerichtet, mit deren Hilfe die Welt gedeutet und praktisch gehandhabt wird.

Nicht zu vernachlässigen ist in diesem Zusammenhang, daß die sozialen Gegenstände nicht immer wieder neu produziert werden müssen. Vielmehr etablieren sich Routinen, die historisch erarbeitet wurden und den Charakter von Regeln haben, denen die Menschen weitgehend und routinehaft folgen. Diese Regeln/Routinen sind historisch gewachsen; sie sind diskursiv fixiert. Siegfried Jäger bringt in diesem Zusammenhang das Beispiel von den *Gesetzen des Kapitals* (vgl. Jäger 1993: 211f.), die doch letztlich nichts anderes seien, als eingefahrene Gewohnheiten, Normen und Regularitäten, die sich im kollektiven und widersprüchlichen Tun des Menschen durchgesetzt haben, dabei zwar prinzipiell veränderbar sind, aber durch ihre *regulative Verfestigung* erhebliches Gewicht haben, und zwar ein solches Gewicht, daß sie – wie Robert Kurz (1999: 138) zu Recht in seinem als Abgesang auf die Marktwirtschaft konzipierten *Schwarzbuch Kapitalismus* konstatiert – als Naturgesetz verstanden werden.

Den Diskurs als politischen zu verstehen, impliziert, daß um dessen Durchsetzung als Wissen bzw. um die Durchsetzung einer bestimmten Wirklichkeit gekämpft wird. Politik – egal, ob Sozialpolitik, Jugendhilfepolitik oder Kriminalpolitik – Politik ist demnach der öffentliche Prozeß der Gestaltung und Durchsetzung einer sozialen Wirklichkeit. Beispiele für einen solchen öffentlichen Prozeß der Gestaltung und Durchsetzung einer sozialen Wirklichkeit gibt es viele. *Einen* solchen Prozeß, der einerseits noch in seinen Anfängen steckt, andererseits aber auf frühere Gestaltungsprozesse aufbaut, möchte ich kurz darstellen.

Im April des Jahres 2000 hat die CDU/CSU-Fraktion einen Entwurf eines Gesetzes in den Deutschen Bundestag eingebracht, und zwar eines *Gesetzes zur Verbesserung der gesetzlichen Maßnahmen gegenüber Kinder- und Jugendkriminalität* (Deutscher Bundestag 2000: Drucksache 14/3189). Daß dieser Entwurf gerade zu einer Zeit eingebracht wurde, da das Ansehen der CDU selbst durch – wie böse Zungen formulieren würden – *kriminelle Machenschaften* arg in Mitleidenschaft gezogen war, mag uns weniger erstaunen, eher amüsieren, uns den Ratschlag formulieren lassen, doch zunächst vor der eigenen Türe zu kehren, sprich: einen *Entwurf eines Gesetzes zur Verbesserung der gesetzlichen Maßnahmen gegenüber Politikerdelinquenz* in den Bundestag einzubringen. Aber mit einer solchen Gestaltung und Durchsetzung von sozialer Wirklichkeit kann wohl allen Ernstes nicht gerechnet werden.

Da scheinen kriminalisierbare Verhaltensweisen von Kindern und Jugendlichen aus Politikersicht doch bedeutend geeigneter. Jedenfalls läßt der von der CDU/CSU-Bundestagsfraktion eingebrachte Gesetzentwurf dies vermuten. Nicht, daß dieser Gesetzesentwurf die kriminalpolitische Diskussion in ungeahnte intellektuelle Höhen zu führen vermag; das ist m.E. im Bereich der Kriminalpolitik nicht zu befürchten. Nein, – vielmehr sind es die gewohnten Plattitüden und Alltagstheorien, mit denen die interessierten Zuhörer bzw. die interessierten Leserinnen konfrontiert werden. Ich zitiere aus Bundestagsdrucksache 14/3189:

Die seit Beginn der 90er Jahre zu beobachtende Steigerung der Kriminalitätszahlen ist zu großen Teilen zurückzuführen auf den strukturellen Wandel in der Gesellschaft und auf die Öffnung der Grenzen seit 1989 sowie die Zuwanderung von Jugendlichen aus dem Ausland, bei denen sich die Integration in die Gesellschaft in zunehmendem Maße als schwierig erweist. Insbesondere der besorgniserregende Anstieg der Kinder- und Jugendkriminalität erfordert ein unmißverständliches politisches Signal. Den vielfältigen Ursachen und Erscheinungsformen der Kinder- und Jugendkriminalität muß durch ein wirksames und umfangreiches Maßnahmenbündel begegnet werden.
(...) Der Wandel in der Gesellschaft und der Rückgang allgemein verbindlicher Wertmaßstäbe haben auch bei vielen Eltern zu Unsicherheiten in Fragen der Erziehung geführt. Auch mehren sich die Fälle von Kindern und Jugendlichen, deren Eltern nicht für sie verfügbar sind oder ihnen wenig Orientierung und Hilfestellung bei ihrer Persönlichkeitsentwicklung bieten.

Hierzu einige Anmerkungen: Die CDU/CSU-Bundestagsfraktion stellt fest, daß die Kinder- und Jugendkriminalität *besorgniserregend* angestiegen ist. Bezug genommen wird hier – wie kann es anders sein – auf die Daten der Polizeilichen Kriminalstatistik. Es handelt sich hierbei um Daten – und die Sozialwissenschaften weisen regelmäßig darauf hin – deren Aussagewert nur sehr gering ist; es handelt sich um Daten, denen sich dennoch regelmäßig zur Darstellung und Kommentierung von Kriminalitätsverläufen bedient wird, die aber faktisch nur einen sehr kleinen und vor allem nur sehr selektiven Teil des tatsächlichen Kriminalitätsgeschehens und somit keine *Verbrechenswirklichkeit* widerspiegeln können. Und obwohl auf diese Mängel der Statistiken nicht nur seitens einer sich kritisch verstehenden Kriminologie aufmerksam gemacht wird, sondern sogar im Vorspann der vom Bundeskriminalamt herausgegebenen Polizeilichen Kriminalstatistik ausdrücklich darauf hingewiesen wird, wird sich regelmäßig dieser Daten bedient, und so billigend in Kauf genommen, daß eine ganz bestimmte Wirklichkeit dargestellt wird.

Peinlich wird es für die CDU/CSU-Fraktion – vorausgesetzt man wollte sie mit ihren eigenen statistischen Waffen schlagen – wenn man dem Hinweis nachgeht, die Kinder- und Jugendkriminalität habe besorgniserregend zugenommen, und dann bei einem Blick in die PKS feststellen muß, daß gerade die neuesten Daten, die auch der CDU/CSU-Fraktion vorgelegen haben *müssen*, ganz im Gegenteil gerade zuletzt einen Rückgang der von Kinder- und Jugendlichen begangenen (und entdeckten) Straftaten ausweisen. Aber das wird von den Wirklichkeitskonstrukteuren der Unionsfraktion schlichtweg unterschlagen.

Ähnlich verhält es sich mit den Versuchen, den vermeintlichen Anstieg der Kinder- und Jugendkriminalität ursächlich zu erklären. Bei dem Erklä-

rungsansatz, den uns die CDU/CSU-Bundestagsfraktion liefert, könnte man
aus einer ätiologischen Perspektive von einem Mehrfaktorenansatz sprechen.
Als Ursachen für die Zunahme der Kinder- und Jugendkriminalität werden
von der Fraktion im Entwurf sowie in der ersten Beratung im Bundestag
(Deutscher Bundestag 2000: Stenographische Berichte 14/109) folgende
Faktoren genannt:

- der strukturelle Wandel in der Gesellschaft
- die Öffnung der Grenzen seit 1989
- die Zuwanderung von Jugendlichen aus dem Ausland, bei denen sich die
  Integration in die Gesellschaft in zunehmendem Maße als schwierig erweist
- der Rückgang allgemein verbindlicher Wertmaßstäbe
- Unsicherheiten bei Eltern in Fragen der Erziehung sowie Rückgang der
  Erziehungskraft der Eltern und der Schule
- Eine weitere Ursache: Kinder und Jugendliche ausländischer Eltern, die
  nur mangelnd integriert sind. Hier entstehe schnell ein Ghetto. Dies führe
  wiederum schnell zu Jugendbanden, die zur Kriminalität neigen.
- Ferner: die hohe Arbeitslosigkeit gerade bei Jugendlichen ausländischer
  Herkunft, und in der Folge davon Langeweile, Müßiggang, Perspektivlo-
  sigkeit und Frust. Daraus entstehe sehr schnell kriminelles Verhalten.
- Des weiteren: ein Konsumdenken, das unfähig macht, auf die Belange anderer zu achten,
- Wachsender Egoismus als Nährboden für Kriminalität,
- Gewaltdarstellungen in Videos und zweifelhafter Umgang mit gewaltbe-
  reiten Jugendlichen.

Die traditionelle Kriminologie wird feiern. Endlich liegt ihr die Formel vor,
mit der Kriminalitätsentwicklungen zu erklären und zu prognostizieren sind. –
Aber, Spaß bei Seite. Meine Pflicht wäre jetzt eigentlich, darauf aufmerksam
zu machen, daß die Ausführungen der CDU/CSU-Fraktion des Deutschen
Bundestages jegliche Erkenntnisse, jegliches Wissen, das die mit dem Gegenstand *Kriminalität* befaßten wissenschaftlichen Disziplinen bereitstellen,
schlichtweg ignorieren. Ich meine damit Wissen bezüglich der Brauchbarkeit
oder besser: Unbrauchbarkeit von Kriminalstatistiken bzw. deren Zustande-
kommen, ich meine damit Wissen über Ubiquität und Episodenhaftigkeit kri-
minalisierbarer Verhaltensweisen junger Menschen, und ich meine damit
Wissen über Definitions- und Selektionsprozesse.

Aber, darum soll es mir im Rahmen dieses Beitrages nicht gehen. – Unter
der Voraussetzung, daß Diskurse – gerade im Politikbereich – keine funktions-
losen Sprechakte sind, sondern *institutionalisierte, geregelte Redeweisen, an die*
Handlungen gekoppelt sind und die Machtwirkungen ausüben, werde ich vielmehr versuchen zu erklären, welche Konsequenzen sich möglicherweise aus
solchen diskursiv konstruierten Wirklichkeiten für die Praxis der Sozialen Arbeit im allgemeinen bzw. die Jugendhilfe im besonderen ergeben.

Mit dem Verweis (der im übrigen auch von anderen Parteien regelmäßig bemüht wird) auf *eine besorgniserregende Zunahme von Kinder- und Jugendkriminalität* gehen regelmäßig – nicht nur auf bundes-, sondern ebenso auf landes- und kommunaler Ebene – Vorschläge, aber auch Forderungen einher, wie diesem Phänomen kriminalpolitisch, aber eben auch sozialpädagogisch zu begegnen ist. In dem von der CDU/CSU eingebrachten Gesetzentwurf werden folgende Reaktionsoptionen benannt, um der Kinder- und Jugendkriminalität Einhalt zu gebieten:

1. Eine Senkung der Eingriffsschwelle im Kontext des Bürgerlichen Gesetzbuches; d.h. durch eine Ergänzung des § 1666 BGB soll einerseits klargestellt werden, daß eine Gefährdung des Kindeswohls bereits dann zu vermuten ist, wenn ein Kind wiederholt in erheblicher Weise gegen Strafgesetze verstoßen hat; andererseits soll eine ausdrückliche Rechtsgrundlage für ein *richterliches Erziehungsgespräch* geschaffen werden;
2. Im Hinblick auf die Zielgruppe straffällig gewordener, aber noch strafunmündiger Kinder soll dem Gericht die Möglichkeit eröffnet werden, aus erzieherischen Gründen Weisungen zu erteilen;
3. Der § 1631b BGB soll dahingehend geändert werden, daß in Fällen, in denen ein Kind wiederholt in schwerwiegender Weise gegen Strafgesetze verstoßen hat (...), und entsprechend eine Gefährdung des Wohls des Kindes zu vermuten ist, eine Unterbringung des Kindes, die mit Freiheitsentziehung verbunden ist, mit Genehmigung des Familiengerichts zulässig ist;
4. Im Jugendstrafrecht soll das Fahrverbot als Zuchtmittel verankert werden;
5. Eine neue Sanktion *Meldepflicht* soll eingeführt werden;
6. Vorgeschlagen wird die Einführung eines *Einstiegsarrestes*, der *neben* einer zur Bewährung ausgesetzten Jugendstrafe oder einer Aussetzung der Verhängung einer Jugendstrafe angeordnet werden kann;
7. Straftaten Heranwachsender sollen regelmäßig nicht mehr nach Jugendstrafrecht sondern nach allgemeinem Strafrecht geahndet werden;
8. Bei schwersten Verbrechen durch Heranwachsende, auf die Jugendstrafrecht Anwendung findet, soll Jugendstrafe bis zu 15 Jahren statt bisher zu zehn Jahren verhängt werden.

Neben strafrechtlichen Neuerungen fordert die CDU/CSU-Bundestagsfraktion – laut Entwurfs-Begründung (Bundestagsdrucksache 14/3189) – einen stärkeren Einbezug des Familienrechts sowie des Kinder- und Jugendhilferechts. Ich zitiere:

Die Notwendigkeit ist unübersehbar, in geeigneten Einzelfällen mit den Mitteln des Familienrechts sowie des Kinder- und Jugendhilferechts frühzeitig zu intervenieren. *Strafunmündige, die wiederholt in schwerwiegender Weise gegen Strafgesetze verstoßen haben, geben Anlaß zur Feststellung bestehender Erziehungsdefizite* sowie zur Klärung eines etwaigen Bedarfs an Hilfsmaßnahmen, insbesondere der *Jugendhilfe*.

An dieser Stelle möchte ich auf folgenden Sachverhalt aufmerksam machen: Wurden in der Einführung in die Intentionen des Gesetzentwurfes sowie im Rahmen der ersten Beratung im Bundestag zahlreiche Faktoren zur Erklärung des Anstiegs der Kinder- und Jugendkriminalität wie selbstverständlich benannt – ich habe sie dargestellt – und zwar insbesondere auch sozialstrukturelle Faktoren wie z.b. Arbeitslosigkeit, Strukturwandel in der Gesellschaft, Rückgang verbindlicher Wertmaßstäbe aber auch – wie ich es formuliere – die Folgen einer marktwirtschaftlichen Ideologie, nämlich: Konsumdenken und wachsender Egoismus, wird hingegen in der Begründung bzw. Rechtfertigung des Gesetzentwurfes nur noch auf *Erziehungsdefizite* fokussiert; vermeintlich festgestellte und feststellbare Erziehungsdefizite, die pädagogische Eingriffe in Form des Strafrechts, des Familienrechts oder aber des Kinder- und Jugendhilferechts legitimieren.

Würden die beteiligten Politiker und Politikerinnen aber *ihre* Erklärungsversuche zum Anstieg von Kinder- und Jugendkriminalität selber ernst nehmen, so würden sie im Zuge der *Ursachenbekämpfung* nicht bei der Kompensation von *Erziehungsdefiziten* stehenbleiben, sondern versuchen Antwort darauf zu geben, warum in diesem Land Millionen Menschen der Arbeitsmarkt verschlossen bleibt, warum sich Konsumdenken und Egoismus vermehrt durchsetzen, und was eigentlich Politiker und Politikerinnen zum Erhalt verbindlicher Werte beitragen.

Tatsache aber ist, daß seitens der Politischen Parteien, sowohl auf bundes-, als auch auf landes- und kommunaler Ebene, – neben strafrechtlichen und ordnungsrechtlichen Optionen zur *Eindämmung* von Kinder- und Jugendkriminalität – wieder Angebote und Konzepte aus dem Bereich der Jugendhilfe und insbesondere der Jugendarbeit stärker nachgefragt bzw. eingefordert werden.

Im Rahmen der ersten Beratung des von der CDU/CSU-Fraktion eingebrachten Gesetzentwurfs im Deutschen Bundestag, wurde das besonders deutlich, und zwar durch Stellungnahmen von PolitikerInnen unterschiedlicher, im Deutschen Bundestag vertretener Parteien. Die folgenden Zitate habe ich dem Stenographischen Bericht der 109. Sitzung des Deutschen Bundestages, vom 9. Juni 2000 entnommen:

Anni Brandt-Elsweier (SPD):
„Prävention muß im Bereich der Bekämpfung der Kinderdelinquenz und Jugendkriminalität Vorrang vor Sanktionen haben. So vielschichtig wie die möglichen Ursachen müssen die Ansätze zur Bekämpfung sein. Notwendig sind Kontakte, Absprachen und gegebenenfalls gemeinsame Maßnahmen der zuständigen Behörden und Stellen – insbesondere der Jugendämter – in Zusammenarbeit mit freien Organisationen und Verbänden".

Volker Beck (Bündnis 90/Die Grünen):
„Das vorhandene Jugendgerichtsgesetz reicht aus: Es bietet ein breit gefächertes und vielschichtiges Instrumentarium, um auf Straffälligkeit junger Menschen und damit verbundener Erziehungsdefizite angemessen zu reagieren. (...) Alle am Erziehungsprozeß Beteiligte (...) müssen sich in der Pflicht sehen und kooperieren".

Sabine Jünger (PDS):
„(...) der Jugendkriminalität ist nicht mit dem Strafrecht beizukommen. Zwingend hingegen sind der Abbau der sozialen Probleme, die konsequente Anwendung des KJHG mit seiner präventiven Zielsetzung und die Bereitstellung ausreichender Mittel für die Jugendhilfe".

Jörg van Essen (F.D.P.):
„Das Jugendhilfegesetz, das sich allgemein bewährt hat, bietet schon jetzt viele Möglichkeiten, dem hohen Anstieg der Kinder- und Jugendkriminalität zu begegnen. Wir müssen hier auch über die Verteilung öffentlicher Gelder im Jugendhilfebereich reden. Großangelegte Haushaltskürzungen haben oftmals verheerende Auswirkungen. Die effektivste Präventionsarbeit findet in den kommunalen Jugendeinrichtungen statt. Diese Arbeit muß gestärkt werden und verdient Unterstützung von uns allen".

Die Wiederentdeckung des Sozialpädagogischen, die Wiederentdeckung der Jugendhilfe und insbesondere die Wiederentdeckung der Jugendarbeit findet nicht nur im Bundestag statt, sondern insbesondere auch auf kommunaler Ebene. Gerade hier ertönt der Ruf nach Sozialer Arbeit, nach Jugendarbeit und Streetwork lauter denn je, aber vor allem dann, wenn es um sogenannte *auffällige* Jugendliche, um *störende* Jugendliche geht.

Aber kann dieses *Wieder-Begehrtsein* der Sozialen Arbeit Anlaß zur Genugtuung, gar zur Freude sein? – Ist dieses *Wieder-Begehrtsein* Indiz für eine Akzeptanz der Sozialen Arbeit gerade auch als professionelle Disziplin, die den Begriff *Sozialpädagogik* wieder mit Inhalt zu füllen weiß? – Ich befürchte nein. Im Gegenteil bin ich der Meinung, daß die Soziale Arbeit nicht aufgrund neu gewonnener Stärke, sondern aufgrund Ihrer Schwäche begehrt ist und diesem Begehren nicht widerstehen kann.

Ich versuche meine Annahme im folgenden zu begründen, beziehe meine Ausführungen aber weniger auf die Soziale Arbeit als Gesamtdisziplin, sondern auf die Jugendarbeit als Teildisziplin.

Möglicherweise erfüllt die Soziale Arbeit und insbesondere die Jugendarbeit seit jeher sozialdisziplinierende Aufgaben, indem sie im Rahmen ihrer Tätigkeit *Normalbiographien* und die Stabilität der gesellschaftlichen, kapitalistischen Ordnung im Blick hat, indem sie die Werte der erwachsenen- und leistungsorientierten Gesellschaft weitergibt. Aber warum läßt sich die Jugendarbeit in einem solchen Maße fremdbestimmen und bevormunden? Warum bestimmt sie nicht selber ihren Gegenstand und die Funktion ihrer Tätigkeit? – Meines Erachtens liegt es daran, daß die Jugendarbeit – gerade auch heute – ihre Bedeutung und ihre Notwendigkeit nicht plausibel vermitteln, sich nicht Gehör verschaffen kann. Die Folge ist, daß sie – obwohl bevorzugtes Objekt finanzieller Kürzungen – einerseits von außen mit Anforderungen überfrachtet wird, andererseits sich kontinuierlich mit Legitimationsaufforderungen konfrontiert sieht.

Werner Thole und Albert Scherr (Scherr/Thole 1998: 9) haben diese Situation folgendermaßen pointiert zusammengefaßt: „Jugendarbeit ohne theoretische Vergewisserungen *versumpft* in den Legitimationszwängen der Praxis und hat keine Chance, sich als eigenständiges, institutionalisiertes und öffentlich gefördertes Sozialisationsfeld zu plazieren".

Mir scheint es heute, in Zeiten der sogenannten Globalisierung, in Zeiten der Hegemonie ökonomischer Ansätze, in Zeiten, in denen wieder über das *Deutsche als Leitkultur* diskutiert wird, nötiger denn je, eine Theorie der Jugendarbeit (aber auch darüber hinaus eine Theorie der Sozialpädagogik) zu entwickeln, die darauf ausgerichtet ist, Begründungen für eine gesellschaftskritische und sozialpädagogische Praxis zur Verfügung zu stellen, für eine Praxis, die sich gesellschaftlichen und politischen Vorgaben und Funktionszuweisungen entgegensetzt, eine gesellschaftskritische Theorie der Jugendarbeit (und möglicherweise auch darüber hinaus der Sozialpädagogik), die einer kritischen Sozialen Arbeit den Weg zu ebnen vermag, und nicht mißverstanden werden darf als konkrete Anleitung einer sozialpädagogischen Praxis im Kontext institutioneller Rahmenbedingungen, quasi mißverstanden als *Anleitung zum Glücklichsein.*

Eine so verstandene Jugendarbeit, die ihre pädagogische Praxis theoretisch und ebenso konzeptionell darstellen und vor allem begründen kann, wird sich eher Gehör verschaffen können und sich offensiv und anwaltschaftlich einsetzen können für die eigenen Belange, aber auch und ganz besonders für die Bedürfnisse, Wünsche und Interessen junger Menschen und deren Familien; eine solche pädagogische Praxis wird sich eher Gehör verschaffen, als eine ätiologische sozialpädagogische Praxis, die nicht in der Lage oder sogar nicht bereit ist, ihr Handeln theoretisch zu begründen bzw. zu reflektieren, stattdessen einem technokratisch-therapeutischen Fetischismus huldigt, sich auf die Entwicklung und Anwendung von Techniken und Methoden beruft, und dadurch einerseits sozialstrukturelle, definitionstheoretische und politische Implikationen völlig außer Acht läßt sowie andererseits sich an den Logiken und Zuschreibungen politischer Entscheidungsträger und Entscheidungsträgerinnen orientiert.

Eine professionelle Jugendarbeit, die ihre pädagogische Praxis theoretisch und konzeptionell darstellen und begründen kann, hat nicht nur die Möglichkeit, sondern auch die Pflicht, sich in politische, insbesondere auch in kommunalpolitische Diskurse einzumischen, und somit an den Prozessen der Konstitution von Wirklichkeit zu partizipieren, insbesondere auch, um einer Funktionalisierung durch fachfremde Interessen entgegenzuwirken.

Gerade im kommunalen Bereich besteht dazu – zumindest grundsätzlich – durch die Verpflichtung des Trägers der öffentlichen Jugendhilfe zur Planung *eine* Möglichkeit, die m.E. bisher von der sozialpädagogischen Praxis als solche noch nicht hinreichend erkannt worden ist. Allerdings darf sich die Einmischung in kommunalpolitische oder andere Diskurse für eine sich kritisch verstehende Soziale Arbeit nicht reduzieren auf die – im Regelfall durch politische Entscheidungsträger ermöglichte – Teilnahme an Jugendhilfeplanung.

Vielmehr muß eine sich kritisch verstehende Soziale Arbeit unabhängig von politischen Vorgaben bzw. Vereinnahmungsversuchen eigene Strategien der Einmischung entwickeln, und versuchen, uns lieb gewordene Evidenzen, anscheinend plausible Wirklichkeiten und Selbstverständlichkeiten, etablierte gesellschaftliche Routinen, aber auch Ungleichheiten entlang der „Trennlinie von Klasse, Geschlecht, Rasse, Ethnizität und Alter" (Stauber 1995: 58) kritisch zu hinterfragen und gegebenenfalls zu skandalisieren. In diesem Sinne muß eine kritische Soziale Arbeit immer auch politisch sein.

Denjenigen, die hingegen eine, mit den Adjektiven *politisch* und *kritisch* versehene Soziale Arbeit meiden, weil sie die Intentionen einer solchen Sozialen Arbeit eher als konspirativ oder subversiv einschätzen, empfehle ich fürs erste – und zur Beruhigung – einen Blick in das KJHG, genauer in die Leitnorm des KJHG, den § 1: Hier wird die Jugendhilfe ausdrücklich dazu aufgefordert, dazu beizutragen, Benachteiligungen zu vermeiden oder abzubauen, und ferner dazu beizutragen, positive Lebensbedingungen für junge Menschen und ihre Familien sowie eine kinder- und familienfreundliche Umwelt zu erhalten oder zu schaffen. Hier wird Jugendhilfe ausdrücklich aufgefordert, ihre defensive Position aufzugeben und hineinzuwirken in andere Politikfelder, sich einzumischen in politische Diskurse, im Interesse von Kindern und Jugendlichen.

Ein solches Verständnis einer offensiven, kritischen und politischen Sozialen Arbeit ist aber – und darüber bin ich mir im klaren – nicht ohne weiteres zu erwarten bzw. umzusetzen, insbesondere nicht

– in Zeiten, in denen die sozialpädagogische Praxis über die Implementierung neuer Steuerungsmodelle in der Jugendhilfe versucht, das Fehlen einer theoretischen Fundierung zu kompensieren,
– in Zeiten, in denen Jugendarbeit ihre Legitimation vor allem durch einen, an kriminalpolitischen bzw. kriminalpräventiven Vorgaben ausgerichteten vorauseilendem Gehorsam bezieht,
– in Zeiten, in denen die politischen Entscheidungsträger die antizipierte Bedeutungslosigkeit der Jugendarbeit durch kontinuierliche, unerträgliche Kürzungen anscheinend festschreiben wollen.

Aber, daß die Zeiten so sind, daß die Soziale Arbeit von den politischen Diskursen, von den Wirklichkeitskonstruktionen der politischen Entscheidungsträger förmlich überrollt und mitgerissen wird, liegt *erstens* eben auch am Zustand einer theorielosen und kritikunfähigen Disziplin, die nicht in der Lage ist, sich zu wehren, sich Gehör zu verschaffen, sich politisch einzumischen, aber – und das als Forderung zum Schluß – dies entbindet *zweitens* die Soziale Arbeit keineswegs, und damit meine ich nicht ausschließlich die sozialpädagogische Praxis, sondern auch den Bereich der Ausbildung an den Hochschulen, entbindet die Soziale Arbeit keineswegs, sich mit den Evidenzen, den etablierten Routinen, Regeln und Ungerechtigkeiten kritisch auseinanderzusetzen; und zwar gerade auch in Zeiten, in denen die Soziale Arbeit in der Gefahr steht, nur noch ausschließlich als Dienstleistungsangebot verstanden zu werden, das sich auf dem Markt zu bewähren hat und das nach Maßgabe ökonomischer Rationalität zu bewerten ist.

Literatur

Deutscher Bundestag: Drucksache 14/3189, 2000
Deutscher Bundestag: Stenographischer Bericht der 109. Sitzung, 14/109, 2000
Jäger, S.: Kritische Diskursanalyse. Duisburg: DISS, 1993
Kurz, R.: Schwarzbuch Kapitalismus. Ein Abgesang auf die Marktwirtschaft. Frankfurt/ M.: Eichborn, 1999
Scherr, A./Thole, W.: Jugendarbeit im Umbruch. Stand, Problemstellungen und zukünftige Aufgaben, in: Kiesel, D./Scherr, A./Thole, W. (Hrsg.): Standortbestimmung Jugendarbeit. Theoretische Orientierungen und empirische Befunde. Schwalbach/Ts.: Wochenschau Verlag, 1998
Stauber, B. 1995: Im Dickicht der Diskurse – Planung und Soziale Arbeit, in: Bolay, E./Herrmann, F. 1995: Jugendhilfeplanung als politischer Prozeß. Beiträge zu einer Theorie sozialer Planung im kommunalen Raum. Neuwied: Luchterhand.

Verzeichnis der Autorinnen und Autoren

Althoff, Martina, Dr. phil., Universitätsdozentin für Kriminologie, Fakultät für Rechtswissenschaften, Universität Groningen (NL)

Anhorn, Roland, Dr. phil., Professor für Sozialarbeit an der Evangelischen Fachhochschule Darmstadt

Bettinger, Frank, Dr. rer. pol., Professor für Sozialpädagogik an der Evangelischen Fachhochschule Darmstadt

Christian Büttner, Dr. phil., Projektleiter an der Hessischen Stiftung Friedens- und Konfliktforschung in Frankfurt am Main, Honorarprofessor an der Evangelischen Fachhochschule Darmstadt

Emig, Olaf, Diplom-Sozialpädagoge und Diplom-Kriminologe im Amt für Soziale Dienste Bremen, Fachabteilung Junge Menschen, Abschnitt Jugenddelinquenz

Mansfeld, Cornelia, Dr. phil., Professorin für Soziologie und Sozialpolitik an der Evangelischen Fachhochschule Darmstadt

Jansen, Mechtild M., Leiterin des Referates VII (Frauen/Geschlechtsdifferente Jugendarbeit/Migration), Hessische Landeszentrale für politische Bildung, Wiesbaden

Rathgeb, Kerstin, Dr. phil., Wissenschaftliche Mitarbeiterin am Institut für Pädagogik der Elementar- und Primarstufe der Johann Wolfgang Goethe-Universität Frankfurt am Main

Schröder, Achim, Dr. phil., Professor für Jugendarbeit und Kulturpädagogik an der Fachhochschule Darmstadt

Stehr, Johannes, Dr. phil., Wissenschaftlicher Angestellter im Aufbau- und Kontaktstudium Kriminologie an der Universität Hamburg